पुराण साहित्य भारतीय साहित्य और जीवन की अक्षुण्ण निधि है। इनमें मानव जीवन के उत्कर्ष और अपकर्ष की अनेक गाथाएं मिलती हैं। अठारह पुराण में अलग-अलग देवी-देवताओ को केन्द्र में रखकर पाप और पुण्य, धर्म और अर्थ, कर्म और अकर्म की गाथा कही गई है। इस रूप में पुराणों का पठन और आधुनिक जीवन की सीमा में मूल्यों की स्थापना आज के मनुष्यं को एक निश्चित दिशा दे सकता है।

निरन्तर द्वन्द्व और निरन्तर द्वन्द्व से मुक्ति का प्रयास मनुष्य की संस्कृति का मूल आधार है। पुराण हमें आधार देते हैं। इसी उद्देश्य को लेकर पाठकों की रुचि के अनुसार सरल, सहज भाषा में प्रस्तुत है पुराण-साहित्य की श्रृंखला में 'शिव पुराण'।

शिव पुराण

डॉ. विनय

डायमंड बुक्स

प्रकाशक डायमंड पॉकेट बुक्स (प्रा.) लि.

X-30 ओखला इंडस्ट्रियल एरिया, फेज-II

नई दिल्ली- 110020

फोन : 011-40712200

ई-मेल : ebooks@dpb.in

वेबसाइट : www.diamondbook.in

Shiv Puran

By – *Dr. Vinay*

प्रस्तावना

भारतीय जीवनधारा में जिन ग्रंथों का महत्त्वपूर्ण स्थान है, उनमें पुराण भक्ति-ग्रंथों के रूप में बहुत महत्त्वपूर्ण माने जाते हैं। पुराण-साहित्य भारतीय जीवन और संस्कृति की अक्षुण्ण निधि है। इनमें मानव जीवन के उत्कर्ष और अपकर्ष की अनेक गाथाएं मिलती हैं। भारतीय चिंतन परंपरा में कर्मकांड युग, उपनिषद युग अर्थात् ज्ञान युग और पुराण युग अर्थात् भक्ति युग का निरंतर विकास होता दिखाई देता है। कर्मकांड से ज्ञान की ओर आते हुए भारतीय मानस चिंतन के ऊर्ध्व शिखर पर पहुंचा और ज्ञानात्मक चिंतन के बाद भक्ति की अविरल धारा प्रवाहित हुई।

विकास की इसी प्रक्रिया में बहुदेववाद और निर्गुण ब्रह्म की स्वरूपात्मक व्याख्या से धीरे-धीरे भारतीय मानस अवतारवाद या सगुण भक्ति की ओर प्रेरित हुआ। पुराण साहित्य सामान्यतया सगुण भक्ति का प्रतिपादन करता है। यहीं आकर हमें यह भी मालूम होता है कि सृष्टि के रहस्यों के विषय में भारतीय मनीषा ने कितना चिंतन और मनन किया है। पुराण साहित्य को केवल धार्मिक और पुराकथा कहकर छोड़ देना उस पूरी चिंतनधारा से अपने को अपरिचित रखना होगा, जिसे जाने बिना हम वास्तविक रूप में अपनी संस्कृति और परंपरा को नहीं जान सकते। परंपरा का ज्ञान किसी भी स्तर पर बहुत आवश्यक होता है। क्योंकि परंपरा से अपने को संबद्ध करना और तब आधुनिक होकर उससे मुक्त होना बौद्धिक विकास की एक प्रक्रिया है। हमारे पुराण साहित्य में सृष्टि की उत्पत्ति, विकास, मानव उत्पत्ति और फिर उसके विविध विकासात्मक सोपान इस तरह से दिए गए हैं कि यदि उनसे चमकदार और अतिरिक्त विश्वास के अंश ध्यान में न रखे जाएं, तो अनेक बातें बहुत कुछ विज्ञानसम्मत भी हो सकती हैं। जहां तक सृष्टि के रहस्य का प्रश्न है विकासवाद के सिद्धांत के बावजूद और वैज्ञानिक जानकारी के होने पर भी, वह अभी तक मनुष्य की बुद्धि के लिए एक चुनौती है। इसलिए जिन बातों का वर्णन सृष्टि के संदर्भ में पुराण-साहित्य में हुआ है, उसे एकाएक पूरी तरह से नहीं नकारा जा सकता।

महर्षि वेदव्यास को 18 पुराणों की रचना का श्रेय है। महाभारत के रचयिता भी वेदव्यास हैं। वेदव्यास एक व्यक्ति रहे होंगे या एक पीठ यह प्रश्न दूसरा है। यह बात अलग है कि सारे पुराण कथोपकथन शैली में विकासशील रचनाएं हैं। इसलिए उनके मूल रूप में परिवर्तन होता गया। लेकिन यदि ध्यानपूर्वक देखा जाए तो ये सारे पुराण विश्वास की उस भूमि पर अधिष्ठित हैं, जहां इतिहास, भूगोल का तर्क उतना महत्वपूर्ण नहीं रहता जितना उसमें व्यक्त जीवन-मूल्यों का स्वरूप। यह बात दूसरी है कि जिन जीवन-मूल्यों की स्थापना उस काल के पुराण-साहित्य में की गई, वे आज के संदर्भ में कितने प्रासंगिक रह गए है? लेकिन साथ में यह भी कहना होगा कि धर्म और धर्म का आस्थामूलक व्यवहार किसी तर्क और मूल्यवत्ता की प्रासंगिकता की अपेक्षा

नहीं करता। उससे एक ऐसा आत्मविश्वास और आत्मालोक जन्म लेता है, जिससे मानव का आंतरिक उत्कर्ष होता है। हम कितनी भी भौतिक और वैज्ञानिक उन्नति कर ले, अंततः आस्था की तुलना में यह उन्नति अधिक देर नहीं ठहरती। इसलिए इन पुराणों का महत्त्व तर्क पर अधिक आधारित न होकर भावना और विश्वास पर आधारित है और इन्हीं अर्थों में इनका महत्व है।

जैसा हमने कहा कि पुराण-साहित्य में अवतारवाद की प्रतिष्ठा है। निर्गुण निराकार की सत्ता को मानते हुए सगुण साकार की उपासना का प्रतिपादन इन ग्रंथों का मूल विषय है। 18 पुराणों में अलग-अलग देवी-देवताओं को केन्द्र में रखकर पाप और पुण्य, धर्म और अधर्म तथा कर्म और अकर्म की गाथाएं कही गई हैं। इन सबसे एक ही निष्कर्ष निकलता है कि आखिर मनुष्य और इस सृष्टि का आधार-सौंदर्य तथा इसकी मानवीय अर्थवत्ता में कहीं-न-कहीं सद्गुणों की प्रतिष्ठा होनी ही चाहिए। आधुनिक जीवन में संघर्ष की अनेक भावभूमियों पर आने के बाद भी विशिष्ट मानव मूल्य अपनी अर्थवत्ता नहीं खो सकते। त्याग, प्रेम, भक्ति, सेवा, सहनशीलता आदि ऐसे मानव गुण हैं, जिनके अभाव में किसी भी बेहतर समाज की कल्पना नहीं की जा सकती। इसीलिए भिन्न-भिन्न पुराणों में देवताओं के विभिन्न स्वरूपों को लेकर मूल्य के स्तर पर एक विराट आयोजन मिलता है। एक बात और आश्चर्यजनक रूप से पुराणों में मिलती है। वह यह कि सत्कर्म की प्रतिष्ठा की प्रक्रिया में अपकर्म और दुष्कर्म का व्यापक चित्रण करने में पुराणकार कभी पीछे नहीं हटा और उसने देवताओं की कुप्रवृत्तियों को भी व्यापक रूप में चित्रित किया है। लेकिन उसका मूल उद्देश्य सद्भावना का विकास और सत्य की प्रतिष्ठा ही है।

पुराणों में कलियुग का जैसा वर्णन मिलता है, आज हम लगभग वैसा ही समय देख रहे हैं। अतः यह तो निश्चित है कि पुराणकार ने समय के विकास में वृत्तियों को और वृत्तियों के विकास को बहुत ठीक तरह से पहचाना। इस रूप में पुराणों का पठन और आधुनिक जीवन की सीमा में मूल्यों का स्थापन आज के मनुष्य को एक दिशा तो दे सकता है क्योंकि आधुनिक जीवन में अंधविश्वास का विरोध करना तो तर्कपूर्ण है, लेकिन विश्वास का विरोध करना आत्महत्या के समान है। प्रत्येक पुराण में हजारों श्लोक हैं और उनमें कथा कहने की प्रवृत्ति तथा भक्त के गुणों की विशेषणपरक अभिव्यक्ति बार-बार हुई है। लेकिन चेतन और अचेतन के तमाम रहस्यात्मक स्वरूपों का चित्रण, पुनरुक्ति भाव से होने के बाद भी बहुत प्रभावशाली हुआ है।

हिन्दी में अनेक पुराण यथावत् लिखे गए। फिर प्रश्न उठ सकता है कि हमने इस प्रकार पुराणों का लेखन और प्रकाशन क्यों प्रारंभ किया? उत्तर स्पष्ट है कि जिन पाठकों तक अपने प्रकाशन की सीमा में अन्य पुराण नहीं पहुंचे होंगे हम उन तक पहुंचाने का प्रयास करेंगे और इस पठनीय साहित्य को उनके सामने प्रस्तुत कर, जीवन और जगत् की स्वतंत्र धारणा स्थापित करने का प्रयास कर सकेंगे।

हमने मूल पुराणों में कही हुई बातें और शैली यथावत स्वीकार की हैं और सामान्य व्यक्ति की समझ में आने वाली सामान्य भाषा का प्रयोग किया है। किंतु जो तत्त्वदर्शी शब्द हैं, उनका वैसा ही प्रयोग करने का निश्चय इसलिए किया गया कि उनका ज्ञान हमारे पाठकों को उसी रूप में हो।

हम आज जीवन की विडंबनापूर्ण स्थिति के बीच से गुजर रहे हैं। हमारे बहुत से मूल्य खंडित हो गए हैं। आधुनिक ज्ञान के नाम पर विदेशी चिंतन का प्रभाव हमारे ऊपर बहुत अधिक हावी हो रहा है इसलिए एक संघर्ष हमें अपनी मानसिकता से ही करना होगा कि अपनी परंपरा में जो ग्रहणीय है, मूल्यपरक है उस पर फिर से लौटना होगा। साथ में तार्किक विदेशी ज्ञान भंडार से भी अपरिचित नहीं रहना होगा-क्योंकि विकल्प में जो कुछ भी हमें दिया है, वह आरोहण और नकल के अतिरिक्त कुछ नहीं। मनुष्य का मन बहुत विचित्र है और उस विचित्रता में विश्वास और विश्वास का द्वंद्व भी निरंतर होता रहता है। इस द्वंद्व से परे होना ही मनुष्य जीवन का ध्येय हो सकता है। निरंतर द्वंद्व और निरंतर द्वंद्व से मुक्ति का प्रयास मनुष्य की संस्कृति के विकास का यही मूल आधार है। पुराण हमें आधार देते हैं-यही ध्यान में रखकर हमने सरल, सहज भाषा में अपने पाठकों के सामने पुराण-साहित्य प्रस्तुत करने का प्रयास किया है। इसमें हम केवल प्रस्तोता है लेखक नहीं। जो कुछ हमारे साहित्य में है, उसे उसी रूप में चित्रित करते हुए हमें गर्व का अनुभव हो रहा है।

'डायमण्ड पाकेट बुक्स' के श्री नरेन्द्र कुमार जी के प्रति हम बहुत आभारी हैं, उन्होंने भारतीय धार्मिक जनता को अपने साहित्य से परिचित कराने का महत् अनुष्ठान किया है। देवता एक भाव संज्ञा भी है और आस्था का आधार भी। इसलिए वह हमारे लिए अनिवार्य है। और यह पुराण उन्हीं के लिए है, जिनके लिए यह अनिवार्य है।

–डॉ. विनय

पुराणों में शिव पुराण का महत्त्व और माहात्म्य वर्णन

आज के जीवन में पुराणों में वर्णित घटनाओं पर विश्वास करना एक बौद्धिक व्यक्ति के लिए तर्कसंगत नहीं माना जाता। किंतु भक्ति-भाव की दृष्टि से तर्क का कोई महत्त्व नहीं होता और न हमें इन पुराणों को तर्क की दृष्टि से सोचना-विचारना है। इनमें केवल भक्ति के भाव की पुष्टि होती है। उससे संतोष प्राप्त होता है और मन से अनेक दोष निकल जाते हैं तथा मन स्वच्छ हो जाता है।

हमारे यहां पुराणों में **शिव पुराण** का महत्त्व सबसे अधिक है। इस पुराण में वेदांत और विशिष्ट ज्ञान से परिपूर्ण लौकिक और पारलौकिक मनोरथ को पूर्ण करने की शक्ति है। पारलौकिक सत्ता के विषय में आज हम कुछ भी कहें लेकिन विराट् प्रकृति, ब्रह्मांड और लाखों मील प्रति सेकंड की रफ्तार से भागने वाले ग्रह-उपग्रहों की स्थिति जितनी भी हम जानते हैं, उससे एक बहुत बड़े रहस्य की सृष्टि होती है। इस रहस्यमय संसार में केवल आस्था से ही इन सब बातों पर विचार किया जा सकता है।

हमारे आदि देव कौन हैं? इस पर हमारे यहां कभी विवाद नहीं हुआ। ब्रह्मा, विष्णु, महेश सभी आदि देव हैं। ब्रह्मा सृष्टि के उत्पादक हैं, विष्णु पालक है, और शिव उसका रूपांतरण करने वाले या समाप्त करने वाले हैं। अर्थात् यह एक ही मूल शक्ति है, जो तीन विभिन्न रूपों में कार्य करती है। एक समय शक्ति का एक रूप दूसरे समय दूसरा रूप हो जाता है। शिव शब्द की महत्ता ही हमारे जीवन में कई रूपों में है। शिव का तात्पर्य है कल्याणकारी और जो शिव नहीं, वह कल्याणकारी नहीं है। शिव में सत्य और सुंदर उपयोगी आदि सभी कुछ आ जाता है। संसार में शिवत्व की प्राप्ति ही मनुष्य का परम लक्ष्य है।

एक बार सारे सिद्धांतों को जानने वाले, तत्व के ज्ञानी, सूतजी से शौनक जी ने प्रार्थना की कि वे उन्हें पुराणों का सार बताने का कष्ट करें। पुराणों के श्रवण से मनुष्य के मन का मैल धुल जाता है। शौनक जी ने कहा कि कलियुग में अल्पायु और दुष्ट व्यक्ति अपने कल्याण का कोई मार्ग नहीं देखते, लेकिन इनके मन को शुद्ध करने का भी कोई उपाय होना चाहिए; इसलिए हे प्रभु! आप शिव पुराण के विषय में विस्तार से बताइए। महादेव शंकर का स्वयं स्वरूप यह शिव पुराण मनुष्य की चित्त-शुद्धि का उत्तम उपाय है। किसी भी आसक्ति और पुराणों के सुनने-पढ़ने में प्रेम का आविर्भाव भाग्य से ही होता है। शिव पुराण का पठन-पाठन अनेक राजसूय यज्ञों से प्राप्त होने वाले फल के समान होता है। शिव पुराण का पारायण करने वाले भक्त स्वयं शिव रूप हो जाते हैं। मुनिगण शिव पुराण के वक्ता और श्रोता के चरणों को भी तीर्थ के रूप में मानते हैं।

सूतजी ने कहा कि हे शौनकजी! जो व्यक्ति मुक्ति चाहता है, उसे पुराणों का पठन-पाठन करना चाहिए। यह पुराण स्वयं शंकरजी के मुख से अमृत रूप में निकला है। शिव पुराण को पढ़ने वाला कोई भी व्यक्ति अपने कुल को भी अमृतत्व प्रदान करता है।

सूतजी बोले कि इस पुराण में 24 हजार श्लोक और 7 संहिताएं हैं-इनमें शिवजी से संबंधित विभिन्न घटनाओं का चित्रण है।

(1) **विद्येश्वर संहिता**- इस संहिता में विशेष रूप से शिवजी की भक्ति के आधार पर शिव-लिंग की स्थापना, शिवजी के विभिन्न कर्म, शिवजी की महत्ता, रुद्राक्षों की उत्पत्ति आदि के विषय में बताया गया है।

(2) **रुद्र संहिता**-इसमें सृष्टि-खंड, सती-खंड, उमा-खंड, कुमार खंड, युद्ध-खंड का विस्तृत वर्णन मिलता है। वस्तुतः यह संहिता ही बहुत व्यापक रूप से शिवजी के अलौकिक कार्य भक्तों के सामने वर्णित करती है।

(3) **शतरुद्र संहिता**- इस संहिता में शिवजी के विभिन्न अवतारों, उनके विभिन्न रूपों की लीलाओं का वर्णन किया गया है। शिवजी के 10 प्रमुख नामों का वर्णन भी इस संहिता में मिलता है।

(4) **कोटि रुद्र संहिता**-इस संहिता में महादेव के विभिन्न रूप, नाम और ज्योतिर्लिंगों के विषय में बताया गया है। किस-किस प्रमुख घटना के कारण ज्योतिर्लिंग की स्थापना हुई और किस रूप में महादेव के अनेक नाम पड़े, इसका विस्तृत वर्णन इस संहिता में है।

(5) **उमा संहिता**- इस संहिता में उमा से संबंधित अनेक द्वीपों के विभिन्न वर्णन मिलते हैं। सृष्टि विषयक चिंतन भी मिलता है।

(6) **कैलाश संहिता**-इस संहिता में शिवजी का आदि मूल बीजरूप का चित्रण मिलता है और उसके साथ ऋषि-मुनियों से संबंधित द्वैत-अद्वैत चिंतन आदि के विषय में विस्तार से विचार किया गया है।

(7) **वायवीय संहिता**-इस संहिता में सूतजी ने ऋषियों को यज्ञ रूप ज्ञान के साथ संसार का रचनाक्रम आदि बताया है। सृष्टि की उत्पत्ति और अन्य ऋषि-मुनियों से संबंधित ऐसे छोटे-छोटे कथानक भी इस संहिता में हैं, जिनका संबंध किसी-न-किसी रूप में शिवजी से जुड़ता है।

सात संहिताओं वाला यह शिव पुराण सभी भक्तों के मनोरथों को पूरा करने वाला है। यह व्यक्ति के शारीरिक, मानसिक, आध्यात्मिक दुःखों को हरने वाला है। इससे मनुष्य को संकट के समय सामना करने का बल बढ़ता है और आत्मा के उद्धार से शक्ति प्राप्त होती है।

शौनकजी ने, सूतजी से पवित्र महापुरुषों के इतिहास को सुनाने की प्रार्थना की क्योंकि इससे उसके चित्त की शुद्धि होती है, और पुराणों में आस्था बढ़ती है। सूतजी बोले कि हे शौनक जी! आपका कथन सत्य है कि शिव पुराण का पठन-पाठन करना मनुष्य को पापों से मुक्ति दिलाता है। इस बात को सिद्ध करने के लिए मैं एक प्राचीन कथा सुनाता हूं।

पुराने समय में किरातनगर में एक ब्राह्मण रहता था। वह आचारहीन हो गया। और मांस बेचने का घृणित कार्य करने लगा। इस प्रकार अधर्म से किये गए आचरण से उसने पैसा भी कमा लिया। एक दिन वह एक तालाब के किनारे जब नहाने के लिए गया, तब वहां उसने शोभावती नाम की एक सुंदर वेश्या देखी। वह उस पर मुग्ध हो गया और वेश्या ने भी अपने हावभाव से इस ब्राह्मण को अपने वश में कर लिया। उस ब्राह्मण के वेश्या में बहुत अनुरक्त हो गया देखकर ब्राह्मण के माता-पिता और पत्नी ने उसे समझाने की चेष्टा की और सही रास्ते पर लाना चाहा; तब उस ब्राह्मण ने उन्हें मार डाला और अपना सारा धन उस वेश्या पर लुटा दिया। ब्राह्मण से सब कुछ लेने पर वेश्या ने उसकी उपेक्षा शुरू कर दी। अब ब्राह्मण सब तरफ से निराश हो गया। एक दिन वह घूमता-फिरता अभाव से तंग, बुखार में पीड़ित एक शिव मंदिर में पहुंचा। मंदिर में अनेक ब्राह्मण महात्मा लोग शिव पुराण का वाचन कर रहे थे। उसने थोड़ी देर शिव पुराण सुना और फिर घर आ गया।

कुछ दिन के बाद वह ब्राह्मण मृत्यु को प्राप्त हो गया। जब उसके मरने पर यमदूत उसके पापों के फलस्वरूप उसे दंडित करने आए तो शिवदूतों ने उनका विरोध किया। इसका कारण यह था कि शिव पुराण को सुनकर ब्राह्मण का चित्त शुद्ध हो गया था। शिवदूत उसे कैलाश ले जाना चाहते थे और यमदूत इसका विरोध कर रहे थे। दोनों में संघर्ष छिड़ गया और कोलाहल सुनकर जब धर्मराज आए तो उन्होंने शिवदूतों की बात समझकर उस ब्राह्मण को शिवदूतों के द्वारा शिवलोक में ले जाए जाने की अनुमति दे दी। इस प्रकार शौनक जी, योगियों के लिए अगम्य शिवलोक भी उस ब्राह्मण के लिए सहज हो गया।

इसका तात्पर्य यह है कि शिव पुराण का सुनना बहुत लाभदायक रहता है। इस प्रसंग में एक बात और बताता हूं लेकिन इससे पहले आप शिव पुराण की श्रवण-विधि को जान लीजिए-

(1) शिव पुराण को सुनने के लिए शुभ मुहूर्त में प्रारम्भ करना चाहिए और ब्राह्मण से शुभ मुहूर्त निकलवा लेना चाहिए तथा दूर देशों में स्थित अपने मित्रों को सूचना देते हुए निमंत्रण देना चाहिए। और जब आपके नगर में रहने वाले मित्र और बंधु-बांधव निमंत्रण पर आएं, तब उनका पूरा स्वागत करना चाहिए तथा श्रद्धापूर्वक उन्हें यथास्थान बिठाना चाहिए।

(2) पुराण के सुनने का स्थान या तो शिवालय हो या अपना घर। कथा स्थल को साफ कराकर उसे विभिन्न चित्रों से सुसज्जित करना चाहिए। इसके साथ केला, चंदोवा से सुसज्जित मंडप बनाना चाहिए तथा शिव पुराण सुनाने वाले ब्राह्मण के बैठने के लिए ऊंचे स्थान की व्यवस्था करनी चाहिए।

(3) वक्ता पूर्व की ओर मुंह करके बैठे और श्रोता उत्तर की ओर। श्रोता को चाहिए कि वह वक्ता के प्रति पूरा श्रद्धाभाव रखे और कथा वाचन के दिनों में अपने चित्त को शांत रखते हुए संयमपूर्वक जीवन व्यतीत करे।

(4) ब्राह्मण को चाहिए कि वह प्रतिदिन सूर्योदय के साढ़े तीन प्रहर तक कथा सुनाए और फिर भजन-कीर्तन करके उस दिन की कथा समाप्त करे। कथा की निर्विघ्न समाप्ति के लिए गणेश-पूजन भी होना चाहिए। इसके साथ-साथ यजमान को शुद्ध आचरण का पालन और ब्रह्मचर्य व्रत का कठोरता के साथ पालन करना चाहिए। उससे यह भी अपेक्षित है कि वह पुराण सुनाने वाले को साक्षात शिव के रूप में देखे और इस पवित्र पुराण को ही पूज्य समझे।

(5) पांच ब्राह्मणों की नियुक्ति हो जो निरंतर पंचाक्षर शिवमंत्र का जाप करते रहें। पूरी पूजा की समाप्ति पर यजमान को चाहिए कि वह दूसरे ब्राह्मणों को अन्न-वस्त्र आदि देकर संतुष्ट करे।

कभी-कभी असावधानी से दुष्परिणाम भी हो जाते हैं। इस दृष्टि से अभिमान तथा कथा सुनते-सुनते कुछ खाना और बड़ों को नमस्कार न करना या कथा सुनते हुए सो जाना आदि स्थितियां ऐसी हैं, जिनसे अनेक दुष्परिणाम निकलते हैं। इसलिए ऐसा नहीं करना चाहिए।

इस प्रसंग में शिव की भक्ति और प्रमाद से भक्ति से विरत होने पर कितने कष्ट उठाने पड़ते हैं, इस विषय में मैं एक पुरानी कथा सुनाता हूं।

पुराने समय की बात है कि समुद्र के किनारे स्थित प्रदेशों में एक प्रदेश के निवासी बहुत दुष्ट प्रकृति के थे। पुरुष पशुवृत्ति से भरे हुए थे और स्त्रियां व्यभिचारणी थी। एक प्रदेश में विंदुग नाम का एक ब्राह्मण रहता था। उसने अपनी सुंदर पत्नी के होते हुए भी एक वेश्या को अपना रखा था। वह धीरे- धीरे अपनी पत्नी से विमुख हो गया। उसकी पत्नी चंचुला भी अपने काम के वेग को सहन न करने के कारण एक यार से प्रेम करने लगी। जब विंदुग को यह पता चला तो वह अपनी पत्नी पर बहुत नाराज हुआ और उसने उसे पीटा। इसके उत्तर में उसकी पत्नी बोली कि आप मुझ जैसी रूपवती और पतिव्रता को छोड़कर जब वेश्या में अनुरक्त हो जाएंगे तो मैं कब तक अपनी भावना को रोक सकती हूं। मैं कितने समय तक कामपीड़ा को दबा सकती हूं। यह सुनकर विंदुग बोला -तुम्हारा कहना ठीक है। तुम चार पुरुषों के साथ विहार करो, लेकिन कुछ धन भी कमाओ।

इस तरह पति की स्वीकृति पाकर चंचुला कुमार्ग पर खुले रूप में दौड़ने लगी। समय आने पर विंदुग की मृत्यु हो गई और उसे पिशाच योनि में उत्पन्न होना पड़ा। चंचुला का यौवन भी अब ढलने लगा था। वह एक दिन घूमते-घूमते गोकर्ण प्रदेश में आई और वहां उसने एक मंदिर में पंडितजी को कथा कहते सुना। जैसे ही उसने दुष्कर्म करने वालों के परिणाम की बातें सुनीं उसे बहुत ग्लानि हुई। कथा के बाद वह ब्राह्मण के चरणों में गिर पड़ी और अपनी मुक्ति का उपाय

पूछने लगी। तब ब्राह्मण ने कहा कि शिव पुराण सुनते हुए तुम्हारे मन में पुण्य की जागृति हुई है और चित्त में शांति आने लगी है अतः इस पुराण को आद्योपांत सुनकर तुम्हें पूर्ण मुक्ति मिलेगी। शिव पुराण सुनने के बाद तुम साक्षात् शिव को अपने मन में अनुभव कर सकोगी, क्योंकि गणेश, कार्तिकेय आदि देवताओं की भक्ति भी शिव पुराण के सुनने से प्राप्त होती है।

ब्राह्मण की बात सुनकर चंचुला ने उनसे ही शिव पुराण सुनाने की प्रार्थना की। और फिर ब्राह्मण के कहने पर चंचुला ने स्नान करके, जटावक्कल धारण करके भक्तिपूर्ण शिव पुराण सुनना प्रारंभ किया। चंचुला इस स्तर तक भक्ति में लीन हो गई थी कि उसने शिव पुराण सुनते-सुनते ही शरीर का त्याग कर दिया और शिवपुरी में पहुंचकर उमा सहित भगवान शंकर के दर्शन किए।

पार्वती ने चंचुला को अपने पास ही बने रहने का वरदान दिया और एक दिन जब चंचुला ने अपने पति के विषय में पूछा तो उसे मालूम पड़ा कि विंदुग नरक की अनेक यातनाएं भोगने के बाद पिशाच योनि में पड़ा हुआ है। चंचुला ने अपने पति के मुक्ति की प्रार्थना की और तब उसकी प्रार्थना सुनकर भक्तों पर कृपा करने वाली पावती ने तुंबरू गंधर्व को बुलाकर पिशाच योनि में पड़े विंदुग को शिव पुराण सुनाने का आदेश दिया। तुंबरू विंध्याचल पर्वत पर गया और उसने विंदुग को शिव पुराण सुनाया तब वहां अनेक श्रोता आ गए। विंदुग का उद्धार हो गया और शिव ने अपने गणों में स्थान दिया।

विद्येश्वर संहिता

बहुत पहले एक समय शौनाकादि ऋषियों ने प्रभास तीर्थ में एक बड़े यज्ञ का आयोजन किया। उस यज्ञ में सूतजी भी आए। सूतजी से ऋषियों ने कहा कि हे भगवन्! कलियुग में धर्म का लोप हो जाएगा। प्राणीमात्र भ्रष्ट और पापमय आचरण करने लगेंगे, अर्थव्यवस्था भी लगभग छिन्न-भिन्न हो जाएगी, चारों तरफ आडंबर से परिपूर्ण काम होंगे, अतः आप यह बताने की कृपा करें कि उस समय प्राणी किस प्रकार से सद्गति पाएंगे?

ऋषियों की बात सुनकर सूतजी बोले-हे मुनियों! आप लोगों ने संसार के प्राणियों के हित के लिए अत्यंत अर्थवान प्रश्न किया है। सुनिए-शिव पुराण कलि के पापों का नाशक और सब ग्रंथों में उत्तम तथा वेदांत का सार है। जिस प्रकार सूर्योदय होने से अंधकार दूर हो जाता है और प्रकाश फैलता है, उसी प्रकार शिव पुराण के पढ़ने-पढ़ाने, सुनने-सुनाने से मनुष्य के पाप रूपी अंधकार का नाश होता है और वह शिवत्व को प्राप्त होता है। शिव पुराण के पढ़ने से अनेक मत संबंधी भिन्नताएं भी समाप्त हो जाती हैं और शिव पुराण जीव में 'शिवोहम' की प्रबल भावना जगाकर उसे आत्मतुष्टि देकर शिव रूप में ही स्थापित करता है।

सूतजी ने आगे कहा कि कल्प के प्रारंभ में जब ब्रह्मा सृष्टि-रचना में लीन थे तब ऋषियों के मन में यह प्रश्न उठा कि कौन-सा पुराण श्रेष्ठ है तथा किस-किस पुराण के सेवन से मुक्ति प्राप्त हो सकती है। सूतजी जानते थे कि भक्ति, ज्ञान और वैराग्य से परिपूर्ण सभी पुराणों में से किसी एक को श्रेष्ठ कहना सरल काम नहीं है। उन्होंने कहा कि आपस में अनेक विवादों के उपरांत मुनि लोग इसका निर्णय नहीं कर पाए कि कौन-सा पुराण श्रेष्ठ है। तब वे ब्रह्मा जी के पास गए और उनके सामने अपनी जिज्ञासा प्रकट की।

ऋषियों की बात सुनकर ब्रह्माजी बोले कि महादेव ही आदि देव और सर्वज्ञ जगदीश्वर हैं। महादेव ही मन-वाणी से अगम्य हैं किंतु अन्य देवताओं की अपेक्षा शीघ्र प्रसन्न होने वाले हैं। अतः हे ऋषियों! तुम सब एक सहस्र वर्ष तक सुदीर्ध यज्ञ करो, तब तुमको महादेवजी के प्रसाद पाने की आशा करनी चाहिए। भगवान की कृपा होने पर तुम्हें वेदोक्त का साध्य-साधन, रूप-सर अपने आप ज्ञात हो जाएगा।

पुनः मुनियों के अनुरोध पर ब्रह्माजी ने बताया कि शिव की सेवा करना साधन है और शिव की प्राप्ति ही साध्य। जो निस्पृह भाव से सेवा करता है, वह साधक है। अतः जब साधक वेदोक्त विधि से शिवजी की आराधना करता है, तब उसे परम पद की प्राप्ति होती है। भक्त को भक्ति के अनुरूप ही सालोक्य, सारूप्य, सामीप्य और सायुज्य मुक्ति रूप भक्ति का फल प्राप्त होता है। भगवान शंकर ने स्वयं भक्ति के रूपों का निर्देश दिया है। उनके अनुसार-

1. शिव की कथा सुनना, 2. शिव की महिमा का गुणगान करना, 3. शिव के ईश्वरत्व का मन से मनन करना अर्थात् श्रवण, कीर्तन और मनन ही मुक्ति के सर्व स्वीकृत साधन है। इन साधनों का दृढ़ता से पालन साध्य की पूर्ति के लिए आवश्यक है। यहां यह भी जानना चाहिए कि जो प्रत्यक्ष है, उसका विश्वास अत्यंत सहजता से हो जाता है अतः बुद्धिमान साधक गुरु से पहले श्रवण करे और फिर कीर्तन तथा मनन में दत्तचित्त हो। इस साधना से ही वह शिव लोग हो प्राप्त होगा। इसके उपरांत सूतजी ने श्रवण-मनन आदि का विस्तार से विश्लेषण किया, उनके अनुसार- स्थिर चित्त से तथा दृढ़- वृत्ति से भगवान शंकर के दिव्य गुणों को सुनना और उनको चित्त में धारण करना ही श्रवण कहलाता है।

अत्यंत श्रद्धा-भक्तिपूर्वक बार-बार शिव के नाम का जाप करना ही कीर्तन है।

ईश्वर के नाम, रूप, गुण में रुचि रखते हुए अपने मन को स्थिर करके उसके स्वरूप आदि का चिंतन करना ही मनन है।

इसके उपरांत सूतजी ने कहा कि इन तीनों विधियों से श्रद्धापूर्वक शिव की आराधना करने वाला प्राणी लोक-कष्टों से पार हो जाता है। इस विषय में वे बोले कि मैं एक प्राचीन इतिहास सुनाता हूं। आप लोग सावधान होकर सुनें।

सरस्वती नदी के तट पर एक बार भगवान वेदव्यास तप कर रहे थे। उनके पास जाकर सनत्कुमार जी ने पूछा कि हे भगवन्! आप किसलिए तप कर रहे हैं? इस पर व्यासजी ने उत्तर दिया कि मुक्ति के लिए तप कर रहा हूं। तब सनत्कुमार जी बोले कि एक समय मैंने भी यह समझा था कि तप से मुक्ति होती है, अतः मैं मंदराचल पर जाकर तप करने लगा, पर बाद में नंदिकेश्वर के द्वारा मुझे यह ज्ञान मिला कि मुक्ति तप से नहीं होती, अपितु शिवजी की महिमा के गान व श्रवण से ही मुक्ति मिलती है। इससे मेरा सारा भ्रम दूर हो गया और मैंने सत्य के मार्ग को अपनाया। हे मुनियों! सनत्कुमार जी के इस दिव्य ज्ञान से व्यासजी का भी मार्ग प्रशस्त हुआ और सत्य मार्ग पर चलने के कारण उन्हें सिद्धि प्राप्त हुई।

इस कथा को सुनकर ऋषियों ने दुबारा श्रवण, कीर्तन और मनन में आसक्त प्राणियों की मुक्ति का उपाय पूछा-तब सूतजी ने कहा कि जो पुरुष इन तीनों उपायों द्वारा शिवजी की भक्ति करता है और साथ ही लिंगेश्वर की स्थापना करके उसकी पूजा करता है, वह संसार-सागर से तर जाता है। शिवलिंग निराकार महादेव का साकार रूप है। शिवलिंग में साक्षात् शंकर निवास करते हैं। शिवलिंग की पूजा से शिव की पूजा के फल के साथ अन्य देवताओं की पूजा का फल भी प्राप्त हो जाता है। इस विषय में नंदिकेश्वरजी द्वारा बताए गए इतिहास का वृत्त इस प्रकार है।

'शिवरात्रि' स्थापना

एक बार भगवान ब्रह्मा विष्णुलोक गए और उन्होंने विष्णुजी को अपना पुत्र बनाया तथा उनसे कहा कि वे ब्रह्मा की आज्ञा मानें। ब्रह्माजी की बात सुनकर विष्णु जी को क्रोध आया और उन्होंने कहा कि मैं आपका पुत्र नहीं अपितु आप ही नाभि-कमल से उत्पन्न पुत्र हो और मैं सृष्टि का पालक हूं अतः आपकी भी रक्षा करता हूं-इस रूप में आप मेरे द्वारा संरक्षित हैं। इसके साथ ही विष्णुजी ने ब्रह्माजी से उनके तिर्यक् मुख का कारण जानना चाहा। इसके उत्तर में ब्रह्मा जी ने स्वयं को विश्व का पितामह बताया और विष्णु पर आरोप लगाया कि वह यह तथ्य नहीं जानते। यह विवाद संघर्ष का रूप ले बैठा। इस विवाद के समय पहले तो देवताओं ने आनंद मनाया, पर जब दोनों (ब्रह्मा और विष्णु) आपस में स्वर-प्रहार करने लगे, तो देवताओं ने उनको रोका कि इस प्रकार अराजकता न फैलाएं। तब सारे देवताओं ने भगवान शंकर की शरण जाने का निश्चय किया। देवता लोग भगवान शिव के पास आए और ब्रह्मा तथा विष्णु का संघर्ष समाप्त करने की प्रार्थना की। देवताओं की प्रार्थना पर शिवजी अपने गणों के साथ संघर्ष-स्थल पर आए और कुछ दूर से विष्णु तथा ब्रह्मा का संघर्ष देखने लगे। तब अकस्मात शिवजी ने एक स्तंभ का रूप धारण किया और दोनों के बीच आकर खड़े हो गए। उस स्तंभ को देखकर ब्रह्मा तथा विष्णु ने युद्ध रोक दिया। वे आश्चर्यचकित होकर ज्योतिरूप स्तंभ को देखने लगे।

ब्रह्मा और विष्णु दोनों ही उस स्तंभ के विषय में सोचने-विचारने लगे। स्तंभ का रहस्य जानने के लिए विष्णु शूकर का रूप धारण कर स्तंभ के मूल का अवलोकन करने के लिए नीचे चले गए और ब्रह्मा ने हंस का रूप धारण किया तथा वे अंत को देखने के लिए ऊपर की ओर गए। पर दोनों को ही रहस्य का ज्ञान नहीं हो सका। इसी समय ब्रह्मा ने आकाश में एक फूल देखा और उसे अपने ज्ञान को साक्षी मानकर विष्णु से स्तंभ का अंत पा लेने का दावा किया। इस पर विष्णु नतमस्तक हो गए और उन्होंने ब्रह्मा के चरण पकड़ लिए। किन्तु शिवजी ब्रह्मा के कपट को सहन न कर सके और एकदम वहां प्रकट हो गए। विष्णु ने शिवजी के चरणों का स्पर्श किया और शिवजी ने विष्णु की सत्यवादिता से प्रसन्न होकर उन्हें अपने समान होने का वरदान दिया।

उधर एक विचित्र बात यह हुई कि ब्रह्मा को उनके असत्य भाषण पर दंडित करने के लिए जैसे ही शिवजी के मन में क्रोध उत्पन्न हुआ वैसे ही उनकी भौहों से भैरव पैदा हुआ, जिसने शिवजी के आदेश के अनुसार ब्रह्माजी का पांचवां सिर काट लिया। जब भैरव और सिरों को भी काटने लगा तो ब्रह्माजी शिव के चरणों में गिरकर क्षमा-याचना करने लगे। विष्णु भी शिवजी को प्रसन्न करते हुए ब्रह्माजी के लिए क्षमा मांगने लगे। इस पर शिवजी ने भैरव को हटाया किन्तु ब्रह्मा को सत्कार और उत्सव से अलग कर दिया। इसके बाद जब ब्रह्माजी पुनः विनती करने लगे तो शिवजी ने उन्हें गणों का आचार्य बना दिया। जिस फूल को ब्रह्माजी ने देखा था वह

केतकी का फूल था अतः असत्य साक्ष्य के कारण शिवजी ने केतकी को अपनी पूजा से अलग कर दिया। फिर जब केतकी ने भी प्रार्थना की तो उसे शिवजी ने मंडप सजावट के समय शिरोमणि फूल होने का वरदान दे दिया।

इसके बाद ब्रह्मा और विष्णु ने शिवजी को अनेक वस्तुएं समर्पित की और षोडशोपचार से शिवजी की पूजा की। इसके बाद शिवजी ने उन दोनों को समझाया कि वस्तुतः वे ही (शिव) ईश्वर हैं। अज्ञान के कारण ही आप लोगों ने स्वयं को ईश्वर मानने का विचार व्यक्त किया है। अब इस अज्ञान से मुक्त होकर मेरे प्रति ही तुम्हारी ब्रह्म दृष्टि होनी चाहिए तथा मेरे पिंडी (लिंग) को मुझ निराकार का साकार रूप मानकर पूजा करो। आज का दिन मेरे नाम से शिव गिरि का दिन कहलाएगा। इस दिन पार्वती सहित मेरी (लिंग रूप में) पूजा करने वाला-मुझे कार्तिकेय के समान प्रिय होगा।

इसके बाद ब्रह्मा और विष्णु के पूछने पर शिवजी ने पंचकृत्य के विषय में बताया।

1. सर्ग अथवा सृष्टि- संसार का अभ्युदय
2. स्थिति- संसार का पालन, भरण-पोषण और व्यवस्थापन।
3. संहार- संसार का विनाश
4. तिरोभाव- परिवर्तन अथवा उत्क्रम, रूपांतर
5. अनुग्रह- सर्ग से मुक्ति

शिवजी बोले इन पांच कृत्यों से ही मेरे द्वारा संसार का संचालन होता है। इनके संचालन के लिए मेरे पांच मुख (चार दिशाओं में चार और बीच में पंचम) हैं! आपने अपने तप से पहली दो स्थितियों को ही प्राप्त किया है। रुद्र और महेश रूप ने भी संहार और तिरोभाव कृत्यों की प्राप्ति की है। अनुग्रह नामक पंचम कृत्य कोई भी नहीं प्राप्त कर सका है। और आप लोगों की एक भूल से और आपमें व्याप्त मूढ़ता के कारण मुझे रूप, यश, कृत्य, वाहन, आयुधादि का सृष्टि की स्थिति के लिए संग्रह करने पर विवश होना पड़ा। यदि आप अनुग्रह को पाना चाहते हैं तो ओंकार द्वारा मेरा पूजन करो। ओंकार ही मेरा वाच्य और मैं वाचक हूं। ओंकार के साथ पंचाक्षर **'ॐ नमः शिवाय'** से मेरा अनुग्रह सुलभ हो जाता है। शिवजी के इस दिव्य उपदेश के लिए देवों ने कृतज्ञता प्रकट की और शिवजी की पूजा की। उनकी पूजा स्वीकार कर शिवजी अंतर्ध्यान हो गए।

इस आख्यान को सुनकर ऋषियों ने सूतजी से कहा कि हे भगवन्! आप हमें सदाचार का स्वरूप समझाने की कृपा करें। हम स्वर्ग-नरक के कारणभूत धर्म-अधर्म का ज्ञान पाना चाहते हैं। यह सुनकर सूतजी बोले - 'सदाचार युक्त ब्राह्मण ही सच्चे अर्थों में ब्राह्मण कहलाने का अधिकारी है। सदाचार के कर्म विधान में अनेक बातें हैं। सदाचार से जीवन-यापन करने वाला

व्यक्ति प्रातःकाल उठकर सूर्य की ओर मुख कर देवताओं का स्मरण करे। इससे उसे अर्थ और धर्म की उपलब्धि होगी। फिर नित्यकर्म रूप मलमूत्र का त्याग करे। इसके बाद हाथ-पैर धोकर कुल्ला करे। दंत मंजन करने के बाद स्नान करके पितरों का स्मरण करे। इसके बाद शुद्ध वस्त्र धारण करके मस्तक पर टीका लगाए। फिर किसी मंदिर में या घर पर ही नियत स्थान पर गायत्री का जाप करे, यह जाप सोऽहम् भावना से करे। इसके बाद अपने व्यवसाय में धर्म भाव से काम करे, इस प्रकार धन उपार्जन करते हुए परिवार का पालन करें।

हे ऋषियों! सदाचारी को चाहिए कि द्रव्य धर्म और देह धर्म का पालन करे। दान करना, यज्ञ करना, मंदिर-वापी बनवाना **द्रव्य-धर्म** कहलाता है और पूजा-अर्चना तथा तीर्थ भ्रमण आदि **देह-धर्म** कहलाता है। द्रव्य धर्म से धन-वृद्धि, देह-धर्म से दिव्यत्व की प्राप्ति होती है। इनके सांगोपांग समन्वय से मनुष्य का अंतःकरण शुद्ध होता है।

इसके बाद ऋषियों के यह पूछने पर कि शिवलिंग की स्थापना कहां और किस रूप में की जाए सूतजी ने कहा कि गंगा या किसी भी पवित्र नदी के तट पर या जहां कहीं भी सुविधा हो, शिवलिंग की स्थापना हो सकती है। समय और स्थान का बंधन नहीं है। लोहा, पत्थर या मिट्टी किसी भी से बना बारह अंगुल का लिंग उत्तम होता है। लिंग के आसपास गोबर मिली मिट्टी से स्थान को स्वच्छ रखना चाहिए। नवनीत, भस्म, कनेर के फूल, फल, गुड़ आदि वस्तुओं से, लिंग की पूजा करनी चाहिए। पूजा करने के लिए **'ॐ नमः शिवाय'** का जाप करना चाहिए। 'नमः शिवाय' के साथ 'ॐ सर्वदा' लगाना चाहिए। यदि संभव हो सके तो शिवलिंग के चारों तरफ चार हजार हाथ दूरी का वर्ग क्षेत्र होना चाहिए और उस क्षेत्र में कुंआ, वापी आदि होना चाहिए। सूतजी ने कहा कि भारत में गंगा, सरस्वती आदि नदियों के तटों पर अनेक शिव क्षेत्र हैं। इन क्षेत्रों में निवास करने और पूजा करने से सिद्धि की प्राप्ति होती है। पुण्य प्राप्ति के साथ अपुण्य या पाप के विषय में बताते हुए सूतजी ने कहा कि शिव क्षेत्र में पाप करने से अत्यधिक हानि होती है। उसका परिहार बहुत बड़े पश्चात्ताप से ही हो सकता है।

सूतजी ने आगे बताया कि पाप-पुण्य के तीन चक्र होते हैं-बीज, वृद्धि और भोग। ज्ञान द्वारा इन तीनों में संतुलन किया जा सकता है।

ज्ञान की प्राप्ति भी प्रत्येक युग में भिन्न रूप से होती है। सतयुग में ध्यान से, त्रेता में तप से, द्वापर में भजन योग से ज्ञान की प्राप्ति संभव है। कलियुग में ज्ञान की प्राप्ति प्रतिमा के पूजन से ही संभव है। इसलिए तत्त्व ज्ञान के अभ्यर्थी भक्त को प्रतिमा पूजन में ध्यान लगाना चाहिए। कलियुग में द्रव्य धर्म की प्रतिष्ठा अधिक है। कलियुग में न्याय द्वारा अर्जित धन कार्यों में लगाना चाहिए। भक्त जो कुछ भी अर्जित करे उसका एक भाग धार्मिक कार्यों में, एक भाग व्यापार वृद्धि में, एक

भाग भवन-निर्माण में तथा विवाह आदि कार्यों में व्यय करना चाहिए। जो व्यक्ति व्यापार से अर्जित धन के छठे भाग को और कृषि से अर्जित धन के दसवें भाग को धर्म कार्य में व्यय नहीं करता, वह सदाचार के नियमों का उल्लंघन करता है। दूसरों में दोष-दृष्टि न देखना, द्वार आए याचक को निराश न लौटाना, अग्निहोत्र करना सदाचार के अंग हैं।

मुनियों ने सूतजी से कहा कि-**अग्नियज्ञ, देवयज्ञ, ब्रह्मयज्ञ, गुरुपूजा और बह्मतृप्ति** के स्वरूप को समझाइए। सूतजी बोले-ये पांचों महायज्ञ अत्यंत पुण्यदायक हैं। इनका स्वरूप समझ लेना चाहिए।

अग्नियज्ञ है-अग्नि में द्रव्य युक्त हवन करना। समिधा द्वारा यज्ञ करने के साथ आत्मा में ही अग्नि प्रज्ज्वलित करके यह यज्ञ संपन्न किया जा सकता है। प्रातःकाल के अग्नियज्ञ से आयु-वृद्धि होती है और सायंकाल के यज्ञ से संपत्ति-वृद्धि। **देवयज्ञ है**-देवताओं की तृप्ति के लिए यज्ञ में आहुति देना। **ब्रह्मयज्ञ** है-नियमपूर्वक वेदांगों का अध्ययन। **गुरुपूजा है**- धनधान्य और अन्नादि से वेदपाठी की सेवा करके उसे संतुष्ट करना। **ब्रह्मतृप्ति है**-नियमपूर्वक आचरण करते हुए आत्मा-रूप ब्रह्म को तुष्ट करना।

वारों की सृष्टि विषय में बताते हुए सूतजी ने कहा-महादेव ने ही लोक-कल्याण के लिए पहले आदित्यवार तथा बाद में अन्य वारों की स्थापना की। इसके साथ प्रत्येक दिन के लिए पूज्य एक देवता और उसके पूजा फल का विधान किया। सम्यक् और स्वस्थ जीवनयापन करने के इच्छुक भक्त इन वारों से संबद्ध देवताओं की पूजा करते हैं। पूजा के स्वरूप में देवताओं का ध्यान करना, उसके मंत्र का उच्चारण करना, उसके लिए या उसी का होम करना, उसके नाम पर दान और उसके विधान का जप-तप करना... इस प्रकार प्रत्येक वार से संबद्ध देवता की पूजा का अपना पृथक फल होता है।

वार	देवता	पूजाविधि	फल
१. आदित्यवार	शंकर	प्रतिमा पूजन ब्राह्मण-भोजन	पाप शांति और रोग मुक्ति
२. सोमवार	लक्ष्मी	ब्राह्मण-भोजन	धन-प्राप्ति
३. मंगलवार	काली	दालों का दान और ब्राह्मण-भोजन	रोग शांति
४. बुधवार	विष्णु	दधि, अन्न आदि से विष्णु-पूजन	मित्र, पुत्र स्त्री आदि की पुष्टि
५. गुरुवार	गुरु	वस्त्र, घृत, यज्ञोपवीत आदि से गुरु पूजा	दीर्घायुष्यलाभ
६. शुक्रवार	उशना	षट रस पदार्थों से देवता ब्राह्मण पूजन	भोग-प्राप्ति
७. शनिवार	तिलक-होम, दान		रूपवती स्त्री की प्राप्ति

सूतजी कहते हैं कि देव यज्ञादि से परिपूर्ण घर सुख-शांतिदायक होता है। घर से दस गुना कोष्ठ, कोष्ठ से दस गुना तुलसी या पीपल के नीचे का स्थल, उससे दस गुना मंदिर, उससे दस गुना कावेरी, गंगा आदि का तीर्थ, समुद्र तट, पर्वत शिखर पर पूजन करने से फल की प्राप्ति होती है। पूजा के लिए जितना सुरम्य स्थल हो, प्राकृतिक संपदा हो, उतनी ही शुद्ध मन से की जाने वाली पूजा का फल मिलता है। सूतजी कहते हैं कि युगानुरूप फल-प्राप्ति के अंश में घटा-बढ़ी होती रहती है। सत्य युग में पूर्ण फल, त्रेता में एक तिहाई और द्वापर में अर्ध फल की प्राप्ति होती है। कलियुग में यह मात्रा एक चौथाई रह गई है, किंतु शुद्ध हृदय से किया गया पूजन पूरा फल देता है।

कुछ विशेष दिनों में पूजा का फल अधिक होता है। सामान्य दिन की अपेक्षा रवि संक्रांति के दिन दस गुना, तुला और मेष संक्रांति के दिन उससे दस गुना और चंद्र-ग्रहण में उससे भी दस गुना तथा सूर्य-ग्रहण में सर्वाधिक फल प्राप्त होता है। सूर्यग्रहण पूजा के लिए सर्वोत्तम समय है।

सूतजी से मुनियों ने पूछा कि हे महात्मन्! आप शिवजी की पार्थिव पूजा के विधान को बताने की कृपा करें। इस पर सूतजी बोले-हे मुनियों! मैं तुम्हें स्त्री-पुत्रादि प्राप्त करने वाला, अकाल मृत्यु को दूर करने वाला, धनधान्य देने वाला विधान बताता हूं। स्वयं निर्मित शिवलिंग पर एक सेर, देवताओं द्वारा बनाए शिवलिंग पर तीन सेर तथा स्वयं प्रकट शिवलिंग पर पांच सेर अन्न का नैवेद्य चढ़ाना चाहिए। लिंग का प्रमाण बारह अंगुल चौड़ा तथा पच्चीस अंगुल लंबा है। इस प्रकार पार्थिव रूप से की गई लिंग पूजा सभी अभीष्ट फलों को देने वाली है।

यह सारा बिंदु नादात्मक है। शक्ति का नाम बिंदु और शिव का नाम नाद है। इन दोनों का समन्वय शिवलिंग है और शिवजी के समाविष्ट होने के कारण योनि और लिंग दोनों रूप जगत के सृष्टा हैं। इसके साथ देवी रूप माता और बिंदु रूप पिता नाद की पूजा करने से परम आनंद की प्राप्ति होती है। आदित्यवार के दिन गोबर, गोमूत्र, गौ का दूध, घी और मधु को मिलाकर शिवलिंग को स्नान कराकर नैवेद्य अर्पण करना चाहिए।

सूतजी बोले-हे मुनियों! प्रकृति में आठ बंधन होते हैं। पंचतन्मात्रा और बुद्धि, गुणात्मक अहंकार में बंधने के कारण आत्मा जीव कहलाती है। जीव देहात्मक है और उसकी क्रिया कर्म है। कर्म का फल होता है, और कर्मफल पाने के लिए बार-बार शरीर धारण करना पड़ता है। शरीर के तीन रूप स्थूल, सूक्ष्म और कारण होते हैं। स्थूल शरीर व्यापार करता है, सूक्ष्म शरीर मांग करता है तथा कारण शरीर आत्मा के उपभोग का आधार है। कर्म के रज्जु से बंधा हुआ यह शरीर चक्रवत घूमता रहता है। जीव का यह बंधन शिव की पूजा से ही दूर होता है। शिवलिंग में मन, वचन और कर्म से आस्था रखते हुए उसकी पूजा करते हुए मनुष्य शिव रूप और आत्माराम हो जाता है।

मुनियों ने पूछा कि लिंग आदि के भेद से पूजा का विधान क्या है? तब सूतजी ने बताया- सबसे पहला प्रणव लिंग है। यह स्थूल और सूक्ष्म दोनों हैं और इसे ही पंचाक्षर कहा गया है। पृथ्वी के विकास से पांच लिंग कहे गए हैं :-

स्वयंलिंग : देवता और ऋषियों के फलस्वरूप पृथ्वी को फोड़कर प्रगट होने वाला स्वयं लिंग कहलाता है। **बिंदु लिंग** : इसे पृथ्वी आदि की वेदिका पर प्रणव मंत्र से लिखा जाता है। **प्रतिष्ठित लिंग** : एक पात्र में रखकर घर में स्थापित किया गया लिंग। **चर लिंग** : प्रत्येक पूजा काल में बनाया गया और फिर विसर्जित किया जाने वाला लिंग। **गुरु लिंग** : गुरु द्वारा प्रतिष्ठापित किया गया शिव रूप लिंग।

भक्त को सब कार्यों से पहले गणेशजी की वंदना करनी चाहिए और फिर दैहिक, दैविक, भौतिक तापों को दूर करने के लिए विष्णु का पूजन करना चाहिए। इसके बाद शिवजी का महाभिषेक करके, उन्हें नैवेद्य समर्पित करते हुए ब्राह्मणों को भोजन कराना चाहिए। एक लाख मंत्रों के द्वारा शंकर को नमस्कार करके 108 मंत्रों द्वारा सूर्य को नमस्कार करना चाहिए। शिवजी की कृपा दृष्टि पाने के लिए अपने को बिलकुल अकिंचन समझकर विनती करनी चाहिए।

मुनियों ने सूतजी से प्रार्थना की कि वे पार्थिव महेश्वर की महिमा का वर्णन करें, जिसे उन्होंने व्यासजी के मुंह से सुना। सूतजी बोले-पार्थिव लिंग सबसे श्रेष्ठ है। देवता ऋषि, मनुष्य, गंधर्व, सर्प और स्वयं ब्रह्मा तथा विष्णु पार्थिव महेश्वर के पूजन से पूर्णकाम हुए हैं। जिस तरह से नदियों में श्रेष्ठ गंगा है, मंत्रों में ओंकार है, वर्णों में ब्राह्मण, पुरियों में काशी है और शक्ति में दैवी शक्ति श्रेष्ठ है। उसी प्रकार पार्थिव महेश्वर सबसे अधिक श्रेष्ठ और पूजनीय हैं। पार्थिव महेश्वर की पूजा करने वाला भक्त शिव लोक का वासी होता है। और जो ब्राह्मण होकर भी पार्थिव महेश्वर की पूजा नहीं करता, वह नरक में जाता है। पार्थिव महेश्वर की संख्या इच्छा के अनुसार ही मानी गई है। विद्या पाने के लिए एक सहस्र, पुत्र की प्राप्ति के लिए डेढ़ सहस्र और भूमि की प्राप्ति के लिए एक सहस्र तथा धन-वस्त्र की प्राप्ति के लिए पांच सौ पार्थिव महेश्वर बनाकर उनका पूजन करना चाहिए। इन सबसे महत्त्वपूर्ण है मोक्ष की अभिलाषा। इसके लिए एक करोड़ पार्थिव लिंग बनाकर पूजा करनी चाहिए। इस प्रकार पूजा करने से ब्राह्मण और ऋषि के शाप से पीड़ित व्यक्ति भी त्रिजगन्मयी अष्टमूर्ति-शर्व, भव, रुद्र. उग्र, भीम, ईश्वर, महादेव, पशुपति का पूजन करने से शाप मुक्त होकर भगवान शिव के सायुज्य को प्राप्त करता है। मुनियों ने शिवपूजा के अन्य साधारण और असाधारण विधानों को जानना चाहा तो सूतजी बोले कि भक्त को चाहिए कि वह पवित्र स्थान से गृहीत मिट्टी से पिंड बनाए। पिंड बनाने से पहले उसे जल से शुद्ध कर ले और पार्थिव महेश्वर की रचना करे। **ॐ नमः शिवाय** मंत्र से पूजा की सामग्री को शुद्ध करे, भुरक्षी मंत्र से सिद्ध करे और आपोऽस्मान् मंत्र से जल का संस्कार करे। **'नमः ते रुद्र'** से स्फटिकबंध करे और नमः करते हुए पंचामृत से प्रोक्षण करे तथा नमोनीलग्रीवाय मंत्र से महेश्वर की प्रतिष्ठा करे और

एतते रुद्राय मंत्र से सुंदर आसन समर्पित करे। **'नमो महान्तम्'** मंत्र से 'याते रुद्र', उच्चारण करते हुए पार्थिव महेश्वर को आसन पर बिठाए। इसके बाद इस मंत्र से स्नान, रुद्र, गायत्री से अर्घ्य अर्पित करे। फिर **दधिकादयो घृतयावः पृथ्वीव्याम्** मंत्रों से दही, घी और दूध से स्नान कराए। इस प्रकार वेद विधि से पार्थिव लिंग की पूजा करे।

यह विधि अपेक्षाकृत कठिन है। इसलिए एक साधारण विधि का उल्लेख भी किया गया है। सूतजी कहते हैं कि शिव का भक्त हर, शंभु, शूलपाणि, शिव, पशुपति आदि अनेक नामों का स्मरण करके मिट्टी से शिवलिंग की रचना करे। फिर स्नान-पूजन कराकर क्षमा-याचना करे तथा **ॐ नमः शिवाय** का जाप करते हुए शिवजी का ध्यान करे। हाथ में पुष्प और अक्षत लेकर भगवान शंकर से इस प्रकार याचना करे-हे शिव! मैं आपका ही हूं क्योंकि आपमें चित्त लगाया हुआ है। आप वेदों शास्त्रों, ऋषियों के द्वारा भी अगम्य, अज्ञेय हैं। मैं आपकी महिमा का पार कैसे पा सकता हूं। अज्ञान और ज्ञान से मैंने जो भी आपको भक्ति समर्पित की है, वह आपकी ही कृपा का फल है। आप मेरी रक्षा करें, मैं आपका शरणागत हूं। इस प्रकार विनम्र प्रार्थना करते हुए भक्त को चाहिए कि वह शिवलिंग की प्रदक्षिणा करे और शिवलिंग का विसर्जन करे।

सत्यवृत्ति आचारवान शिव भक्त के लिए नैवेद्य अग्राह्य नहीं है। शिव नैवेद्य के दर्शन मात्र से पाप भाग जाते हैं। उसका भक्षण करने से तो पुण्य प्राप्त होते हैं। शिव भक्त को बहुत अधिक श्रद्धा के साथ शिव नैवेद्य का भक्षण करना चाहिए। हां, जहां पर पवित्रता और सात्विकता नहीँ है और जहां चांडालों का अधिकार है, यदि वहां कोई नैवेद्य का भक्षण नहीं करता तो उसे क्षमा किया जा सकता है। एक बात और जान लेनी चाहिए कि बाणलिंग, लोहलिंग, सिद्धिलिंग और स्वयंभूलिंग में तथा संपूर्ण प्रतिमा के पूजन में चांडालों का अधिकार नहीं है। इसके साथ बिल्व महादेवजी का रूप है। बिल्व पूजा में शिवजी का जल से अभिषेक करने वाला भक्त ब्राह्मण को भोजन कराने वाला भक्त अनंत सुख और विभूति को प्राप्त होता है।

मुनियों ने रुद्राक्ष की महिमा के विषय में बताने के लिए सूतजी से प्रार्थना की। सूतजी ने कहा-रुद्राक्ष विभूति और शिवजी का नाम इन तीनों का फल त्रिवेणी फल के समान माना गया है। जो भक्त शिव नाम का स्मरण करता है, रुद्राक्ष धारण करता हैं और भस्म को अपने शरीर पर धारण करता है, वह पापनाशक और पुण्यदायक भक्त के रूप में औरों को भी पुण्य प्राप्त कराता है। ऐसे भक्त का दर्शन त्रिवेणी के दर्शन के समान है। शिवजी के अनेक नामों में सुरसरि, विभूति, सूर्यतनया, यमुना तथा रुद्राक्ष भागीरथी और सारे पापों को नष्ट करने वाली सरस्वती है।

भस्म तीर्थ रूप है। महाभस्म और स्वल्प भस्म इसके दो रूप हैं। श्रौत, स्मार्त और लौकिक भेदों से महाभस्म कई प्रकार का होता है। इसी प्रकार स्वल्प भस्म के भी कई भेद होते हैं। द्विजों के लिए श्रौत और स्मार्त तथा अन्यों के लिए लौकिक भस्म धारण करने का विधान कहा गया

है। गोबर से युक्त भस्म आग्नेय कही जाती है। और इससे भी त्रिपुंड बनाना चाहिए। त्रिपुंड में तीन रेखाएं होती हैं। तीन अंगुलियों के बीच से प्रयत्नपूर्वक भस्म को लेकर त्रिपुंड धारण करना चाहिए और उसके बाद ही शिव नाम का जाप करना चाहिए।

रुद्राक्ष को महिमा बहुत विचित्र है।

सहस्रों वर्ष पहले जब सहस्रों वर्षों तक तप करने के बाद भी शिवजी को संतोष नहीं हुआ तो उन्होंने अपनी लीला के वशीभूत होकर नेत्र बंद कर लिए। उस समय उनके नेत्रों से जल के कुछ कण पृथ्वी पर गिरे और वे रुद्राक्ष के रूप में उत्पन्न हुए। अयोध्या, मथुरा, लंका, मलयाचल, काशी और सह्याद्रि में पैदा होने वाले रुद्राक्ष शिवजी के चारों वर्णी और विष्णु के भक्तों को दे दिए। शिवजी ने ही रुद्राक्ष की अनेक जातियों का विधान किया। आंवले के परिमाण वाला रुद्राक्ष सर्वोत्तम माना। बद्रीफल जैसा मध्यम और चने के आकार वाला अधम माना। आंवले के आकार वाला रुद्राक्ष अरिष्टनाशक और दूसरा सौभाग्य वर्धक तथा तीसरा सिद्धिदायक होता है। स्वयं छिद्र रुद्राक्ष बहुत अच्छा होता है। 1100 रुद्राक्षों को धारण करने वाला शिव रूप, 550 रुद्राक्षों को धारण करने वाला महान भक्त और 300 रुद्राक्षों को तीन सूत्री यज्ञोपवीत के रूप में धारण करने वाला पवित्र आत्मा और 108 रुद्राक्षों को धारण करने वाला दृढ़व्रती कहलाता है।

यह विशेष ध्यान देने योग्य बात है कि रुद्राक्ष धारण किए बिना शिव नाम की भक्ति फलदायक नहीं होती।

रुद्राक्ष के एक से लेकर 14 तक मुख होते हैं। एकमुखी रुद्राक्ष शिव रूप होता है, और मुक्ति तथा भुक्ति प्रदाता है। द्विमुखी रुद्राक्ष पापनाशक होता है। त्रिमुखी सिद्धिदायक होता है। और चतुर्मुख फलदायक होता है। इस तरह रुद्राक्ष के जितने मुख होंगे, उनको धारण करने वाला उत्तरोत्तर श्रेष्ठ होता जाएगा। रुद्राक्ष को धारण करने की एक विधि है। निम्नलिखित जाप करके ही रुद्राक्ष धारण करना चाहिए :

(1) ॐ ह्रीं नम:
(2) ॐ नमः
(3) ॐ क्लीं नम:
(4) ॐ ॐ ह्रीं नम:
(5) ॐ क्लीं नम:
(6) ॐ ह्रीं हं नमः
(7) ॐ हुं हुं नम:
(8) ॐ ॐ हूं नम:
(9) ॐ हं ह्रीं नम:
(10) ॐ ह्रीं क्लीं नम:
(11) ॐ क्लीं हुं नमः
(12) ॐ क्रुं क्षु रूं नमः
(13) ॐ हुं क्रुं नमः
(14) ॐ क्षु क्लुं नमः

इस मंत्र के बिना रुद्राक्ष नहीं धारण करना चाहिये। रुद्राक्ष से देवता लोग प्रसन्न होते हैं और भूत-पिशाच भी डरते हैं।

रुद्र संहिता

(सृष्टि खंड)

एक समय शौनक आदि मुनियों ने नैमिषारण्य में सूतजी से जिज्ञासावश कुछ प्रश्न किए, उन्होंने पूछा : (1) शिवजी का सर्वश्रेष्ठ रूप और पार्वती सहित उनका दिव्य चरित्र क्या है? (2) शिवजी किस रूप से प्रसन्न होते हैं और प्रसन्न होने पर क्या फल देते हैं? (3) ब्रह्मा, विष्णु और महेश शिवजी के अंश से उत्पन्न हुए। फिर इनमें पूर्णांश के रूप में महेश की स्वीकृति क्यों है?

सूतजी ने मुनियों से कहा कि एक बार नारदजी ने ब्रह्माजी से इसी प्रकार के प्रश्न पूछे थे। नारदजी ने पूछा था कि शिवत्व का पूर्ण रूप क्या है? तब ब्रह्माजी ने नारदजी को विस्तार से शिवत्व का वर्णन किया और सृष्टि की इच्छा, उत्पत्ति और स्वरूप पर प्रकाश डाला। ब्रह्माजी ने कहा कि प्रारंभिक प्रलयकाल में जब स्थावर जंगम का विनाश-काल आया था और सूर्य, ग्रह, तारे सब नष्ट हो गए थे और अंधकार का राज्य चारों तरफ फैला हुआ था, तब एक सद्ब्रह्म ही शेष रह गया था। वह सद्ब्रह्म जो योगियों द्वारा ध्यानगम्य है, मन, वाणी और इंद्रियों के ज्ञान से परे है, नाम, रूप, वर्ण रहित है, सत-असत् से परे है। वह सत्य ज्ञान अनंत स्वरूप है और अमूर्त परमतत्व सदा शिव का लिंग ही उनका स्वरूप है। इस स्वरूप को ही भक्त और ज्ञानी ईश्वर कहते हैं। यह परमेश्वर स्वरूप शिव ही अपने से अनश्वर शक्ति उत्पन्न करता है। इसी का नाम प्रकृति, त्रिगुणमयी माया, और निर्विकार बुद्धि के रूप में जाना जाता है। प्रकृति, शक्ति रूपा, अंबिका, त्रिदेव-जननी, नित्य तथा मूल प्रकृति कहलाती है। प्रकृति की अंबिका रूप में आठ भुजाएं और विचित्र मुख है। माया के संयोग से यह अन्य अनेक रूपों में हो जाती है।

परब्रह्म शिव सिर पर गंगा और ललाट पर चंद्रमा धारण किए हुए हैं। उनके तीन नेत्र हैं, पांच मुख हैं और दस भुजाएं हैं। वे काल स्वरूप भगवान हैं और त्रिशूलधारी हैं। उन्होंने ही काशी रूप में ही अपने शिव क्षेत्र को स्थापित किया है। यह शिव क्षेत्र शिव और पार्वती से रहित कभी नहीं होता। इसलिए यह अविमुक्त क्षेत्र कहलाता है।

सृष्टि की उत्पत्ति के विषय में ब्रह्माजी ने नारदजी को बताया कि सृष्टि की इच्छा होने पर शिवजी ने इसका भार अपने आप नहीं लिया, सृष्टि की इच्छा बलवती होने पर उनके दक्षिण भाग के दशमांश से एक पुरुष का आविर्भाव हुआ। इसका नाम शिवजी ने विष्णु रखा और उसे परम कार्य करने के लिए गहन तप करने का आदेश दिया। विष्णुजी ने बहुत समय तक तप किया, तब शिवजी की कृपा से विष्णु के शरीर से जलधाराएं निकली और उन पर मोहित होकर विष्णुजी सो गए। इसी कारण नार अर्थात् जल पर सोने के कारण उनका नाम नारायण पड़ा। उस समय विष्णुजी से ही सारे तत्त्वों का जन्म और विस्तार हुआ। सबसे पहले प्रकृति से महत्त्व, उससे फिर तीन गुण, तीन गुणों से अहंकार, अहंकार से पांच तन्मात्राए, शब्द, रूप, रस और गंध और उससे

पंचभूत-पृथ्वी, जल, आकाश, तेज और वायु प्रकट हुए। इसके बाद पांच ज्ञानेन्द्रियां-नेत्र, नाम, नाक, जिह्वा और त्वचा तथा पांच कामेन्द्रियां-वाणी, चरण, हस्त, गुदा और उपस्थ उत्पन्न हुई। इस प्रकार शिवजी की इच्छा से ही यह 24 प्रकार का सार तत्त्व रूपक प्रकट हुआ। और सब एकत्र होकर ब्रह्म रूप जल में सो गए।

भगवान नारायण के सो जाने पर शिवजी की इच्छा से ही उनकी नाभि से एक कमल उत्पन्न हुआ और फिर उस कमल से शिवजी ने मुझे (ब्रह्मा) उत्पन्न किया। मुझे उस समय कुछ भी पता नहीं था। कुछ क्षण बाद अपने कर्त्ता को खोजने का प्रयास किया लेकिन मैं उसका मूल नहीं पा सका। तब उस नाल के सहारे ऊपर जाने पर मुझे एक आकाशवाणी सुनाई दी और बारह वर्ष कठिन तप करने के बाद विष्णुजी के दर्शन हुए। मैं उनको पहचान नहीं पाया और उनसे उनका परिचय पूछा। जब विष्णु ने अपने को सर्वज्ञ और मेरा पिता बताया तो मैंने उनका तिरस्कार किया और अपशब्द कहे। हमारे में विवाद छिड़ गया और विवाद ने संघर्ष का रूप ले लिया। सहसा हम दोनों के बीच स्तंभ रूप में लिंग प्रकट हुआ और हमने युद्ध बंद करके उससे परिचय देने की प्रार्थना की।

शिवजी ने अपना परिचय दिया। उस समय हमने ॐ की गंभीर ध्वनि सुनी तथा शिवलिंग को ने विशिष्ट रूप में देखा। उसके दक्षिण भाग में अकार, उत्तर भाग में उकार मध्य और मध्य भाग में मकार को देखा। सत्य, आनंद और अमृत स्वरूप परब्रह्म ही ॐ में दृष्टिगोचर हो रहा था। जब हम उसके विषय में विचार कर रहे थे, तब एक महात्मा वहां आए और उन्होंने बताया कि ॐ शिवजी का ब्रह्म स्वरूप ही है और वह अगोचर है। ॐ के अ, उ और म वर्ण ब्रह्मा, विष्णु और महादेव के प्रतीक हैं। और ये तीनों ही रूप सृष्टि मोहन तथा अनुग्रह कार्यों के प्रतीक हैं। अकार बीज है, उकार कारण रूप योनि है और मकार बीजी है। इस प्रकार महेश्वर की इच्छा से बीजी, बीज योनि में गिरकर चतुर्दिशाओं में विकसित होने लगा। उससे एक सुवर्णमय अंड उत्पन्न हुआ और यह वर्षों तक जल में स्थित रहा। इसके दो भाग हो गए, ऊपर के भाग से स्वर्गलोक और नीचे के भाग से पृथ्वीलोक प्रकट हुए। उस अंड से ही चतुर्भुज शिवजी का आविर्भाव हुआ। यही त्रिरूपधारी ब्रह्मा, विष्णु और महेश रूप में प्रभु हैं। हम दोनों ने महादेव की वेदमंत्रों से स्तुति की और शिवजी के द्वारा दस भुज रूप परम कांतिमान पंचमुख रूप में अपने सामने प्रकट होते हुए देखकर हमें संतोष हुआ। शिवजी से ही 48 अक्षरों वाला गायत्री मंत्र, आठ मात्राओं वाला शिव मंत्र, मृत्युंजय, चिंतामणि मंत्र तथा दक्षिणा मूर्ति मंत्र उत्पन्न हुए। हम दोनों ने इन पांचों मंत्रों को ग्रहण कर शिवजी की स्तुति प्रारंभ की।

इसी समय भगवान शंकर के प्रसन्न होने पर विष्णु ने उनसे पूछा कि आप कृपा करके यह बताइए कि आप किस रूप में प्रसन्न होते हैं, क्या फल प्रदान करते है और आपका दिव्य रूप क्या है, इस जिज्ञासा को शांत करने के लिए एक पूरा वृत्त जानना आवश्यक है।

एक समय हिमालय पर्वत की सुंदर कंदरा में नारदजी ने सुदीर्घ तप किया और अहं ब्रह्माऽस्मि की भावना से समाधिस्थ होकर ब्रह्म विधान को अपनाया। नारदजी के घोर तप से इन्द्र विचलित हो गया और उसने कामदेव से अपनी मनोकामना पूरी करने के लिए सहायता मांगी। इन्द्र को यह भय था कि तप सफल हो जाने पर नारद कहीं इंद्र पद की मांग न करने लगें।

कामदेव ने इन्द्र की बात मानकर नारदजी का तप भंग करने का विचार किया। कामदेव नारदजी के तपस्या क्षेत्र में गया और वहां जाकर अपने सभी काम पूर्ण प्रभावों का व्यापक प्रसार किया। लेकिन नारदजी में लेशमात्र भी विकार पैदा नहीं हुआ। नारदजी उसी स्थान पर तपस्या कर रहे थे, जहां पर शिवजी ने कामदेव को भस्म किया और वह सारा क्षेत्र काम के प्रभाव से परे घोषित कर दिया गया था। जब इन्द्र को कामदेव की असफलता का समाचार मिला तो वह स्वयं आया और नारदजी की प्रशंसा करने लगा। इन्द्र की प्रशंसा से नारदजी में गर्व उत्पन्न हो गया और वे अपने आपको कामजित मानने लगे। उनके मन में इतना मोह पैदा हुआ कि वे शिवजी के पास जाकर अपनी कामविजय की कथा सुनाने लगे। शिवजी ने नारदजी को आत्मप्रशंसा और आत्मविज्ञापन न करने का परामर्श दिया, लेकिन नारदजी नहीं माने और वह ब्रह्माजी के पास पहुंच गए। वहां भी उन्होंने कामविजय की कथा सुनाई। तदुपरांत विष्णुलोक में भी उन्होंने वही बात बताई। इस प्रकार नारदजी के मन में अपने कामविजयी होने का अहंकार पूर्ण रूप से भर गया। विष्णुजी ने नारदजी का यथोचित स्वागत किया। और जहां उनके ज्ञान, वैराग्य की प्रशंसा की वहीं नारदजी के इस आचरण के लिए शिव की मन-ही-मन स्तुति भी की। नारदजी का मोह और अहंकार इतना बढ़ गया था कि उसका नाश होना आवश्यक था। अतः शिवजी की इच्छा से विष्णु ने नारद के मोह और अहंकार के नाश के लिए एक योजना बनाई। विष्णु ने नारदन के मार्ग में एक सुंदर नगर बनाया और वहां के शासक शीलनिधि द्वारा अपनी अद्वितीय सुंदरी कन्या का स्वयंवर करवाया। नारदजी वहां पहुंचे तो उस कन्या ने उन्हें प्रणाम किया। उसे देखते ही वह उस पर मुग्ध हो गए। नारदजी ने उसकी भाग्य-रेखा पर पढ़ा कि उसका पति अजेय होगा। इसलिए नारदजी उसे प्राप्त करने के लिए व्याकुल हो उठे। इस कार्य को संपन्न करने के लिए नारदजी विष्णु का रूप लेने के लिए उनके पास गए और उस कन्या को वरण करने की अपनी इच्छा व्यक्त की। तब विष्णुजी ने नारद को वानर का रूप देकर उनका मोह भंग करने के लिए उन्हें स्वयंवर में भेज दिया।

नारदजी स्वयंवर स्थल पर पहुंच गए। शिवजी की माया के कारण वहां उपस्थित सभी राजाओं ने नारदजी को उनके वास्तविक रूप में ही देखा लेकिन शिवजी के दो गण वहां ब्राह्मण वेश में थे। और वे नारद से हास-परिहास करने लगे। जब कन्या वरमाला हाथ में लिए वहां पर उपस्थित हुई तो वे उचक-उचक कर उसे देखने लगे। उस तरफ वह कन्या नारदजी को देखकर अत्यंत त्रस्त हो रही थी। उसने जैसे ही एक राजा के रूप में विष्णुजी को द्वार पर देखा तो उनके

गले में माला डाल दी। यह देखकर नारदजी बहुत दुःखी हुए तथा उन्होंने रुद्रगणों के कहने पर जल में अपना प्रतिबिंब देखा। नारदजी को बहुत क्रोध आ गया और समाप्त नहीं हुआ। वह सीधे विष्णु को खरी-खोटी सुनाने लगे। नारदजी ने विष्णु को स्त्री वियोग में दुःखी होने का शाप दिया और यह भी कहा कि इस वियोगजन्य दुःख को दूर करने के लिए आपको वानर की सहायता ही लेनी होगी। विष्णुजी ने शिवजी की माया को समझते हुए शाप को शिरोधार्य किया।

शिवजी ने अपनी माया को समेट लिया और उसके तुरंत बाद नारदजी अपनी सहज स्थिति में आ गए और अपने आचरण के लिए विष्णु के चरणों में गिरकर क्षमा-याचना करने लगे। तब उन्हें पता चला कि उनके दर्प को समाप्त करने के लिए शिवजी ने ही माया का यह जाल रचा था। नारदजी को यह जानकर बहुत आश्चर्य हुआ और उन्हें अनुभव हुआ कि शिवजी के आदेश से विष्णु, ब्रह्मा तथा अन्य देवता कार्य करते हैं। शिव ही मूल रूप हैं और उस मूल के तीन विशिष्ट रूप है। सृष्टि जन्मदाता ब्रह्मा, पालनकर्त्ता विष्णु और संहारकर्ता महेश या रुद्र। ऐसे शिवजी की पूजा करने से, रुद्राक्ष और भस्म धारण करने से शिवजी प्रसन्न होते हैं और साधक का अज्ञान दूर होता है। विष्णुजी ने बताया कि हे मुनि नारद, भगवान शिव आपका कल्याण करेंगे आप ब्रह्मलोक में जाइए और ब्रह्माजी से शिव स्तोत्र सुनिए तथा शिवजी की पूजा कीजिए। इसके उपरांत विष्णुजी अंतर्ध्यान हो गए और नारदजी पृथ्वी पर आकर विभिन्न स्थानों में शिव लिंग की पूजा और अर्चना करने लगे। यही पर ब्राह्मण वेशधारी गणों के दर्शन नारदजी को हुए। गणों के विषय में शाप देने के कारण नारदजी को पश्चात्ताप हुआ, किंतु उनकी वाणी असत्य नहीं हो सकती थी अतः नारदजी ने शाप के उद्धार का उपाय बताया। उन्होंने कहा कि श्रेष्ठ मुनि के घर उत्पन्न होकर तुम राक्षस बनोगे और अतुल बल, प्रताप तथा ऐश्वर्य प्राप्त होगा। इस पर शिव-गण प्रसन्न होकर चले गए। मुनियों ने सूतजी से पूछा कि यह विस्तार से बताने की कृपा करें कि किस प्रकार शिव अनेक रूपों में आकर सृष्टि की उत्पत्ति, पालन और संहार करते हैं। तब सूतजी ने शिवजी के द्वारा कही गई बात को विस्तार से बताया। इसके अनुसार चार हजार युग का ब्रह्मा रूपी मेरा एक दिन होता है और इतने ही परिमाण की एक रात्रि होती है। इस परिमाण में ही मेरी सौ वर्ष की आयु होगी, प्रत्येक वर्ष में बारह महीने और महीने में तीस दिन और परिमाण पूर्व कथित होगा। मेरा एक वर्ष विष्णुजी का एक दिन होगा और इस रूप में उनकी सौ वर्ष की आयु होगी। विष्णु का एक वर्ष रुद्रजी के एक दिन के बराबर होगा और इसी क्रम में वे सौ वर्ष के होंगे। रुद्रजी का एक श्वास ब्रह्मा, विष्णु और हर, गंधर्व, राक्षस तथा सर्पों का 2100 अहोरात्र का

परिमाण होगा। रुद्र श्वास लेने से एक पल व्यतीत होगा और इस तरह 60 पलों की एक घड़ी और 60 घड़ियों का रुद्र का एक दिन होगा। रुद्र के श्वास लेने की कोई संख्या नहीं है। और समग्र सृष्टि के प्रलय हो जाने पर भी रुद्र ही शासन करेंगे।

ब्रह्मा और विष्णु ने शिवजी को प्रणाम किया और उनके आदेश को शिरोधार्य करने का निश्चय व्यक्त किया। इस पर शिवजी संतुष्ट होकर अंतर्धान हो गए। इस वृत्तांत को सुनाकर ब्रह्माजी बोले कि उसी समय लोक में लिंग पूजा प्रचलित है। सबसे पहले ब्रह्मा और विष्णु ने पूजा को अपनाया और उसके बाद अन्य लोगों ने। सूतजी बोले कि लिंग की सविधि उपासना ऋद्धि-सिद्धि देने वाली है। ब्रह्मा, विष्णु और रुद्र तीनों ही भगवान शिव के अंग रूप हैं। लेकिन गुणवत्ता की दृष्टि से रुद्र की श्रेष्ठता का आधार स्वयं शिव रूप में है।

मुनियों ने सूतजी के प्रति कृतज्ञता प्रकट की और उन्होंने शिव पूजन की विधि बताने का अनुरोध किया। ऋषियों के प्रश्न को सुनकर सूतजी बोले कि ब्रह्माजी से नारद ने, उपमनु से कृष्ण ने और सनत्कुमार से व्यासजी ने यही प्रश्न किया। उन लोगों ने शिवलिंग की पूजा का जो विधान वर्णित किया है, उसे मैं आप लोगों को बताता हूं।

प्रत्येक शिवभक्त को चाहिए कि वह ब्रह्ममुहूर्त में उठे और शिव, गुरुदेव और तीर्थों का स्मरण करता हुआ शिव स्तोत्र का पाठ करे। दक्षिण दिशा में जाकर नित्य कर्म संपन्न करके हाथ-पैर मिट्टी से धोकर साफ करे। इसके बाद स्नान करके गणेशजी की पूजा करे और फिर शिवलिंग की स्थापना करके तीन बार प्राणायाम करे और तीन बार आचमन करे। 'ॐ त्र्यंबकम् यजामहे।' इस मंत्र का उच्चारण करके शिवजी का ध्यान करे और फिर प्रणव मंत्र से षड्न्यास करते हुए शिवजी की पूजा प्रारंभ करे। भक्त को चाहिए कि वेद मंत्रों का उच्चारण करते हुए वह सहज जल- धारा से शिवलिंग को स्नान कराए फिर चंदन और पुष्प आदि अर्पित करके वेदमंत्रों के द्वारा स्तुति करता हुआ अपना प्रणाम निवेदन करे। अंजलि में पुष्प लेकर आप्तकाम होने की प्रार्थना करे और इस प्रार्थना के साथ ही शिवलिंग पर फूलों की वर्षा करे। अपने अपराधों की क्षमा-याचना के लिए आचमन करे, उसके उपरांत प्रसन्न मन से व्यापार आदि करता हुआ सिद्धि को प्राप्त करे।

पूर्व समय की बात है कि ब्रह्मा देवताओं को साथ लेकर विष्णु लोक गए। विष्णुजी ने देवताओं के आने का कारण पूछा तो उन्होंने कहा कि हम यह ज्ञान प्राप्त करने आए हैं कि दुरित-विनाश के लिए किस देवता की सेवा करनी चाहिए। उनके इस प्रश्न के उत्तर में विष्णुजी बोले कि भगवान शंकर सब दुःखों का निवारण करने वाले हैं, इसलिए वे ही सेव्य हैं। शिवजी की पूजा से मनुष्य के सभी दुरित नष्ट होते हैं और उसे सभी सुख प्राप्त होते हैं तथा मुक्ति भी सुलभ

हो जाती है। विश्वकर्मा ने विष्णुजी के आदेश से और विभिन्न देवताओं के अनुरोध पर अनेक देवों को प्रदान करने के लिए अनेक शिवलिंगों की रचना की और उन्हें विभिन्न देवताओं को दे दिया।

इन्द्र के लिए पद्म राग मणि खचित, विश्वदेव के लिए रजतमय, कुबेर के लिए स्वर्णमय, अश्विनीकुमार के लिए पीतल का, नाग के लिए चंदन का, धर्मराज के लिए पीतमणि का, लक्ष्मी के लिए स्फटिक का, छाया के लिए मृत्तिकामय, वरुण के लिए श्यामवर्ण का, आदित्य के लिए ताम्रमय, विष्णु के लिए इंदु नीलमणि खचित, चंद्रमा के लिए मौक्तिक, यज्ञ के लिए दधिमय, ब्रह्मा के लिए सुवर्णमय और देवी के लिए नवनीतमय लिंगों की रचना करके सब देवताओं को दे दिए। जब सब देवताओं को लिंग प्राप्त हो चुके, तब विष्णुजी ने उनसे फिर कहा कि ब्रह्म की प्राप्ति का एकमात्र उपाय प्रतिमा-पूजन है। जिस तरह मूल के सींचने से शाखाएं हरी-भरी हो जाती हैं, उसी प्रकार शिवलिंग की पूजा से सभी देवता अपने आप प्रसन्न हो जाते हैं। इस प्रकार विष्णुजी से तत्त्वज्ञान प्राप्त करके देवता लोग पुनः अपने धाम लौट आए और निष्ठापूर्वक शिवलिंग की उपासना करने लगे।

ब्रह्माजी ने नारदजी से कहा कि यह जानना भी बहुत आवश्यक है कि किन पत्र-पुष्पों से शिवजी की पूजा करने से क्या फल मिलता है।

कमलपत्र, बेलपत्र, शंखपुष्पी से शिवजी का पूजन लक्ष्मीदायक है। 50 कमल-पुष्पों से शिवजी का पूजन रोगनिवारक है और एक सहस्र कमलों से की गई पूजा भार्यादायक है। जो व्यक्ति मुक्ति का इच्छुक है, उसे कुशा से शिवजी की पूजा करनी चाहिए और जिसे आयु की इच्छा है, उसे दूर्वा से तथा पुत्र के इच्छुक को धतूरे से शिव की पूजा करनी चाहिए। जो व्यक्ति शत्रुनाश का फल पाना चाहता है, उसे शिवजी की पूजा आक के फूलों से करनी चाहिए। और प्रताप का इच्छुक भी आक के फूलों से शिवजी की पूजा करे। कनेर के फलों से की गई पूजा दरिद्रता दूर करने वाली होती है तथा हारसिंहार से की जाने वाली पूजा सुख-समृद्धिदायक होती है। शत्रुनाश के लिए जिसमें शत्रु की मृत्यु अभीष्ट हो, वहां राई के फलों से शिवजी की पूजा करनी चाहिए। केतकी और चंपा पुष्प शिव की पूजा के विधान से बहिष्कृत है।

नारदजी ने ब्रह्माजी से शिवजी के अंतर्हित हो जाने के बाद के वृत्तान्त को जानना चाहा। तब ब्रह्माजी ने बताया कि शिवजी के अन्तर्ध्यान हो जाने पर मैंने हंस का और विष्णु ने वराह का रूप धारण कर लिया तथा सृष्टि-रचना पर विचार किया। हंस और वराह का रूप धारण करने के कारणों पर प्रकाश डालते हुए और नारदजी की जिज्ञासा का शमन करते हुए ब्रह्माजी बोले कि हंस की गति ऊपर जाने की निश्चल होती है। और क्षीर-नीर जैसी विवेक बुद्धि तत्त्व-अतत्व के ज्ञान में जैसी हंस की होती है, वैसी किसी और पक्षी की नहीं। हंस ही ज्ञान और अज्ञान के निर्धारण में सर्वाधिक सक्षम है। इसलिए मैंने हंस रूप धारण किया। वराह की नीचे जाने की

निश्चल गति होती है अतः विष्णु ने वराह का रूप धारण किया। इसके बाद नारदजी को सृष्टि-रचना के विवरण से परिचित कराते हुए ब्रह्माजी ने कहा कि शिव के अंतर्हित हो जाने पर विष्णुजी ब्रह्माण्ड से बाहर निकलकर बैकुंठ में चले गए। और उस समय मैंने शिव और विष्णु को प्रणाम करके सबसे पहले जल का निर्माण किया। उस जल में एक अंजलि डालकर 24 तत्त्वों वाला एक अंडा प्रकट किया। वह फिर विराट हो गया। उस विराट अंडे में चैतन्य लाने के लिए मैंने बारह वर्ष तप किया। उसके फलस्वरूप ने उस अणु के अनंत में प्रविष्ट होकर उसे चैतन्य दिया। इसके बाद जब सृष्टि निर्माण प्रारंभ किया, तब सबसे पहले अविद्या और अंधकार प्रधान पाप की सृष्टि ही मेरे सामने प्रगट हुई। उससे मैंने स्थावरों की रचना की और पुनः मुख्य सृष्टि की रचना के लिए शिवजी का ध्यान करने लगा। उसके बाद तिरछे चलने वाले जीव पैदा किये। जिससे असंतुष्ट होकर मैंने सतोगुणी देवों की सृष्टि की। उसके बाद शिवजी के आदेश से रजोगुण प्रधान मानवीय सृष्टि की। इस प्रकार तामसी स्थावर, त्रिर्यक् देव तथा मानव सृष्टि हो जाने के बाद सर्गों की रचना करने का विचार किया।

सर्ग-रचना का विचार आने पर तीन सर्ग उत्पन्न हुए, महत् सर्ग, सूक्ष्म भौतिक सर्ग तथा वैचारिक सर्ग। वैचारिक सर्ग से अष्टविध प्राकृतिक सृष्टि उत्पन्न हुई। इस प्रकृति में विकृति के आने पर अवर्णनीय कुमार सर्ग उत्पन्न हुआ। इसके उपरांत द्विजात्मक सर्ग अस्तित्व में आने पर मानसपुत्र सनक उत्पन्न हुए। सनक आदि की वैराग्य भावना के कारण जब उन्होंने सृष्टि-रचना की मेरे आदेश की अवज्ञा की तो मुझे क्रोध के साथ इतना अधिक दुःख हुआ कि मेरे नेत्रों में आंसू भी आ गए।

तब भगवान विष्णु प्रकट हुए और उन्होंने मुझे सांत्वना दी तथा भगवान शिव का ध्यान करने को कहा। मैंने शिवजी का ध्यान किया और मेरे ध्यान से प्रसन्न होकर अर्द्धनारीश्वर तेजराशि, नीललोहित शिव प्रकट हुए और मेरी प्रार्थना पर उन्होंने अपने तुल्य रुद्रों की सृष्टि की। मैंने हाथ जोड़कर उनसे मानवीय सृष्टि करने की प्रार्थना की जो मरणधवर्मा हो। इस प्रार्थना के बाद भगवान महादेव ने दुःख-सागर में निमग्न होनेवाली और शुभ न लगने वाली सृष्टि करने की अनिच्छा प्रकट की। उन्होंने कहा कि मैं शरणागतों को तत्त्वज्ञ वाला हूं और दुखियों का उद्धारक हूं। इसलिए मैं सुख-दुःखमय प्रजा की सृष्टि नहीं करूंगा। इस सृष्टि का कार्यभार तुम्हीं संभालो। यह बात अलग है कि माया की बाधा तुम्हें इस कार्य में नहीं होगी।

शिवजी के अंतर्ध्यान हो जाने के बाद ब्रह्माजी ने सृष्टि-रचना का कार्य जारी रखा। उन्होंने बताया कि मैंने पंचभूतों के पंचीकरण के द्वारा पृथ्वी, जल, आकाश, अग्नि, पर्वत, समुद्र और वृक्ष आदि तथा कालादि से पर्यन्त कालों की सृष्टि की। इस पर भी मैं असंतुष्ट रहा और मैंने भगवान शिव का ध्यान किया। अंबिका सहित शिव का ध्यान करने के बाद जो शक्ति मुझे मिली,

उसके द्वारा नेत्रों से मरीचि को, भृगु को हृदय से, अंगिरा को सिर से, पुलह को कर्ण से, पुलस्त्य को उदान वायु से, वसिष्ठ को समान वायु से, ऋतु को अपान वायु से, अत्रि को श्रौत से, दत्र को प्राण से, और क्रोड़ से हे नारद तुम्हें और अपनी छाया से कर्दम को उत्पन्न किया। इस कार्य के साथ ही मैंने जब साधनों के आधारभूत धर्म को अपने संकल्प से जन्म दिया। और इस कार्य से मुझे परम संतोष अनुभव हुआ। इतनी सारी सृष्टि के बाद मैंने पुरुष और नारी के रूप में अपने को ही विभक्त किया। इसमें मनु रूप पुरुष और शतरूपा रूप स्त्री का रूप धारण करके दोनों का विवाह करके मैथुनी सृष्टि उत्पन्न की। मनु के शतरूपा से दो पुत्र प्रियव्रत और उत्तानपाद तथा तीन पुत्रियां आकूति, देवहूति, और प्रसूति उत्पन्न हुईं। आकूति को रुचि ने, देवहूति को कर्दम ने ग्रहण किया और दक्ष प्रजापति ने प्रसूति को स्वीकार किया। इनकी संतानों से चराचर जगत भर गया।

आकूति ने दक्षिण और यज्ञ को, फिर यज्ञ ने दक्षिण के बारह पुत्रों को जन्म दिया, देवहूति ने भी अनेक संतानें उत्पन्न की। दक्ष के चौबीस कन्याएं उत्पन्न हुईं। इसमें उसने श्रद्धा, लक्ष्मी, धृति, तुष्टि, मेधा, क्रिया, बुद्धि, लज्जा, वायु, शांति, सिद्धि और कीर्ति इन तेरह पुत्रियों को यम को दे दिया और शेष ख्याति, स्मृति, प्रीति, क्षमा, संतति, अनुरूपा, स्वाहा और स्वधा, भृगु, भव, मरीचि, अंगिरा, पुलस्त्य, ऋतु, अत्रि, वसिष्ठ आदि को क्रम रूप से सौंप दी। इसके बाद तो शिवजी की कृपा से असीमित, सृष्टि उत्पन्न हुई। असंख्य जातियां उत्पन्न हुईं। इनमें ब्राह्मण जाति ही सर्वोत्कृष्ट है।

नारदजी से ब्रह्माजी बोले कि हे नारद, मैं और विस्तार से शिव रूप की व्याख्या करता हूं। निर्गुण भगवान शिव का बायां अंग विष्णु है, ब्रह्मा उनका सेव्य अंग हैं, और उनका हृदय रुद्र है। इसी क्रम से तीन गुण, सत्त, रज और तम की स्थिति है। शिवजी की ही सतोगुणी माया सती, रजोगुणी माया सरस्वती और तमोगुणी माया लक्ष्मी हैं। सतोगुणी माया का सती रूप में शिवजी से ही विवाह हुआ है, जिसने अपने पिता के यज्ञ में अपने पति शिव (रुद्र) का भाग न देखकर उसी समय अपने प्राणों का त्याग कर दिया। उसके बाद देवताओं की प्रार्थना पर उन्होंने हिमाचल सुता के रूप में पुनः जन्म लिया और तपस्या करके शिवजी को प्राप्त किया। यह सुनकर नारदजी बोले, हे पूज्य पितामह! आप मुझे भगवान शंकर के कैलाश गमन और वहां उन्होंने जो महत्वपूर्ण कर्म किए, उनको बताने की कृपा करें। ब्रह्माजी बोले-हे नारद, मैं एक वृत्तांत सुनाता हूं। पुराने समय में कांपिल्य नगर में वेद-वेदांगों का ज्ञाता एक राजपुरोहित यज्ञदत्त नाम का एक विद्वान रहता था। उसका यश चारों ओर फैला हुआ था। उसके एक लड़का था गुणनिधि। गुणनिधि बचपन में ही बुरी संगति में पड़कर जुआ आदि खेलने लगा था। वह घर का समान चुराकर जुए

में हारने लगा। प्रारंभ में गुणनिधि की माता ने जानते हुए भी इसके इस दुर्गुण को पिता से छिपाया। जब भी यज्ञदत्त अपने पुत्र के विषय में पूछता था तभी वह कुछ बहाना बनाकर कुछ भी कह देती थी। वह बताती कि गुणनिधि देवपूजन, विद्या-अध्ययन में व्यस्त है। इस प्रकार वह झूठ बोल देती थी। समय आने पर गुणनिधि का विवाह भी हो गया। विवाह के बाद गुणनिधि की माता ने अपने पुत्र से कहा कि अब तुम इन कुकर्मों को छोड़ दो और पिता की ही तरह अपने परंपरागत कार्य को करने लगो और शिक्षा प्राप्त करो। गुणनिधि की माता ने यह भी कहा कि यदि उसके दुष्कर्मों का पता राजा को चल गया तो वह उसके पिता की जीविका भी समाप्त कर देगा और पिता दुःखी होंगे। किन्तु इस समय माता के निवेदन का गुणनिधि पर कोई प्रभाव नहीं पड़ा। वह चोरी कर मदिरापान अधिक-से-अधिक करने लगा। इसके साथ दिन-प्रतिदिन घर के आभूषण चुराकर और मां से छीनकर जुए में हारने लगा। माता ने पुत्र के अवगुण छिपाने का दुष्परिणाम देखकर अपना सिर पीट लिया। पर उसके पिता को भी कुछ भी नहीं बताया। भाग्य से एक दिन यज्ञदत्त ने अपनी एक अमूल्य अंगूठी एक जुआरी के हाथ में देखी और उस पर चोरी का अभियोग लगा दिया। तब जुआरी ने गुणनिधि का सारा भेद उसके पिता के सामने खोल दिया। जब पिता ने सारी बातें सुनीं तो उसे क्रोध आया, किन्तु साथ-ही-साथ वह लज्जा से पानी-पानी हो गया। उसे अपने ऊपर बहुत क्षोभ हुआ। वह अपने घर आया और अपनी पत्नी से उसी अंगूठी की मांग की। जब उसने देखा कि उसकी पत्नी अंगूठी न देकर तरह-तरह के बहाने कर रही है तो उसने पत्नी को डांटा और बहुत बुरा भला कहा। किन्तु बाद में अपने भाग्य को कोसने लगा। इस दुःख से दुखी होकर यज्ञदत्त ने यह सोचा कि वह पुत्रहीन ही होता तो ठीक था।

अपने पिता के विवशता से भरे हुए विलाप को सुनकर गुणनिधि को भी लज्जा आई और वह चिंता से भर उठा। इतनी ग्लानि हुई कि वह घर छोड़कर कही और चला गया। वहां भूख-प्यास से तंग होकर पश्चात्ताप करने लगा। एक दिन अभाव से पीड़ित गुणनिधि ने शाम के समय पास के एक नगर में शिवरात्रि व्रत धारण किए कुछ शिवभक्तों को अपने मित्रों सहित शिवालय में जाते हुए देखा। वह भी उनके पीछे-पीछे चला गया। वहां गुणनिधि ने देखा कि वे पूजा-अर्चना कर रहे हैं। वह मिठाई की सुगंध से आकृष्ट होकर बाहर दरवाजे पर इसलिए बैठ गया कि जब ये लोग पूजा करते-करते सो जाएंगे तो वह खाद्य-सामग्री चुराकर खा लेगा। यही हुआ। जब शिव-भक्त नृत्य आदि गायन समाप्त करके सो गए तो गुणनिधि ने अपने दुपट्टे की रस्सी बनाई और दीपक में जलाकर शिव निर्माल्य की वस्तुओं को चुराकर भागने की चेष्टा की, तभी उसका एक पैर सोते शिवभक्त से टकराया। शिवभक्त ने चोर-चोर कहकर चिल्लाना शुरू किया तो और लोग भी जाग गए और सब उसे पकड़ने लगे। इसी पकड़- धकड़ में गुणनिधि की मृत्यु हो गई।

जब यमदूत गुणनिधि को पकड़ने के लिए आए, तो शिव गणों ने भी उपस्थित होकर उसका विरोध किया और वे गुणनिधि को शिवलोक ले जाने लगे। दोनों में विवाद हुआ, यमदूतों ने गुणनिधि के द्वारा किए गये पाप-कर्म गिनाने शुरू किए, तब गणों ने कहा कि इसने श्रद्धापूर्वक शिव पूजन देखा है, कीर्तन सुना है और अपने दुपट्टे से दीपदान किया है। इसलिए इसके पापकर्म समाप्त हो गए। यमदूतों ने शिव-गणों से पराजय स्वीकार कर ली। वे धर्मराज के पास आए और उन्हें सारा वृत्तांत सुनाया। धर्मराज बोले-हे गणों! मैं अपनी सभी आज्ञाओं का उल्लंघन सहन कर सकता हूं लेकिन इस आज्ञा का उल्लंघन कभी नहीं सहन कर सकता कि श्वेत विभूतिधारी, रुद्राक्षधारी, त्रिपुंडधारी और शिव में आस्थावान किसी भी व्यक्ति को भूलकर भी यहां न लाया करो। जो शिव में आस्था रखता है, उसे शिवलोक में भेजने की मेरी स्थायी आज्ञा है।

गुणनिधि शिवलोक में पहुंचने के बाद कुछ समय तक बहुत सुख भोगता रहा, इसके बाद कलिंग नरेश, अरिंदम के घर दम नामक पुत्र रूप में पैदा हुआ। वह बचपन से ही शिवभक्ति में अनुरक्त था। और बाद में पिता की मृत्यु के उपरांत सारे प्रदेश में सभी देवालयों में दीपदान का राजकीय आदेश निकलवाया। भगवान शिव की कृपा से मरने पर दम अलका देश का शासक बना। वह पूर्वजन्म का गुणनिधि था।

जब से गुणनिधि अलका का राजा बना, तब से उसने भगवान शिव की बहुत ही भावनापूर्ण आराधना की और 11000 वर्षों तक तपस्या करते हुए शिवजी को इस रूप मे अपने वश में किया कि वे अंबिका सहित उसे वरदान देने के लिए अलकापुरी पधारे। उन्होंने ध्यान में लीन गुणनिधि को आंखें खोलने के लिए कहा और अपने को देखकर दर्शन से लाभान्वित होने का आदेश दिया। गुणनिधि ने नेत्र खोलकर भगवान शंकर और भगवती उमा को देखा। भगवती उमा के रूप-सौंदर्य और सौभाग्य के प्रति कुदृष्टि रखने के कारण उसका बायां नेत्र फूट गया। सीधे नेत्र से अपने प्रति उसे घूरते हुए देखकर भगवती उमा ने शिवजी की ओर जिज्ञासापूर्वक देखा तो उन्हें पता चला कि वह उनका पुत्र है और उनके सौभाग्य की प्रशंसा कर रहा है। इसके बाद शिवजी ने उसे यक्षपति कुबेर बनने का वर दिया और यह आज्ञा दी कि वह अलकापुरी को अपना स्थायी निवास बना ले। इसके बाद गुणनिधि से शिवजी ने उमा के चरण स्पर्श करने के लिए कहा। उसके वैसा करने पर उमा ने गुणनिधि को अटूट शिव-भक्ति का वरदान दिया और साथ में यह भी कहा कि मेरे रूप के प्रति द्वेष के कारण तुम्हारा फूटा हुआ यह नेत्र पीतवर्ण हो जाएगा और तुम्हारा नाम कुबेर होगा। इस प्रकार कुबेर भगवान शिव के आदेश पर विश्वकर्मा द्वारा बनाए गये एक नगर में जो अलकापुरी के समीप ही था, रहने लगा।

विश्वकर्मा ने कैलाश पर एक सुन्दर और सुविधाजनक रहने के आवास का निर्माण किया। जहां शंकर कभी आत्मस्थ होकर योगलीन हो जाते और कभी अपने गणों से विभिन्न चर्चा-वार्तालाप करते। इस प्रकार शिवजी कैलाश में रहकर अनेक प्रकार से लीलाएं करने लगे।

सती खण्ड

एक दिन ब्रह्माजी से नारदजी ने पूछा कि उन्होंने शिव को साक्षात् निर्विकार ब्रह्म बताया है। निर्विकार ब्रह्म किस प्रकार सती से विवाह करके गृहस्थ धर्म को अपनाकर जीवन-यापन करने लगा? विष्णुजी की प्रार्थना पर महादेव ने सती से विवाह किया, सती और पार्वती एक ही शरीर से दो स्थानों पर कैसे पैदा हुईं और सती पार्वती के रूप में पुनः शिवजी को किस प्रकार प्राप्त हुईं? शिव चरित्र का यह रूप समग्रत: मुझे बताने की कृपा करें।

नारदजी के इस प्रश्न को सुनकर ब्रह्माजी बोले-जब मैं कामवश पागल होकर अपनी कन्या संध्या से मैथुन की इच्छा करने लगा, तो धर्मराज ने भगवान शिव का स्मरण किया। तब शिवजी ने मेरे सामने प्रकट होकर मुझे प्रबोधित किया। शिवजी ने मेरे पुत्रों के सामने धिक्कारा और अपमानित किया, ऐसा मैंने शिवजी की माया मुग्ध होकर ही सोचा और मेरे मन में प्रतिशोध की भावना बलवती हो गई। मैंने अपने पुत्रों से विचार किया, किन्तु शिवजी से बदला लेने का कोई उपाय मुझे नहीं सूझा। इस संदर्भ में भगवान विष्णु ने मुझे समझाने का प्रयास किया किन्तु मैं अपने हठ पर अड़ा रहा। भगवान शिवजी को मुग्ध करने के लिए दक्ष की स्त्री से शक्ति के जन्म लेने के लिए मैं उपासना करने लगा।

मेरी साधना सफल हुई और उसके फलस्वरूप उमा के रूप में शक्ति ने ही दक्ष के घर में जन्म लिया। उसी शक्ति रूपा उमा ने कठोर तप करने रुद्र का वरण किया और शिवजी उमा सहित कैलाश पर विहार करने लगे। शिवजी की माया से विमोहित दक्ष गर्व से भरकर शिवजी की निंदा करने लगा और उसने अपने यहां एक बहुत बड़े यज्ञ का आयोजन किया। उस यज्ञ में दक्ष ने अनेक देवी-देवताओं को निमंत्रित किया, किन्तु शिवजी को न तो न्योता दिया और न यज्ञ में उनका भाग रखा।

दक्ष इतना अभिमानी हो गया था कि उसने अपनी पुत्री तक को निमंत्रण नहीं भेजा किंतु उमा शिवजी से आज्ञा लेकर अपने पिता के यज्ञ में आईं। यज्ञ में पहुंचकर उसने देखा कि न तो वहां उसके पति का भाग है और न उन्हें किसी और रूप से सम्मानित किया गया है। क्योंकि वह अनिमंत्रित और हठ पूर्वक पति से आज्ञा लेकर आई थीं। इसलिए वापस लौटने की अपेक्षा

उन्होंने वहीं शरीर को यज्ञ की अग्नि को सौंप देना अच्छा समझा। जब भगवान शिव को पता चला कि उमा ने अपने शरीर को यज्ञ के समर्पित कर दिया है, तब उन्होंने अपनी जटा से वीरभद्र को उत्पन्न किया और दक्ष के यज्ञ का विध्वंस करने का आदेश दिया।

वीरभद्र शिवजी के आदेश के अनुसार दक्ष की यज्ञ-स्थली में गया और ब्रह्मा, विष्णु आदि सभी देवताओं को पराजित करके दक्ष का सिर काटने में सफल हो गया। उसके बाद सब देवता शिव के पास आए और उन्होंने शिवजी को पूजा से प्रसन्न किया। तब शिवजी ने दक्ष को जीवित कर दिया। दक्ष ने भी अपने अपराध को मानते हुए शिवजी की पूजा की और यज्ञ संपन्न हुआ। यज्ञ कुंड से सती के शरीर से उत्पन्न ज्वाला जहां पर गिरी, उसी को ज्वालामुखी पर्वत करते हैं। ज्वालामुखी का दर्शन पापनाशक है। यही सती हिमालय के घर में पार्वती के रूप में उत्पन्न हुईं और फिर से कठोर तपस्या करके पति रूप में शिवजी को प्राप्त किया।

ब्रह्माजी ने कहा-सबसे पहले निर्गुण, निराकार, निर्विकार, सत्य-असत्य सदाशिव, भगवान के बायें अंग से विष्णु की और सव्य अंग से मेरी और हृदय-से रुद्र की उत्पत्ति हुई। मैंने शिवजी के आदेश से सृष्टि की रचना की और मेरे मन में संध्या नामक एक रूपवती स्त्री उत्पन्न हुई। इस स्त्री पर मैं और मरीचि आदि मेरे पुत्र मुग्ध हो गए। इसी समय मेरे मन से एक सुंदर पुरुष उत्पन्न हुआ, जिसके उत्पन्न होते ही हम सब का मन विकृत हो गया और हम संध्या के प्रति काम में आतुर हो गए। जो पुरुष उत्पन्न हुआ था, उसने मुझे प्रणाम करके अपने योग्य स्थान और कार्य पूछा। मैंने उसका स्थान प्राणियों का हृदय निश्चित किया और उसका कार्य सृष्टि की रचना में सहायक होना बताया। मैंने उसको यह भी कहा कि विष्णु, रुद्र और मैं तथा अन्य देवता भी उसके वंश में रहेंगे। मेरे पुत्रों ने उसके अनेक नाम रखे। जैसे मदन, मन्मथ, कंदर्प, कामदेव। कामदेव ने हर्षण, रोचन, मोहन, शोषण तथा मारन के प्रभाव की परीक्षा के लिए उनका प्रयोग किया। उसके बाणों के प्रभाव से मैं तथा मेरे पुत्र विमुग्ध हो गए। संध्या में भी कामवासना पैदा हो गई। जब कामदेव ने हमारी यह दशा देखी तो उसे अपनी शक्ति में अधिक विश्वास हो गया। इस ओर धर्म ने हमारी विकृति की अवस्था देखकर भगवान शिव का स्मरण किया। शिवजी प्रकट हुए और उन्होंने इस बात के लिए मेरी भर्त्सना की कि मैं अपनी कन्या के प्रति अनुरक्त हो गया हूं। उन्होंने कहा कि ब्रह्मा, तुम वेदों को प्रकट करने वाले हो और यह वेद विरुद्ध कार्य है। वेदों की आज्ञा है कि माता, बहन, भाई की स्त्री और पुत्री के प्रति कभी भी काम-मुग्ध नहीं रखनी चाहिए। मैंने अपनी कामभावना पर तो विजय प्राप्त कर ली थी मेरा वीर्य स्वेद के रूप में नीचे गिर गया और उसके गिरने से अग्नि ध्वांत आदि पितर पैदा हुए। दक्ष के पसीने से गिरने से रति नाम की रूपसी कन्या उत्पन्न हुई और इस प्रकार भगवान शिव ने हमें पतन से बचाया।

कुछ समय बाद दक्ष ने अपनी पुत्री रति का विवाह काम से करने का विचार किया। रति के सौंदर्य पर मुग्ध कामदेव ने ब्रह्माजी के श्राप को भुला दिया और उससे विवाह करके आनंद मनाने लगा। संध्या स्वयं को मेरी कामवासना का और शिवजी के द्वारा किये गए मेरे अपमान का तथा काम के श्राप का कारण मानकर व्यग्र हो उठी। उसने भयंकर प्रायश्चित करके एक ऐसे आदर्श की स्थापना करने का निश्चय किया, जिससे कोई भी पिता अपनी पुत्री में अनुरक्त न हो सके। अपनी भावना को पूरा करने के लिए संध्या ने पास में ही चंद्रभागा नदी के किनारे पर्वत पर तप करना शुरू कर दिया। मैंने वसिष्ठ का रूप धरकर संध्या को दीक्षा लेने का आदेश दिया। मेरे रूप बदलने का कारण दीक्षा-गुरु में श्रद्धा उत्पन्न करना था। क्योंकि मेरे पहले चरित्र के कारण संध्या का मेरे प्रति श्रद्धावान होना संभव नहीं था। वसिष्ठ ने ब्रह्मचारी का भेष धारण कर, उसे दीक्षा दी और **'ऊं नमः शिवाय'** मंत्र दिया। संध्या मंत्र का मौन रूप में जाप करती हुई भगवान शिव को प्रसन्न करने लगी। शिवजी प्रसन्न हुए और उसे वर मांगने के लिए कहा। संध्या ने तीन वर मांगे- (1) कोई भी प्राणी पैदा होते ही काम-वासना से परिपूर्ण न हो, (2) मेरा पति मुझे बहुत अधिक स्नेह करे और मुझे भी वह निश्चित रूप से प्रिय हो (3) जो व्यक्ति मुझे काम-दृष्टि से देखे वह नपुंसक हो जाए।

संध्या की यह मांग सुनकर शिवजी ने घोषणा की इस समय से मनुष्य के तीन रूप होंगे, बालकपन, किशोर अवस्था और युवावस्था। कामवासना का उद्भव किशोर रूप के समाप्त होने पर और यौवन के उदय होने पर ही होगा। शिवजी ने यह भी कहा कि तुम्हारा पति तुम्हारा ही अनन्य प्रेमी होगा और तुम्हारे पति के अतिरिक्त जो भी व्यक्ति तुम्हारे प्रति काम-भावना रखेगा वह भी पतित हो जाएगा। अगले जन्म में तुम मेधातिथि की पुत्री बनकर अभीष्ट फल को पाओगी। शिवजी अंतर्ध्यान हो गए और संध्या ने अग्नि में स्वयं को विसर्जित कर दिया। जहां पर संध्या ने आत्मोत्सर्ग किया था, वहां पर एक सुंदर कन्या उत्पन्न हुई, मेधातिथि ने उसका नाम अरुंधती रखा और उसका पालन-पोषण किया। फिर समय पर वसिष्ठजी के साथ उसका विवाह कर दिया।

जब शिवजी वहां से अंतर्ध्यान हो गए तो मैंने दक्ष आदि पुत्रों से अपने अपमान का बदला लेने का उपाय खोजने के लिए कहा और कामदेव के प्रति मैंने बहुत आशा से देखा। कामदेव ने शिवजी को मोहित करने का सुझाव दिया। कामदेव के इस सुझाव को मानकर मैंने बसंत को उसका साथी बनाया और उसे भी शिवजी के चित्त को विकार ग्रस्त करने के लिए कामदेव के साथ भेज दिया। कामदेव ने कैलाश पर जाकर अपनी सारी विद्याओं का प्रयोग किया, किंतु वह सफल नहीं हुआ और उसने वापस आकर सारी असफलता की गाथा कही। मैं इस बात से बहुत चिंतित हुआ और मैंने विष्णुजी का स्मरण किया। विष्णुजी प्रकट हुए और उन्होंने मुझे शिवजी

से द्रोह न करने की सलाह दी। साथ ही विष्णुजी ने शिवजी को स्त्री- संयुक्त करने के लिए उमा की उपासना करने के लिए कहा। विष्णुजी ने बताया कि शिवजी ने ही उनसे कहा हुआ है कि शिवजी का रुद्र रूप धारण करने के बाद सती उनकी पत्नी होंगी। इसके बाद मैंने जगदम्बिका शिवा को प्रसन्न करने के लिए उनकी पूजा की और उनसे निवेदन किया कि वे दक्ष की पुत्री होकर शिवजी की पत्नी बनें। पहले तो शिवा ने मुझे दुत्कारा लेकिन बाद में मेरी तपस्या के गौरव के कारण मेरी बात स्वीकार कर ली। दूसरी ओर दक्ष ने भी शिवा की प्रार्थना करके सती को अपने यहां पुत्री बनाकर शिवजी की पत्नी बनने का वरदान प्राप्त किया।

दक्ष प्रजापति मानसी दृष्टि से भी प्रजा की वृद्धि न होते देखकर मेरे पास आए। मेरी आज्ञा से दक्ष ने अश्विनी से विवाह करके मैथुन द्वारा हर्याश्व नाम से समान धर्मशील और गुण वाले दस हजार बालक प्राप्त किये। दक्ष ने उन्हें आगे संतान-वृद्धि करने का आदेश दिया। हर्याश्व ने नारायण तीर्थ में भगवान की पूजा करने का निश्चय प्रकट किया। वहां उनसे तुम्हारा (नारद का) मिलन हुआ। तुमने ही उन्हें ब्रह्म-प्राप्ति का सुख बताया और ज्ञान का उपदेश दिया। इसके बाद वह प्रजा की उत्पत्ति के दायित्व से मुक्त हो गए। इसके बाद फिर दक्ष ने सबलाश्वगण नामक एक हजार अन्य पुत्रों को जन्म दिया क्योंकि वे अपने पहले पुत्रों से निराश हो चुके थे। लेकिन इन पुत्रों ने भी ईश्वर-चिंतन करने का अपना निर्णय व्यक्त किया। और इन्हें भी हे नारद, तुमने सांसारिकता से विरक्त किया। दक्ष ने तुम्हें श्राप दिया कि तुम एक स्थान पर अधिक देर तक स्थिर न रह सकोगे। कुछ समय बाद दक्ष ने साठ कन्याएं उत्पन्न कीं। इनमें धर्म से दस कन्याओं का, कश्यप मुनि से तेरह का और चन्द्रमा से सत्ताईस कन्याओं का विवाह कर दिया। इसके बाद दो-दो कन्याओं का भूत, अंगिरा और वृशशाश्व से तथा शेष कन्याओं का विवाह गरुड़जी से कर दिया। इन कन्याओं से उत्पन्न हुई संतानों से चराचर जगत भर गया। इधर कुछ समय बाद शिवा ने अपने दिए हुए वरदान की रक्षा करते हुए दक्ष के यहां अश्विनी के उदर में प्रवेश किया और समय आने पर जन्म लिया चारों ओर बहुत आनन्द छा गया।

अनेक बाल-लीलाएं करती शिवा बढ़ती गई और युवती हो गई। उसे युवती हुआ देखकर दक्ष इस बात की चिंता करने लगे कि किस प्रकार शिवजी का शिवा से विवाह हो। शिवा ने अपने पिता की यज्ञ से और माता की अनुमति लेकर भगवान शिव को पति रूप में पाने के लिए अपने घर में ही नंदा व्रत किया। शिवा शिवजी के ध्यान में तन्मय हो तप करने लगी। उसके इस तप से ब्रह्मा आदि देवता बहुत प्रसन्न हुए और उन्होंने कैलाश पर्वत आकर लोक-लोकेश्वर भगवान महादेव को श्रद्धापूर्वक नमस्कार किया और उनका आराधन किया। शिवजी ने देवताओं से आने का कारण पूछा। मैंने सबसे पहले शिवजी के समक्ष निवेदन किया-भगवन्! आपकी सहायता के बिना मैं सृष्टि-रचना का कार्य संपन्न नहीं कर सकता। जब तक आप राक्षसों का संहार नहीं करेंगे, और जब तक उनके उत्पातों का क्षरण नहीं होगा तब? तक नई सृष्टि-रचना

संभव नहीं है। आपने रुद्र रूप में अवतार धारण किया है। और अपने रूप भेद से कर्म भेद का हमें ज्ञान कराया है। आपने ही बताया है कि मैं सृष्टिकर्ता हूं, विष्णु पालक हैं और आप रुद्र रूप में संहारकर्ता हैं। हे परमतत्व शिव! हम दोनों ने विवाह कर लिया है और आप भी अब विवाह कर लीजिए। यही हम सबका निवेदन है। विष्णुजी ने मेरा समर्थन किया और शिवजी को प्रसन्न किया। इस पर भी शिवजी बोले कि मुझे योग में ही आनंद आता है, किंतु मैं आप लोगों की इच्छा का भी आदर करना चाहता हूं। क्या आप लोगों की दृष्टि में ऐसी कोई कन्या है, जो मेरे तेज को सहन कर सके और मेरे समान ही योगिनी हो सके? यह सुनकर मैंने शिवजी के सामने उमा के घोर तप और उसकी योग्यता का वर्णन किया। शिवजी ने हमारा अनुरोध स्वीकार कर लिया और हम प्रसन्न हो गए।

नंदा व्रत का उपस्थापन करते हुए उमा को काफी समय व्यतीत हो गया था। शिवजी उनके सामने प्रकट हुए और वर मांगने का अनुरोध करने लगे। उमा ने उन्हें देखा और देखती रहीं। वह कुछ भी नहीं बोल पाई। जब शिवजी ने दोबारा वर मांगने के लिए कहा तो उमा ने कहा कि जो आपको अच्छा लगे वही वर दे दीजिए। यह सुनकर शिवजी ने उमा को अर्धांगिनी बनने का वर दिया। उमा ने उनसे निवेदन किया कि वे विधिपूर्वक उसे उसके पिता से मांगें। तब शिवजी ने मुझे दूत के रूप में दक्ष के पास कन्या मांगने के लिए भेजा। दक्ष ने मेरा प्रस्ताव मान लिया।

दक्ष की स्वीकारोक्ति की सूचना मैंने शिवजी को दी। इसके बाद शिवजी ने मेरे अनुरोध पर शुभ मुहूर्त निकलवाकर विष्णु तथा मेरे अनेक पुत्रों को और अपने गणों को आमंत्रित किया। उन्होंने चैत्र शुक्ल त्रयोदशी, रविवार के दिन उत्तरा फाल्गुनी नक्षत्र में दक्ष के घर की ओर प्रस्थान किया। दक्ष ने यथासाध्य अत्यंत आदर-सत्कार से बारात का स्वागत किया और वैदिक विधि से कन्यादान किया। इसके बाद एक घटना और घटी। जिस समय शिवजी और उमा विवाह के लिए यज्ञमंडप में बैठे थे, तो मैं सती की रूप आभा को देखने के लिए बहुत उत्सुक हो गया। मेरी उत्सुकता, व्याकुलता की सीमा तक बढ़ गई। मैंने उमा के मुख को देखने की बहुत चेष्टा की। जब मुझे अपनी कामुकता पर अंकुश लगता हुआ अनुभव नहीं हुआ तो मैंने सती का मुंह देखने के लिए चाल चली। मैंने यज्ञकुंड में गीली समिधाएं डालकर धुंआ उत्पन्न कर दिया। धुएं के कारण सती को अपना घूंघट खोलना पड़ा और सती के इस प्रकार खुले हुए मुख को देखकर मैं स्खलित हो गया। शिवजी को मेरा यह पापकर्म ज्ञात हो गया और वे अपना त्रिशूल उठाकर मुझे मारने दौड़े। जब मेरे पुत्रों ने मेरी सहायता के लिए हाहाकार किया तो दक्ष सहायता के लिए आए। लेकिन उसका भी कोई फल नहीं निकला। फिर विष्णुजी ने बहुत विनम्र भाव से उनकी स्तुति की, जिससे शिवजी का क्रोध शांत हुआ। मैंने भी उनकी अनेक प्रकार की स्तुति करके पश्चात्ताप का उपाय पूछा। शिवजी ने पश्चात्ताप रूप में मेरे सिर पर आसन जमा लिया और मनुष्य बनकर

पृथ्वी पर विचरण करने का उपाय सुझाया जिससे पृथ्वी के प्राणी दूसरे की पत्नियों पर कुदृष्टि न डालें। जब मैंने शिवजी के द्वारा दिये गए दंड स्वीकार कर लिया तो शिवजी प्रसन्न हो गए। इसके बाद शिवजी ने दक्ष से उमा सहित कैलाश पर जाने की अनुमति मांगी। कैलाश पर आकर शिवजी सती के साथ पच्चीस वर्षों तक विहार करते रहे। इसके बाद सती की अनुमति से शिवजी हिमालय के एक अत्यंत सुंदर और एकांत स्थल पर चले गए। वहां जाकर सती ने शिवजी से एक दिन पूछा कि इस संसार में विषयी जीव किस प्रकार परम पद की प्राप्ति कर सकता है? इस प्रश्न का उत्तर देते हुए शिवजी बोले, हे देवी! जीव को सद्गति के दो उपाय हैं। ब्रह्म का ज्ञान और ब्रह्म का स्मरण। इन दोनों में ज्ञान दुर्गम है, क्योंकि परब्रह्म जानने से परे हैं, ज्ञानातीत है। ज्ञान का साधन ही स्मरण मूलक भक्ति है अतः जो भक्त भक्ति की महिमा नहीं जानता वह ब्रह्म तत्त्व को नहीं जान सकता। निर्गुण ब्रह्म की भक्ति सरल नहीं है और उसके लिए जो ध्यान अपेक्षित है वह सब जीवों में नहीं होता, इस कारण सगुण भक्ति ही सुलभ है और इसे अपनाकर ही भक्त आत्मकल्याण कर सकता है। इसके साथ अधम भी भक्ति को अपनाकर संसार को पार कर सकता है। मैं भक्ति के लिए भक्ति के तमाम विरोध का विनाश करके सिद्धि के मार्ग में उसका सहायक बनता हूं। इस प्रकार भक्ति परम विज्ञान है। ब्रह्माजी ने इसके उपरांत शिव के परमपावन चरित्र का वर्णन करते हुए सती के त्याग की कहानी सुनाई। ब्रह्माजी बोले-

हे नारद! एक समय तीनों लोकों का भ्रमण करते हुए शिवजी सती के साथ दंडक वन में आए। वहां पर उन्होंने देखा कि भगवान राम सामान्य व्यक्ति की तरह पशुओं, पक्षियों से सीता का परिचय और पता पूछते हुए वियोग में घूम रहे थे। जब भगवान शंकर ने आगे बढ़कर राम को नमस्कार किया तो सती ने अनुभव किया कि पत्नी के वियोग से पीड़ित एक अज्ञानी व्यक्ति को शिवजी क्यों प्रणाम कर रहे हैं। इस समय सती शिव माया से विमोहित हो गई थीं, उन्होंने शिवजी से पूछा कि यह कैसा आश्चर्य है कि आप एक सामान्य व्यक्ति को प्रणाम कर रहे हैं। तब शिवजी बोले-हे देवी! श्याम वर्ण वाले राम और गौर वर्ण वाले लक्ष्मण ये शेष के अवतार हैं। ये लोग पृथ्वी का भार हरने के लिए मेरी ही यज्ञ से यहां लीला कर रहे हैं। यदि तुम्हें मेरा विश्वास नहीं है, तो तुम स्वयं जाकर इनकी परीक्षा ले लो। मैं यहां वट वृक्ष की छाया में प्रतीक्षा करता हूं।

सती ने राम की परीक्षा लेने का निश्चय किया और वह सीता का रूप धारण कर राम के समाने उपस्थित हुई। राम ने बिना किसी संदेह के सती की वास्तविकता पहचानकर उनसे सीता के रूप में अकेले विचरण करने का कारण जानना चाहा। इस पर सती का संदेह दूर हो गया और उन्होंने पूछा कि आपके प्रणाम करने का रहस्य क्या है? इसके बाद राम ने शिवजी का स्मरण

करके यह बताया कि एक समय भगवान शंकर ने विश्वकर्मा द्वारा एक मनोहारी और विस्तृत भवन में एक दिव्य सिंहासन और एक सुंदर छत्र बनवाया। इसके बाद अनेक देवों, मुनियों, गंधर्वों की उपस्थिति में बैकुंठ वासी भगवान विष्णु को उस आसन पर बिठाया। शिवजी ने उन्हें अभिषिक्त करते हुए अपना संपूर्ण ऐश्वर्य और सौभाग्य प्रदान करके सृष्टि का कर्ता बनाया। और उन्हें अनेक अवतार लेने वाला बनाया। शिवजी ने उसी समय विष्णु को यह वरदान भी दिया कि वे पृथ्वी पर जब विचरण करेंगे, तब शिवभक्त उनके प्रत्येक अवतार का सम्मान करेंगे। इसलिए हे देवी! मेरी इस अवतार-अवस्था में भगवान शिव ने अपने वर के गौरव को रखने के लिए मुझे प्रणाम किया और सम्मान व्यक्त किया। मैं पिता की आज्ञा से वन में आया हूं। यहां किसी राक्षस ने मेरी पत्नी का हरण कर लिया है, किंतु अब भगवान शिव के दर्शन के बाद मुझे यह विश्वास हो गया है कि मैं अपनी पत्नी को पुनः पाने में सफल हो जाऊंगा।

भगवती सती राम के उत्तर से बहुत संतुष्ट हुई और शिवजी के पास लौटने लगी। लेकिन उन्हें एक बात की चिंता सताने लगी कि वह इस सारी बात को शिवजी से किस प्रकार कहेंगी। क्योंकि शिवजी त्रिलोकी के स्वामी हैं, सब कुछ जानते हैं, फिर भी मैंने उन पर विश्वास नहीं किया और संशय किया। मेरे इस पातक का प्रक्षालन कैसे होगा। यही सोचते हुए वह शिवजी के पास पहुंची तो उन्होंने परीक्षा का विवरण जानना चाहा। सती ने बात टालनी चाही, तब सब कुछ जानने वाले शिवजी ने ध्यानमग्न होकर वास्तविकता जाननी चाही। उन्होंने सीता वेश धारण किए हुए सती को अपनाने के कारण प्रतिज्ञा के भंग होने से चिंता अनुभव की। सती को त्यागने के निश्चय से जब सर्वत्र प्रशंसा होने लगी तो सती को बहुत दुःख हुआ और शिवजी ने सती के क्षोभ को दूर करने के लिए उन्हें अनेक आख्यान सुनाए। शिवजी कैलाश पर जाकर ध्यानमग्न हो गए और सती उनके वैसा बने रहने तक उनके पास ही बैठी रही। जब शिवजी की समाधि खुली तब शिवजी ने फिर से सती को अनेक कथाएं सुनाईं लेकिन अपनी प्रतिज्ञा नहीं त्यागी। इस स्थिति को अज्ञानी जन शिव और पार्वती सती का वियोग मान लेते हैं, जबकि ऐसा है नहीं। यह भी विलक्षण शिव चरित्र का एक रूप ही है।

ब्रह्माजी ने नारदजी से कहा- मैं तुम्हें पूर्वकाल का एक वृत्तान्त सुनाता हूं। बहुत समय की बात है कि अनेक मुनियों ने प्रयाग में एक विशाल यज्ञ का आयोजन किया। मैं इस यज्ञ में परिवार सहित सम्मिलित हुआ था। सती और अपने गणों सहित शंकरजी भी आए थे। सबने उन्हें प्रणाम किया और उनके दर्शनों से लाभान्वित हुए। शिवजी के आसन ग्रहण करने के बाद दक्ष भी वहां पहुंचे और मुझे प्रणाम करके बैठ गए। अनेक उपस्थित ऋषि- मुनियों ने दक्ष की पूजा की लेकिन भगवान शिव अपने आसन पर बैठे रहे। उनके इस व्यवहार पर क्रुद्ध होकर दक्ष ने पुत्रवत् होने

पर भी अपने को प्रणाम न करने के लिए उनकी बुराई की और अपशब्द कहे तथा यह घोषणा भी की कि शिवजी को देवों के घर से अलग किया जाता है। दक्ष के इस बात पर नंदीश्वर को गुस्सा आ गया और उन्होंने अनेक ऋषियों को श्राप दे डाला। उन्होंने कहा कि तुम सब ब्राह्मण लोग देव शब्द का वास्तविक अर्थ समझने में असमर्थ हो। अतः केवल अर्थवाद पर ही विश्वास करते रहोगे। शिवजी ने नंदीश्वर को याद दिलाया कि उसे ब्राह्मणों को श्राप नहीं देना चाहिए। नंदीश्वर तो ठीक हो गया पर दक्ष शिवजी का विरोधी बन गया। अपने विरोध को प्रकट करने के लिए और शिवजी को अपमानित करने के लिए दक्ष ने कनखल तीर्थ में एक बड़ा यज्ञ किया और इसमें अनेका देवी-देवताओं को बुलाया। वामदेव, अत्रि, दधीचि, व्यास, भरद्वाज, गौतम, पाराशर, वैशंपायन आदि सभी ऋषियों को बुलाने के साथ साथ विष्णुजी को भी निमंत्रित किया। दक्ष ने सभी आमंत्रित देवता और ऋषि-मुनियों को अच्छे-अच्छे स्थानों पर ठहराया और उनका बहुत सम्मान किया।

शिवजी को दक्ष ने बुलाया तक नहीं। शिवजी की माया से मोहित होकर देवताओं को भी इस बात का ध्यान नहीं रहा कि शिवजी आमंत्रित नहीं हैं। केवल शिवभक्त दधीचि ने दक्ष को बताया कि शिव के अभाव में यज्ञ पूर्ण रूप से सफल नहीं होगा, तो दक्ष ने शिवजी को अनेक अपशब्द कहे। उन्हें श्मशान वासी, कपाली, अमंगलमूल कहकर विष्णु को सब देवों का मूल बताया। दधीचि शिव की निंदा नहीं सुन सके और वहां से अकेले ही उठकर अपने आश्रम में आ गए। दधीचि का अनुगमन करते हुए अनेक शिवभक्तों ने यज्ञ का बहिष्कार किया। इस पर दक्ष बोले कि यह बहिष्कार हमारे लिए सुख का कारण है और हमें उनका यज्ञ-परित्याग करना बहुत अच्छा लगा। दक्ष की यह बात सुनकर भी ऋषि और देवताओं का विवेक नहीं जागा, क्योंकि वे शिवजी की माया से मोहित थे। वे सब प्रसन्नतापूर्वक यज्ञ के कार्य में लग गए और किसी ने भी शंकरजी की उपेक्षा को गंभीरता से नहीं लिया। इस ओर पार्वती (सती) गंधमादन पर्वत पर क्रीड़ा कर रही थी तो उन्होंने अनेक ऋषियों और देवताओं को आकाश मार्ग से एक ही तरफ जाते हुए देखा और इसका पता लगाने के लिए अपनी सखी विजया को भेजा। विजया ने आकर बताया तो सती शिवजी के पास पहुंच गईं। शिवजी गणों से घिर हुए बैठे थे। सती ने शिवजी से कहा कि वह अपने पिता के यज्ञ में सम्मिलित होना चाहती है। उन्होंने यह भी कहा कि शिवजी उनके साथ चलें। सती की बात पर शिवजी क्षुब्ध हुए लेकिन उन्होंने अत्यंत संयत स्वर में कहा कि संबंधियों के यहां आने-जाने से निश्चित रूप से प्रेम बढ़ता है, किंतु जहां वैमनस्य हो वहां बिना बुलाए नहीं जाना चाहिए। वहां जाने से अपमान होता है। और सत्य यह है कि बंधुजनों के अपमान से जो घोर दुःख मिलता है, वह बहुत प्रबल होता है। सती ने जब यह सुना

तो उन्हें बहुत आश्चर्य हुआ कि शिवजी तो यज्ञ को सफल बनाने वाले हैं, मंगलविधान संपन्न करने वाले हैं, उन्हें क्यों नहीं बुलाया गया है। तब वह यह जानने के लिए कि क्यों पिता ने ऐसा दुष्ट कर्म किया, वहां जाने की अनुमति मांगी। और वह यह भी जानना चाहती थी कि ऋषि, मुनि दक्ष के प्रति उसके इस व्यवहार के लिए कैसी प्रतिक्रिया व्यक्त कर रहे हैं। शिवजी ने सती के अभिप्राय को जानकर उन्हें जाने की अनुमति दे दी और उनके साथ अपने रुद्र गणों को भी सुरक्षा के लिए भेज दिया।

अपने घर पहुंचने पर सती की मां और बहनों ने सती का बहुत प्रेमपूर्वक अभिवादन किया लेकिन दक्ष और दक्ष की तरफ के लोग सती की उपेक्षा करने लगे। यज्ञ स्थल जाकर सती ने यह भी देखा कि अलग-अलग देवों का भाग रखा हुआ है, लेकिन शंकर का भाग नहीं है। तब सती ने बहुत क्रोधित होकर अपने पिता से पूछा कि उन्होंने शंकर को निमंत्रित क्यों नहीं किया। सती ने भरी सभा में यह घोषणा की कि सारी हवन सामग्री और मंत्र शिवमय है इसलिए शिवजी के बिना यह यज्ञ सफल नहीं हो सकता। इसके साथ सती ने विष्णु आदि देवताओं को शिवविहीन यज्ञ में सम्मिलित होने के लिए खरी-खोटी सुनाई।

जब दक्ष ने देखा कि सती आमंत्रित देवताओं का भी अपने क्रोध में ध्यान नहीं कर रही है, तब उनसे नहीं रहा गया और उन्होंने अपनी पुत्री को कठोर वचन सुनाए और ये कहा कि तू यहां क्यों आई और तुझे किसने बुलाया, तेरा पति अकुलीन है। मैंने दुष्ट ब्रह्मा के कहने से तेरा विवाह किया, मैं उसे अब नहीं अपना सकता। तुम मेरी पुत्री हो और यहां आई हो इसलिए तुम्हारा भाग दिया जा सकता है लेकिन तुम्हारे पति को मैं मुंह नहीं लगाऊंगा। अब तुम स्वस्थ होकर बैठ जाओ। दक्ष के वचन सती को तीर की तरह लगे और वह बोलीं कि या तो शिव की निंदा करने वाले की जीभ काट लेनी चाहिए या वहां से चला जाना चाहिए। शिव-निंदा सुनने वाले और करने वाले दोनों ही पाप के भागी होते हैं।

पिता के व्यवहार को देखकर सती को शिवजी के वचन याद आए और उन्होंने यह अनुभव किया कि वह ऐसे पापी पिता की संतान है, जो शिवजी का निंदक है। अतः इस शरीर को भी बचाकर क्या करना? यह सोचकर उन्होंने भरी सभा में आत्मदाह करने की घोषणा की और अपने पिता को नरकगामी होने का श्राप दिया। योग के द्वारा अपने ही शरीर से अग्नि उत्पन्न कर, उन्होंने अपने प्राण त्याग दिए। यह देखकर सभा में हाहाकार मच गया, सभी लोग चिंतित हो उठे। 20000 गण ठगे से रह गए और बाकी दक्ष पर प्रहार करके उसे मारने के लिए दौड़े। इधर महर्षि भृगु यज्ञ में आहुतियां देते रहे और उन्होंने शिव गणों को रोकने के लिए अनेक असुरों को पैदा किया। असुरों से लड़ते हुए शिव गणों की शक्ति कुछ क्षीण हो गई। इन्द्र, विष्णु आदि मौन होकर यह दृश्य देखते रहे। किसी ने भी इस सब कुछ को समाप्त करने की शक्ति संचित नहीं की।

तभी एक आकाशवाणी हुई कि सबके ईश्वर शिवजी से विमुख प्राणी की कोई देवता सहायता नहीं कर सकता। पूज्यों की अवमानना पाप है। और जो व्यक्ति महान् परामर्श की उपेक्षा करता है, वह आत्महत्या का भागी बनता है। दक्ष ने सती की अवमानना की है, शिवजी का अपमान किया है और दधीचि के परामर्श की उपेक्षा की है, इसलिए दक्ष का मुख जल जाएगा। देवता लोग यज्ञ-मंडप से बाहर आ जाएं। इस आकाशवाणी को सुनकर सारे देवता बहुत चिंतित हुए और उनके मुख से एक भी शब्द नहीं निकला। सारे देवता शिव माया से विमोहित होकर संशयग्रस्त-से खड़े रहे।

आगे ब्रह्माजी बोले-हे नारद, ऋभु नामक असुरों से परास्त होकर शिवजी के गण शंकरजी के पास पहुंचे और उन्होंने सती के भस्म होने की दुःखद कहानी सुनाई। घटना का सारा विवरण जानकर शंकरजी ने (तुम्हें ज्ञात है) तुम्हारा स्मरण किया था, तुमने वहां जाकर सारा वृत्तांत विस्तार से सुनाया। तुमसे वृतान्त सुनकर शिवजी को इतना क्रोध आया कि उन्होंने अपनी जटा से एक केश उखाड़कर पर्वत पर दे मारा। उसके एक भाग से प्रबल पराक्रम वाला वीरभद्र और दूसरे भाग से महाकाली उत्पन्न हुई। भगवान शिव ने वीरभद्र को आदेश दिया कि वह इसी समय जाकर अहंकार से भरे हुए दक्ष के यज्ञ का विध्वंस कर दे और जितने भी गंधर्व, यक्ष, देवता आदि वहां हैं, उन्हें भी भस्म कर दे। शिवजी ने वीरभद्र को आज्ञा दी कि वह पत्नी सहित दक्ष को मार डाले और दधीचि के द्वारा बताए गये सारे शिव-विरोधियों को नष्ट करके जल्दी ही लौट आए। शिवजी की आज्ञा प्राप्त करके बहुत बड़ी सेना लेकर वीरभद्र दक्ष के यज्ञ-विनाश के लिए चल पड़ा। दूसरी ओर ईशानी, कात्यायनी, काली, चामुंडा, भद्रकाली, मुंडमर्दिनी, भद्रावती और वैष्णवी इन नौ दुर्गाओं ने भी अपने भूतगणों के साथ दक्ष को नष्ट करने के लिए प्रस्थान किया। इन सबके प्रस्थान के साथ ही दक्ष के बायें अंग फड़कने लगे। पृथ्वी हिलने लगी, सूर्य में कलंक दिखाई देने लगा और दिशाएं मलिन होने लगी। चारों तरफ आकाश में रक्त-वर्षा होने लगी, श्रृंगालों की ध्वनि आने लगी, उल्कापात होने लगे। यह सब कुछ देखकर विष्णु आदि देवता भी घबरा गए और दक्ष खून की उल्टियां करने लगा। सारे देवताओं को इस भयंकर स्थिति में आत्मरक्षा के अतिरिक्त और कुछ नहीं सूझा। वे अपनी रक्षा के लिए इधर-उधर स्थान ढूंढ़ने लगे। दक्ष डर गया और ऋषियों-मुनियों को यज्ञ-मंडप से भागता हुआ देखकर विष्णुजी के चरणों में गिरकर प्रार्थना करने लगा कि किसी तरह से उसके यज्ञ की रक्षा की जाए। विष्णुजी ने, जो अब शिव की माया से संभवतः मुक्त हो गए थे, दक्ष की बुराई की कि उसने शिवजी की अवज्ञा करके अच्छा नहीं किया। विष्णुजी ने कहा कि जो व्यक्ति अपने से बड़ों का अपमान करता है, उसे कदम-कदम पर दरिद्रता और विपत्ति का सामना करना पड़ता है। उन्होंने दक्ष से कहा कि इस विपत्ति को दूर करने के लिए केवल एक ही उपाय है कि शंकरजी की आराधना की जाए। जब दक्ष ने विष्णुजी से यह बात सुनी तो वह वहीं चुपचाप धरती पर बैठ गया। थोड़ी देर बाद ही

वीरभद्र अपनी सेना सहित वहां पहुंच गया। उसके पराक्रम को देखकर दक्ष फिर अपनी पत्नी सहित विष्णुजी की शरण में गया और उनसे कहा कि हे विष्णुजी! मैंने आपके ही बल पर इस यज्ञ को प्रारंभ किया था। आप प्रतिपालक हैं, इस यज्ञ की आप ही रक्षा कीजिए। दक्ष की प्रार्थना को सुनकर विष्णुजी ने कहा कि मैं अपने दिए वचन का पालन करने के लिए तैयार हूं। लेकिन तुम अपनी क्रूर बुद्धि का परित्याग करो। जब तक तुम शंकर की शरण में नहीं जाते और वे तुम्हारे ऊपर कृपा नहीं करते हैं, तब तक तुम्हारा उद्धार होना संभव नहीं है। मैं स्वयं तुम्हारे इस यज्ञ में भाग लेकर-क्योंकि यह शिव विहीन यज्ञ था-पाप का भागी बना हूं और मुझे इसके फलस्वरूप बहुत दुख उठाना पड़ेगा। इस समय यदि हम लोग भागना भी चाहें तो भी वीरभद्र अपने आकर्षण से हमें खींच लेगा। वीरभद्र के पास ऐसे अस्त्र-शस्त्र हैं, जिनकी गति पृथ्वी, पाताल और स्वर्ग तक है। इसलिए भगवान शिव की कृपा के बिना बचने का और कोई रास्ता नहीं।

इस संवाद के साथ-साथ वीरभद्र वहां आ गया। तब और कोई उपाय न देखकर दक्ष ने उससे युद्ध करने की ठान ली और वह विष्णुजी का भी उपहास करने लगा। वीरभद्र के त्रिशूल से देव- सेना व्याकुल हो गई। अनेक अमर मृत्यु के ग्रास बन गए और अनेक भाग गए। स्वयं देवराज इन्द्र अपने को असमर्थ पा रहे थे। उन्होंने बृहस्पति जी से पूछा कि किस प्रकार मेरी विजय हो सकती है? तब गुरुजी ने कहा शिवजी के विरोध में उनकी विजय असंभव है। यह जानकर सभी देवता विष्णुजी के पास आए और प्रार्थना करने लगे कि वे वीरभद्र जी से युद्ध करें और यज्ञ की रक्षा करें। विष्णुजी देवताओं की बात सुनकर वीरभद्र से युद्ध करने के लिए जैसे ही तैयार हुए, वैसे ही वीरभद्र ने कहा हे शंकर विमुख विष्णु, क्या तुम शिवजी के महत्त्व को नहीं जानते? तुम उस यज्ञ में कैसे आए, जिसमें शिवजी की उपेक्षा हुई है? शिवजी से अलग होकर तुम किस प्रकार पूज्य हो सकते हो? मैं अभी तुम्हारा वक्ष अपने शस्त्र से घायल कर दूंगा। वीरभद्र की बातें सुनकर हंसते हुए विष्णुजी बोले कि हे वीरभद्र, मैं तो शंकर का सेवक हूं और शंकर के समान ही अपने भक्तों के वश में हूं। तुम निर्द्वंद्व होकर मुझसे युद्ध करो।

ब्रह्माजी ने नारदजी से कहा-हे नारद! यह कहकर विष्णुजी ने अपने योग बल से शंख, चक्र, गदा और पद्मधारी अनेक वीर उत्पन्न किए और वे एक साथ वीरभद्र से युद्ध करने लगे। लेकिन वीरभद्र ने शंकरजी का स्मरण करके त्रिशूल से सबको मार डाला। वीरभद्र ने अत्यंत क्रोधित होकर विष्णु के वक्ष में भी त्रिशूल से प्रहार किया और विष्णु मूर्च्छित होकर पृथ्वी पर गिर पड़े। फिर पुनः चेतना आई और उन्होंने जैसे ही चक्र से आक्रमण करना चाहा, वैसे ही वीरभद्र ने उनका स्तंभन कर दिया। विष्णुजी वहीं निश्चेष्ट हो गए। तब अनेक मंत्रों के उच्चारण से उनका स्तंभन छुड़वाया गया। वीरभद्र ने विष्णु के धनुष को काट डाला। विष्णुजी ने वीरभद्र के तेज को

ठीक प्रकार से समझ लिया और अंतर्धान होकर अपने लोक में चले गए। ब्रह्माजी ने आगे बताया कि हे नारद! मृत्यु लोक से व्याकुल होकर मैं भी सत्यलोक को चला गया। हमारे चले जाने पर वीरभद्र ने मृग का रूप धारण करके भागते हुए दक्ष को पकड़कर उसका सिर काट डाला और नाखूनों से सरस्वती ने नाक काट डाली। धर्म, कश्यप, प्रजापति आदि मुनियों को लातों से पीटा और देवताओं को पृथ्वी पर पटक-पटककर पीड़ा दी। मणिभद्र ने भृगु जी की छाती पर पैर रखकर उनकी दाढ़ी नोच ली। चंडिका ने दांत उखाड़ डाला और इसके साथ ही अनेक शिवगणों ने यज्ञस्थल में मल-मूत्र की वर्षा करके उसे नष्ट-भ्रष्ट कर दिया। इस सबके बाद वीरभद्र ने दक्ष की छाती पर पैर रखा और उसके शरीर को मरोड़ दिया। इसके बाद अपनी विजय की दुंदुभि बजाता हुआ वह कैलाश पहुंचा। शिवजी उस पर बहुत प्रसन्न हुए और उसे अपने गणों का अध्यक्ष बना लिया।

सूतजी ने शौनकजी से कहा कि ब्रह्माजी से यह सारी बात सुनकर नारदजी ने पूछा कि विष्णुजी उस यज्ञ में क्यों गए थे? क्योंकि विष्णु स्वयं शिवभक्त हैं। और उन्होंने शिवजी के गणों से युद्ध क्यों किया? इस प्रश्न के उत्तर में ब्रह्माजी बोले कि हे नारद! वस्तुतः विष्णुजी दधीचि के श्राप से ज्ञान भ्रष्ट हो गए थे और दक्ष के यज्ञ में गए। एक बार बहुत पहले दधीचि का अपने मित्र क्षुब राजा से विवाद छिड़ गया था। वह बहुत अनर्थकारी हुआ। क्योंकि तीनों वर्णों में ब्राह्मण के होते हुए भी राजा को श्रेष्ठ बताया और अपने को श्रेष्ठतम प्राणी घोषित किया। वह लक्ष्मी के मद में बहुत बुरी तरह डूब गया था और दधीचि के द्वारा अपने को पूज्य बताने लगा। महर्षि दधीचि क्षुब के सिर पर एक जोरदार चांटा मारा। वह मूर्च्छित होकर पृथ्वी पर गिर पड़ा किन्तु कुछ समय बाद मूर्च्छा टूटने पर उसने दधीचि पर वज्र से प्रहार कर दिया। इस पर दधीचि ने शुक्राचार्य का स्मरण किया और उन्होंने प्रकट होकर दधीचि को विजय प्राप्त करने के लिए महामृत्युंजय मंत्र का जाप करने का परामर्श दिया। दधीचि ने वन में जाकर इस मंत्र के जाप से शंकरजी को प्रसन्न किया और तीन वरदान प्राप्त किए।

1. दधीचि के शरीर की हड्डियों का वज्र के समान होना। 2. किसी भी रूप में दीन-हीन न होना। 3. और किसी के द्वारा न मारा जाना।

शिवजी से वर प्राप्त करने के बाद दधीचि क्षुब के पास गए और उसके सिर पर अपने चरणों से प्रहार किया। क्षुब ने क्रोधित होकर अपने वज्र से दधीचि की छाती पर प्रहार किया लेकिन उसने देखा कि उस प्रहार का कोई प्रभाव नहीं हुआ। तब वह अपनी पराजय का बदला लेने के लिए वन में जाकर विष्णुजी की आराधना करने लगा। विष्णुजी प्रकट हुए और उन्होंने क्षुब को

बताया कि जो प्राणी शिवजी के भक्तों को पीड़ा देता है, वह शापग्रस्त होता ही है। दधीचि पर तुम जो विजय पाना चाहते हो, उसकी कोशिश में मुझे भी शाप से पीड़ित होना पड़ेगा। दक्ष के यज्ञ में मेरा पराभव और फिर उत्थान होगा। लेकिन तुम मेरी आराधना करने के कारण मेरे भक्त हो चुके हो इसलिए मैं कुछ-न-कुछ अवश्य करूंगा।

विष्णुजी अपने भक्त की इच्छा को रखने के लिए ब्राह्मण का वेष धारण कर दधीचि के आश्रम में पहुंचे और उनसे एक वर देने के लिए कहा। दधीचि ने शिवजी की कृपा से विष्णुजी के वास्तविक रूप को पहचान लिया था। उन्होंने विष्णुजी से यह कपट और छल छोड़ने के लिए कहा। सत्य के प्रकट होने पर विष्णुजी ने दधीचि से प्रार्थना की कि वे क्षुब के पास जाकर एक बार यह कह दें कि तुम मुझसे अधिक शक्तिशाली हो और मैं तुमसे भयभीत हूं। दधीचि ने विष्णुजी का यह निवेदन मानने से असहमति प्रकट की, तब विष्णुजी ने अपने चक्र का प्रहार किया लेकिन उसका भी कोई प्रभाव नहीं हुआ। विष्णुजी ने अन्य शस्त्रास्त्रों से प्रहार किया तथा इन्द्र, वरुण आदि देव भी उनकी सहायता के लिए आ गए। दधीचि ने और कुछ नहीं किया, केवल थोड़ी-सी कुशा उठाकर देवताओं पर फेंक दी। वह कुशा त्रिशूल बन गई और उस त्रिशूल से देवताओं के सारे आयुध कुंठित हो गए। देवता वहां से भाग गए लेकिन विष्णुजी वहीं रह गए और युद्ध करते रहे। विष्णुजी ने अपनी माया का प्रसार किया, दधीचि ने उसे भी प्रभाव रहित करते हुए विष्णु को दिव्य नेत्र दिए और अपना सारा रूप दिखाया। इस रूप में पूरा ब्रह्मांड विद्यमान था। यह जानकर भी कि दधीचि साधारण नहीं है, विष्णुजी युद्ध से विरत नहीं हुए। तब वहां मैं क्षुब को लेकर पहुंच गया और क्षुब ने दधीचि के सामने अपनी दीनता प्रकट की। दधीचि क्षुब पर तो प्रसन्न हो गए, पर विष्णुजी पर उनका क्रोध समाप्त नहीं हुआ। मैंने भी विष्णु जी को शिवभक्त ब्राह्मण के साथ युद्ध न करने का परामर्श दिया। इधर दधीचि ने विष्णु सहित सभी देवताओं को समय आने पर पराभव का सामना करने का श्राप दे डाला। इसी के फलस्वरूप दक्ष के यज्ञ में विष्णुजी का पराभव हुआ।

नारदजी ने इसके बाद वीरभद्र के द्वारा यज्ञ-विध्वंस के बाद का वृत्त जानना चाहा, तो ब्रह्माजी ने उन्हें बताया कि मैं जब देवताओं के मुख से यज्ञ के विध्वंस का समाचार सुन चुका तो बहुत चिंतित हुआ और देवों के कल्याण के लिए मैं परामर्श करने के लिए विष्णुजी के पास गया। विष्णुजी ने हम सभी को इस बात का अपराधी ठहराया कि यज्ञ में शिवजी का भाग नहीं था। और इस पाप का प्रायश्चित्त करने के लिए उन्होंने शिवजी की शरण में जाने के लिए कहा। उसके बाद विष्णुजी के नेतृत्व मैं मैं भी सभी देवताओं को साथ लेकर शिवजी के यहां गया और

दंडवत् होकर उनकी स्तुति की। हमारी स्तुति से शिवजी प्रसन्न हुए और तब उन्होंने विष्णु सहित हमसे कहा कि जो व्यक्ति अपराधी है, उसे दंड देना सत्य का मार्ग है। मैं तुम्हें क्षमा करता हूं और दक्ष भी बकरे का सिर धारण करके पुनः जीवित हो जाएगा। भृगु देवता के सूर्य के नेत्रों से यज्ञ भाग को तथा पूषा के टूटे हुए दांत उग आएंगे जिससे वे यज्ञ का भाग प्राप्त कर सकेंगे। भृगु की दाढ़ी भी जम जाएगी और देवताओं के जितने भी अंग-भंग हुए हैं सब ठीक हो जाएंगे।

यह सुनकर सबने प्रसन्नतापूर्वक शिवजी को आदर दिया और उन्हें निमंत्रित करके हम सब यज्ञस्थल कनखल में आए। भगवान शिव ने ही दक्ष के धड़ पर बकरे का सिर लगाकर, उन्हें जीवित कर दिया। भगवान शिव के दर्शनों से सभी लोग कृतकृत्य हो गए। सबकी बुद्धि स्वच्छ हो गई। भगवान शिव ने दक्ष को तत्त्वज्ञान दिया और यज्ञ संपन्न करने का आदेश दिया। तदुपरांत सब देवताओं के साथ शिवजी को यज्ञ का भाग दिया गया। सब देवता लोग आनंदपूर्वक अपने-अपने घर वापस आ गए।

नारदजी! इस प्रकार दक्ष की पुत्री सती ने यज्ञ में अपना शरीर त्याग दिया और अगले जन्म में वह हिमालय के घर मैना के गर्भ से पार्वती के रूप में पैदा हुई। उसने भयंकर तप करके शिवजी को प्रसन्न किया और फिर उसने उन्हें पति रूप में प्राप्त किया।

पार्वती खण्ड

नारदजी ने ब्रह्माजी से प्रार्थना की कि वे विस्तार से पर्वतराज के घर में उत्पन्न होने वाली सती और उनकी माता का चरित्र सुनाने की कृपा करें। ब्रह्माजी ने उन्हें बताया कि शैलराज के नाम से उत्तर दिशा में एक अत्यंत सुंदर सर्वगुण संपन्न, वीरता से परिपूर्ण तेजस्वी हिमालय नाम का एक राजा था। उसने धर्म के अनुरूप कुल की स्थिति और मर्यादा बढ़ाने के लिए विवाह करने की इच्छा की। देवताओं के अनुरोध पर पितृगणों ने अपनी एक बेटी मैना का विवाह पर्वतराज हिमालय से कर दिया।

नारदजी ने ब्रह्माजी से प्रश्न किया, हे महाप्रज्ञ! आप कृपा करके विस्तार से मैना की उत्पत्ति के साथ श्राप का विवरण बताने का कष्ट करें। ब्रह्माजी -हे नारद! तुम्हें हम पहले बता चुके हैं कि दक्ष के साठ पुत्रियों का जन्म हुआ था। इन साठ पुत्रियों का विवाह दक्ष ने कश्यप आदि ऋषियों से कर दिया। इन्हीं में से एक कन्या का नाम स्वधा था और उसका विवाह पितृगण से हुआ। स्वधा से तीन कन्याएं उत्पन्न हुईं- मैना, धन्या और कलावती। कुछ समय उपरांत कभी ये तीनों बहने विष्णुजी का दर्शन करने के लिए श्वेत द्वीप में गई। वहां पर एक बड़ी सभा में जहां अनेक

लोग एकत्रित थे, सनत आदि मुनि लोग आए। उनके स्वागत के लिए सभी लोग खड़े हो गए। लेकिन शिवजी की माया से विमोहित ये तीनों बहनें बैठी रहीं और उन्होंने मुनियों को उठकर प्रणाम भी नहीं किया। इस पर क्रुद्ध होकर सनत्कुमार ने इन तीनों बहनों को मनुष्य योनि में जन्म लेने का श्राप दे दिया। यह जानकर तीनों बहनें दुःखी होकर मुनि के चरणों में गिर पड़ी और क्षमा-याचना करने लगीं। उनकी प्रार्थना से सनत्कुमार जी करुणा से भर गए और उन्होंने कहा कि मैना हिमाचल की पत्नी बनकर पार्वती को जन्म देगी और धन्या से जनक के यहां सीता का जन्म होगा और वृषभानु से विवाह करके कलावती राधा को जन्म देगी। अपनी इन पुत्रियों के कारण ही तुम अपना उद्धार करके स्वर्ग में लौट सकोगी।

समय आने पर मैना का विवाह हिमालय से हो गया। जब इन्द्र आदि देवताओं को पता चला तो वे मैना के पास गए और उनसे अनुरोध किया कि वे तप के द्वारा भगवती दुर्गा को पुत्री के रूप में प्राप्त करें। देवताओं का यह निवेदन मानते हुए मैना और पर्वतराज हिमालय ने सत्ताईस वर्षों तक कठोर तपस्या की। इस तपस्या के उपरांत वे भगवती दुर्गा को पुत्री रूप में प्राप्त करने के योग्य बन गए। हिमालय और मैना ने शिव और शिवा की मूर्ति बनाकर उसका अखंड पूजन किया। भगवती दुर्गा हिमालय और मैना की तपस्या और पूजन से बहुत प्रसन्न हुई और उन्होंने उन्हें दर्शन दिए। उनकी निष्ठा और साधना से प्रसन्न हुई दुर्गा ने उनसे वर मांगने के लिए कहा, तब मैना ने भगवती को बहुत आदरपूर्वक प्रणाम किया और उनसे दीर्घात्मा सौ पुत्र मांगे तथा यह भी प्रार्थना की कि स्वयं भगवती पुत्री रूप में उनके गर्भ से उत्पन्न हों। मैना की बात सुनकर भगवती दुर्गा तथास्तु कहकर अंतर्ध्यान हो गईं। हिमालय और मैना अपने घर वापस आ गए।

समय आने पर मैना के गर्भ से से सौ पुत्रों का जन्म हुआ। सबसे बड़े पुत्र का नाम मैनाक रखा गया। इसके उपरांत पुनः गर्भ धारण करके मैना ने जगदम्बा, भगवती दुर्गा को जन्म दिया। जब गिरिराज ने कन्या के जन्म का समाचार सुना तो उसने एक बहुत बड़े उत्सव का आयोजन किया। इसमें गिरिराज ने अनेक भिक्षुकों को धनधान्य देकर सम्मानित किया और मुनियों ने नवजात कन्या का काली महाकाली, दुर्गा आदि नाम रखा। पार्वती का धीरे- धीरे विकास होने लगा और वे गुरु से विद्याध्ययन करने लगीं। ब्रह्माजी बोले-हे नारद! तुम्हें याद होगा कि एक समय तुम हिमाचल के घर गए थे और हिमाचल ने तुम्हारा अत्यधिक सत्कार किया था तथा तुमसे अपनी एक पुत्री का हाथ दिखाकर उसके भविष्य के विषय में जानना चाहा था। तुमने बताया था कि इस कन्या के सभी लक्षण बहुत शुभ है। लेकिन एक रेखा ऐसी है, जिसके अनुसार इसका पति योगी, दिगंबर, अकामी, पितृविहीन और अमंगलवेष वाला होगा। तुम्हारी बात सुनकर गिरिराज और मैना बहुत दुःखी हुए थे। लेकिन दुर्गा बहुत प्रसन्न हो गई थी। हिमालय ने अत्यंत दुखित मन से एक उपाय पूछा था। तुमने उन्हें बताया था कि एक ही देवता ऐसा है जिसमें

यह सारे रूप हैं लेकिन अवगुण के रूप में नहीं, गुण के रूप में हैं। और उन्हें भगवान शिव कहते हैं। यदि पार्वती को शिवजी ग्रहण कर लें, तो तुम्हारा कल्याण होगा। उन्हें प्राप्त करने के लिए पार्वती को तप करना पड़ेगा। शिवजी इस कन्या को ग्रहण करने के बाद, अर्धनारीश्वर कहलाएंगे।

ब्रह्माजी के मुख से अपने और पर्वतराज हिमालय के मध्य हुए कथा खंड को जानकर नारदजी ने ब्रह्माजी से कहा कि हे पितामह! जब मैं वहां से लौट आया तब के बाद से आप मुझे सारा वृत्तान्त सुनाने की कृपा करें। यह सुनकर ब्रह्माजी बोले-तुम्हारे लौट आने के बाद मैना ने अपने पति पर्वतराज से पुत्री के लिए वर देखने का अनुरोध किया। इस पर गिरिराज ने अपनी पत्नी को तुम्हारी कही हुई बातों में विश्वास और आस्था रखने के लिए कहा और यह भी कहा कि वह अपनी पुत्री से कह दें कि शिवजी को पाने के लिए वह तप करना प्रारम्भ कर दे। वह पार्वती के पास संदेश लेकर पहुंची। पार्वती ने स्वयं अपने एक स्वप्न की बात अपनी माता से बताई और कहा कि स्वप्न में एक ब्राह्मण ने मुझे शिव-प्राप्ति के लिए तप करने का आदेश दिया है। हिमाचल ने भी रात को एक स्वप्न देखा कि एक ब्राह्मण उनके नगर के पास तप करने आया है।

थोड़े समय के बाद ही शिवजी अपने अनेक गणों को लेकर उस नगर में तप करने के लिए पहुंचे। पार्वती उनकी नित्य प्रति अनेक रूप से सेवा करने लगी। पार्वती और शिव का साक्षात्कार तो होता था लेकिन शिवजी के मन में पार्वती को देखकर कोई विकार उत्पन्न नहीं होता था। इस स्थिति के लिए देवताओं ने कामदेव को शिवजी का मन काम से भरने के लिए भेजा। लेकिन शिवजी ने कामदेव को भस्म कर दिया। इसके बाद पार्वती के अत्यंत कठोर तप से प्रसन्न होकर शिवजी ने पार्वती से विवाह कर लिया। इस विवाह के लिए विष्णु आदि देवताओं ने भी शिवजी से अनुरोध किया।

ब्रह्माजी से नारदजी ने पूछा कि हे प्रभु, सती से विरक्त होने पर शिवजी ने क्या किया और कैसे उन्होंने कामदेव को भस्म किया तथा वे तपस्या करने के लिए हिमालय के क्षेत्र में कब गए? पार्वती ने तप के द्वारा शिवजी को कैसे प्राप्त किया? यह सारा वृत्तांत आप मुझे विस्तार से बताइए।

ब्रह्माजी बोले -अपनी प्रिया के वियोग में वे इधर-उधर घूमने लगे। उनकी दशा इतनी विचित्र हो गई कि वे मनुष्य के समान विक्षिप्त और उन्मुक्त होकर इधर-उधर विचरण करने लगे। उन्होंने अपने मन को शांति देने के लिए हिमालय पर जाकर कठोर तप किया। जब उनकी समाधि खुली तो उनके सिर से पसीने के कुछ कण धरती पर गिर गए। पसीने की उन बूंदों से चार भुजाओं वाला एक अत्यंत तेजवान बालक शिवजी के सामने प्रकट हुआ। और वह एक सामान्य मनुष्य के समान रोने लगा। इसी समय पृथ्वी स्त्री का वेष धारण करके शिवजी के पास आई और उस बालक को गोदी में लेकर दूध पिलाने लगीं। शिवजी ने यह देखकर पृथ्वी की बहुत प्रशंसा की और उस बालक को पृथ्वी को ही दे दिया तथा उसके पालन-पोषण का आदेश दिया। यही बालक आगे चलकर भीम के नाम से विख्यात और उसने शिवजी को तप के द्वारा प्रसन्न किया तथा आगे का लोक प्राप्त किया।

पार्वती की आठ वर्ष की आयु होने के बाद-शिवजी को पता चला कि वह हिमाचल के यहां पैदा है। शिवजी हिमालय के क्षेत्र में अपने गणों सहित तपस्या के लिए पहुंचे। वहां हिमाचल ने उनका स्वागत किया। गंगा के अवतरण वाले क्षेत्र में तप करते हुए शिवजी से हिमालय ने पूछा कि वह उनकी क्या सेवा करे। उसके बार-बार अनुरोध करने पर शिवजी ने हिमालय से कहा कि वह गंगावतरण वाले क्षेत्र को सुरक्षित क्षेत्र बना दें और वहां शिवजी की निर्विघ्न तपस्या के लिए किसी का भी प्रवेश निषिद्ध कर दें। यहां तक कि मुनि और ऋषि, देव, गंधर्व आदि भी वहां प्रवेश न कर पाएं। शिवजी के इस अनुरोध को मानकर पर्वतराज हिमालय ने अपने नगर में पहुंचकर इसी प्रकार का आदेश प्रचारित कर दिया।

कुछ समय के बाद पर्वतराज हिमालय स्वयं अपनी पुत्री पार्वती एवं अनेक सुंदर उपहारों को लेकर शिवजी की सेवा में उपस्थित हुए। शिवजी समाधि में लीन थे अतः हिमालय उनकी समाधि के खुलने की प्रतीक्षा करने लगे। समाधि के खुलने पर उनकी अनेक प्रकार से स्तुति की और उनसे प्रार्थना की कि वे हिमालय को प्रतिदिन अपने दर्शन करने की अनुमति देने की कृपा करें और साथ ही पुत्री को सेवा करने का अवसर दें। शिवजी ने पर्वतराज के आने और दर्शन करने की प्रार्थना तो मान ली लेकिन उन्होंने पार्वती को वहां आने से मना कर दिया। शिवजी ने कहा कि स्त्री पुरुष के वैराग्य में बाधक है। स्त्री को बाधक के रूप में कहे जाने पर भी पार्वती सन्तुष्ट नहीं हुई। पार्वती ने शिवजी से पूछा कि मैं यह जानना चाहती हूं कि प्रकृति के बिना लिंग रूपी महेश्वर का अस्तित्व कैसे विद्यमान रह सकता है। इस पर शिवजी ने उत्तर दिया कि सत्यपुरुष प्रकृति से दूर रहता है। इस पर पार्वती हंस पड़ी और बोलीं-हे योगीराज, आपका यह कथन ही क्या प्रकृति नहीं है और यदि आप अपने को प्रकृति से परे मानते हैं तो यहां एकांत में तप की आवश्यकता क्या है? प्रकृति से विरक्त होकर आप स्वयं को नहीं जान सकते। और यदि जानते हैं तो इस तप की अनिवार्यता क्या है? यदि आप प्रकृति से परे हैं, तो मेरे यहां रहने पर आपका कोई अहित नहीं होगा। और यदि आप प्रकृति से परे नहीं हैं तो निषेध का कोई कारण नहीं। पार्वती की तत्वपूर्ण बातें सुनकर शिवजी ने उन्हें भी आने की अनुमति दे दी।

शिवजी से अनुमति पाकर पार्वती अपनी सखियों के सहित उस तप-क्षेत्र में प्रतिदिन आतीं और शिवजी की षोडशोपचार आराधना करतीं। शिव के मन में पार्वती की सेवा से और समीपता से कोई विकार उत्पन्न नहीं हुआ। उन्होंने पार्वती द्वारा मद्य से विगलित हो जाने पर ही उसे स्वीकार करने का निश्चय किया। कामदेव उनको मोहित करने के लिए भेजे गए लेकिन वह भी शिवजी के मन में कोई विकार उत्पन्न नहीं कर सके, अपितु स्वयं अपना नाश कर बैठे। कामदेव को भी असफल देखकर पार्वती ने तपस्या का आश्रय लिया और घोर तपस्या के बाद उन्होंने शिवजी को प्रसन्न किया और फिर तपस्या से पवित्र पार्वती को शिवजी ने पत्नी के रूप में ग्रहण किया। पार्वती से कार्तिकेय की उत्पत्ति हुई और कार्तिकेय तारकासुर को मारकर देवताओं का उद्धार करने वाले देवसेना के सेनापति बने।

ब्रह्माजी से नारदजी ने तारकासुर के विषय में विस्तार से जानना चाहा। तब ब्रह्माजी ने बताया कि हे नारद! दिति ने जब देखा कि हिरण्यकशिपु और हिरण्याक्ष नरहरि रूप विष्णु के द्वारा मारे गए हैं, तो उसने पुनः अपने पति कश्यप को प्रसन्न करके पुनः गर्भ धारण किया। लेकिन इन्द्र ने छिद्र देखकर दिति के गर्भ में प्रवेश किया और वज्र से गर्भ के टुकड़े-टुकड़े कर दिए। इस पर भी अपनी तपस्या के कारण दिति का गर्भपात नहीं हुआ। समय आने पर दिति ने अपने गर्भ से 46 मरुद गणों को उत्पन्न किया, किंतु उनको इन्द्र ने अपना मित्र बना लिया। इसके बाद दिति ने फिर पति की सेवा का आश्रय लिया, कश्यप ने दिति को बताया कि वह कठोर तप करके ब्रह्माजी को प्रसन्न करे। अपने पति से यह जानकर कि तपस्या से ही अत्यंत बलशाली पुत्र प्राप्त किया जा सकता है, दिति ने तप किया और वज्रांग नाम के अत्यंत बलशाली पुत्र को उत्पन्न किया।

वज्रांग ने अपनी माता कि दिति की आज्ञा से इन्द्र आदि देवताओं को पकड़ लिया और उन्हें दंडित किया। कुछ समय के बाद वज्रांग ने अत्यंत उत्पात मचाने वाला तारकासुर नाम का भयंकर पुत्र पैदा किया। यही बाद में सारे उत्पात मचाते हुए ब्रह्माजी को प्रसन्न करने के लिए तप करने लगा। ब्रह्मा (मैं) उसके तप से प्रसन्न हुआ और मैंने उसे देवताओं से अजेय होने का वर दे दिया। इसके बाद उस अत्यंत बलशाली तारकासुर ने इन्द्र से ऐरावत हाथी छीन लिया, कुबेर से नवनिधि प्राप्त कर ली, सूर्य से उसका अश्व और देवताओं के पास जो - जो भी अच्छी- अच्छी वस्तुएं थी उन सब को छीन लिया तथा देवताओं को स्वर्ग से ही निकालकर दैत्यों को बसा दिया। उसकी वीरता के आगे कोई देवता ठहर नहीं पाया। उसके उत्पातों से भयंकर रूप से त्रस्त होकर देवता लोग इन्द्र को नेता बनाकर मेरे पास आए। मैंने देवताओं की पीड़ा के विषय में द्रवित होने के बाद ही उनसे कहा कि तारकासुर की शक्ति मेरे वरदान के कारण है, इसलिए उसका उच्छेद मेरे द्वारा असंभव है। यह काम शिवजी का पुत्र कर सकता है। आप लोग शिवजी के पास जाइए और उनसे निवेदन कीजिए कि वे हिमालय की पुत्री को पत्नी के रूप में ग्रहण करें और पुत्र उत्पन्न करें। इस प्रकार मैंने देवताओं को शिवजी की सेवा में भेज दिया और तारकासुर ने देवताओं को स्वर्ग वापस करने के बाद शोणितपुर को अपनी राजधानी बनाया और वहीं राज्य करने लगा।

अपना स्वर्गलोक वापस पाने के बाद देवताओं ने शिवजी के पुत्र होने की संभावनाएं खोजनी शुरू कर दी। इन्द्र ने कामदेव को बुलाया और उसकी शक्ति की बहुत प्रशंसा की तथा देवों की सहायता करने का अनुरोध किया। इन्द्र ने कामदेव को स्पष्ट बताया कि भगवान शिव से उत्पन्न पुत्र ही तारकासुर का वध कर सकता है। शिवजी के पुत्र तब होगा जब वह विवाह करेंगे। और विवाह वह तब करेंगे जब उनके योग्य पार्वती के प्रति उनमें आसक्ति जागेगी। हे कामदेव, तुम कुछ ऐसा करो जिससे शिवजी की समाधि टूटे और वे पार्वती में आसक्ति भाव रखते हुए उनसे विवाह कर लें। कामदेव ने इन्द्र की आज्ञा को स्वीकार करते हुए अपनी सेना के साथ शिवजी के क्षेत्र की ओर प्रस्थान किया। कामदेव ने चारों ओर अपने मित्र बसत की सहायता से बहुत मादक और मनमोहक वातावरण उत्पन्न कर दिया। लेकिन शिवजी के ऊपर कामदेव

के इस प्रयास का कोई प्रभाव नहीं पड़ा। कामदेव ने शिवजी के भीतर प्रवेश करने के लिए कोई छिद्र ढूंढ़ना चाहा लेकिन उसे जरा-सी भी सफलता नहीं मिली। थोड़ी देर में ही कामदेव ने देखा कि पार्वती ने पत्र-पुष्प लाकर शिवजी की पूजा की और शिवजी थोड़ी देर के लिए अपने तप को छोड़कर पार्वती के रूप और सौंदर्य का अवलोकन करने लगे। बस यहीं पर कामदेव को एक छिद्र मिल गया और उसने शिवजी के शरीर में प्रवेश किया। जैसे ही शंकरजी ने पार्वती के अनुपम रूप और सुंदर शरीर पर दृष्टि स्थापित की, वैसे ही पार्वती लज्जा से भर गई। लज्जा के कारण उभरे संकोच से पार्वती का सौंदर्य दो गुना होकर शिवजी के सामने आया और शिवजी पार्वती की ओर और अधिक आकृष्ट हो गए। पार्वती थोड़ी दूर खड़ी होकर शिवजी की ओर कटाक्षपूर्ण दृष्टि से देखने लगीं और उन्हें मुग्ध करने की चेष्टा की। शंकरजी पार्वती की इन सुंदर चेष्टाओं को देखकर सुख अनुभव करने लगे और उनके मन में पार्वती को स्पर्श करने की तथा आलिंगन करने की इच्छा जागी। लेकिन एक क्षण बाद ही उनमें चेतना जाग गई और वे अपनी इस विकृति पर पश्चात्ताप करने लगे और सहज रूप में अपने भाव पर आ गए।

मन में इस प्रकार विकार का भाव आने पर शिवजी विचार करने लगे कि ऐसा क्यों हुआ। तब उन्होंने अपने बाएं भाग में कामदेव को उपस्थित पाया। शिवजी क्रोधित हुए और उन्होंने कामदेव को भस्म कर दिया। कामदेव के भस्म हो जाने पर देवता लोग अत्यंत दुःखी होकर विलाप करने लगे और पार्वती का शरीर भयग्रस्त हो गया तथा कामदेव की पत्नी रति मूर्च्छित हो गई। देवताओं ने शंकरजी को प्रसन्न करने के लिए उनकी प्रार्थना-स्तुति करनी शुरू कर दी और उन्होंने कहा कि हे प्रभु! आप प्रसन्न हों और रति के शोक का हरण करें। तब शिवजी बोले कि मेरे क्रोध से दग्ध हुआ कामदेव फिर से शरीरधारी तो नहीं हो सकता। अब तो वह अशरीरी ही रहेगा। लेकिन एक उपाय मैं बताता हूं कि द्वापर में श्रीकृष्ण की पत्नी रुक्मिणी के गर्भ से प्रद्युम्न नाम का एक बालक उत्पन्न होगा, जिसे शंबर दैत्य चुराकर समुद्र में फेंक देगा। तब रति समुद्र से निकले हुए प्रद्युम्न को पति रूप में प्राप्त करेगी। यह सुनकर रति शंबर क्षेत्र में और देवता लोग अपने-अपने क्षेत्र में चले गए।

ब्रह्माजी ने कहा कि हे देवताओं में श्रेष्ठ नारदजी, शंकरजी के नेत्रों से निकली आग को, जो बहुत तीव्र थी और जो लोक को विचलित कर रही थी, मर्यादित करने को मैंने समुद्र से अनुरोध किया। समुद्र ने उस अग्नि को अपने में समाहित कर लिया। शिवजी के अंतर्ध्यान होने के बाद पार्वती वियोगग्रस्त हो गई और उनके माता-पिता बहुत चिंतित हो गए। सबने वहां जाकर उन्हें धैर्य बंधाया।

इस प्रकार कामदेव के प्रयास विफल होने के बाद पार्वती ने शिव की प्राप्ति के लिए तप का मार्ग अपनाया और अपने माता-पिता की आज्ञा लेकर गंगोत्री के पास गंगावतरण नामक स्थान पर भृंगी तीर्थ में जप करने लगी। पहले वर्ष में पार्वती ने केवल फलों का भोजन लिया, दूसरे वर्ष में केवल पत्तों से निर्वाह किया और तीसरे वर्ष पत्तों को छोड़कर पूरी तरह से निराहार रहकर तप करती रहीं। इस कारण उनका अपर्णा नाम भी पड़ा। पार्वती ने कठोर तपस्या करते हुए एक पैर

पर खड़े होकर निराहार रहकर 3000 वर्ष तक शिवमंत्र का जाप करते हुए शिवजी को प्रसन्न करने की चेष्टा की। इतनी गहन तपस्या के बाद भी शिवजी जब प्रकट नहीं हुए, तब पार्वती के माता-पिता ने और अनेक बंधुओं ने उन्हें समझाया और कहा जो शिव कामदेव के वश में नहीं आ सकते, जिन्होंने उसे भी भस्म कर दिया, उनकी प्राप्ति के लिए तुम्हारा उपाय व्यर्थ जाएगा। लेकिन पार्वती ने अपने निश्चय को दोहराया और कहा कि मैं भक्तों को प्रसन्न करने वाले शिवजी को अवश्य प्रसन्न करूंगी।

पार्वती अपने तप पर दृढ़ रही और उन्होंने इतना कठोर तप किया कि उससे दुखी होकर इन्द्र आदि देवता मेरी शरण में आए और मैं उनको साथ में लेकर विष्णुजी के पास गया। विष्णुजी ने परामर्श दिया कि हम सब साथ चलकर शिवजी से प्रार्थना करें। पहले हमने पार्वती के दर्शन किए और उन्हें साक्षात् सिद्धि स्वरूप देखा। हमने उनकी बहुत प्रशंसा की और शिवलोक में आकर शिवजी का वेदमंत्रों से स्तवन किया। हमारी पूजा से प्रसन्न होकर भगवान शंकर ने हमारे आने का कारण पूछा। हमने तारकासुर के उपद्रवों और देवताओं के हित के लिए शिवजी से पार्वतीजी के साथ विवाह करने का अनुरोध किया। शिवजी ने कहा कि गिरिजा से विवाह करके मैं कामदेव को पुनः जीवित तो कर दूंगा लेकिन तुम सब देवता लोग अपने ही तप और अपने ही साधनों से अपने कष्टों का निवारण करने पर बल दो। यह कहकर शिवजी फिर आत्मलीन हो गए। हमने अत्यंत श्रद्धापूर्वक दीनहीन भाव से शिवजी की पूजा की। उनका स्तवन किया और इससे प्रसन्न होकर शिवजी ने ध्यान भंग किया और देवताओं से उनकी इच्छा जाननी चाही। विष्णुजी ने सब कुछ जानने वाले शंकर से प्रार्थना की कि वह पार्वती से विवाह करें और उनके गर्भ से पुत्र उत्पन्न हो, तब वही पुत्र तारकासुर का वध कर सकता है। ब्रह्माजी ने इसी प्रकार का वरदान तारकासुर को दिया हुआ है। नारदजी के उपदेश से पार्वती भी आपको पाने के लिए तपस्यारत हैं और रति को जो आपने वरदान दिया था उसकी पूर्ति का समय भी आ गया है।

विष्णुजी की यह बात सुनकर शिवजी ने उनसे कहा कि स्त्री का संग कुसंग है, वह निगूढ़ बंधन है और मुझे विहार और रमण की कोई इच्छा नहीं है। फिर भी आपके कहने से तारकासुर के अत्याचारों से आपको मुक्त कराने के लिए मैं पार्वती से विवाह करूंगा।

जब हम लोग वापस आ गए तो भगवान शंकर ने सप्त ऋषियों को बुलाकर पार्वती की परीक्षा के लिए भेजा। सातों ऋषियों ने पार्वती के पास जाकर उनसे तप करने की जानकारी प्राप्त करनी चाही। उन्होंने नारदजी के द्वारा निर्देशित विधि से शिवजी की प्राप्ति को अपनी साधना का लक्ष्य बताया। जब ऋषियों को यह पता चला तो उन्होंने सबसे पहले पार्वती के सामने नारदजी की बुराई की और कहा कि नारदजी तो मन के काले हैं और शरीर के उजले हैं। वे घर को फोड़ने वाले हैं। इसके बाद पार्वती के सामने ऋषियों ने शंकर को भी निर्लज्ज, अमंगल वेषधारी, भूत-प्रेतों का साथी, दिगंबर बताकर यह भी बताया कि उन्हीं के कारण दक्ष की पुत्री जलकर मरने

पर विवश हो गई। पार्वती से उन्होंने अपने निश्चय पर पुनर्विचार करने और हठ छोड़ने के लिए कहा। लेकिन पार्वती ने ऋषियों की बात को मानने से इनकार कर दिया। सप्त ऋषि शिवजी के पास आए और उन्होंने सारी बातें शिवजी को सुना दीं। इसके बाद शिवजी ने स्वयं पार्वती की परीक्षा लेने का विचार किया।

भगवान शिव ब्रह्मचारी का रूप धारण कर पार्वती की परीक्षा लेने के लिए पहुंचे। पार्वती के पास जाकर ब्रह्मचारी शिव ने उनके तप का कारण पूछा। पार्वती ने उन्हें बताया कि वह जन्म-जन्मांतर के लिए शिवजी को पति के रूप में पाने के लिए कृतसंकल्प हैं और यदि उनके लक्ष्य की प्राप्ति नहीं हुई, तो वह जलकर भस्म हो जाएंगी। भगवान शिव ने पार्वती के इस विचार को अविवेकपूर्ण बताया और शिव की अनेक प्रकार से निंदा की। ब्रह्मचारी ने शिव को कपाली, भस्मधारी, सर्पों को लपेटने वाला, विष पीने वाला और तीन आंखों वाला बताया और कहा कि वह गृहस्थ भोग के लिए सर्वथा अनुपयुक्त है। ब्रह्मचारी ने कहा कि कहां कपाली शिव, और कहां स्त्रियों में तुम जैसी रत्न। तुम विष्णु, इन्द्र आदि देवताओं को छोड़कर शिव में क्यों अनुरक्त हो, तुम्हारी यह अनुरक्ति है।

पार्वती ने इस प्रकार की बातें सुनकर बेचैनी अनुभव की और शिव-निंदक ब्रह्मचारी के लिए मृत्यु को ही सही दंड बताया। उसने कहा कि तुम मुझे पथभ्रष्ट करना चाहते हो, तुम्हें शिव की वास्तविकता का ज्ञान नहीं है। शिव मूल तत्त्व से अपरिचित हो, अन्यथा शिव, जो सगुण और निर्गुण ब्रह्म के आत्मा रूप हैं, उनकी ऐसी निंदा नहीं करते। जब ब्रह्मचारी फिर कुछ कहना चाहा तो पार्वती ने अपनी सखी द्वारा उस शिव निंदक से दूर जाने का आदेश दिया। जब वह वहां से नहीं गया तो उन्होंने स्वयं उस स्थान को छोड़ने का संकल्प किया। पार्वती के इस रूप को देखकर शिव ने अपना वास्तविक रूप व्यक्त किया और अपने रूप का दर्शन कराकर पार्वती के मनोरथ को पूरा-करने की घोषणा की।

शंकरजी से वर प्राप्त करने के बाद पार्वती अपने पिता के घर वापस आ गई। उसने अपने माता-पिता और संबंधियों से सारी बातें कहीं। एक दिन शिवजी एक नर्तक के रूप में पार्वती के घर में आकर सुंदर और मोहक नृत्य करने लगे। उन्होंने भिक्षा में पार्वती को मांगा। नर्तक की मांग पर मैना क्षुब्ध हो उठीं। थोड़ी देर बाद हिमालय भी वहां आ गए। उन्होंने नर्तक के तेजस्वी रूप को देखा, लेकिन उसकी मांग को स्वीकार नहीं कर सके।

ब्रह्माजी बोले कि हे नारद! इन्द्र इस बात से बहुत चिंतित हो गये कि पर्वतराज हिमालय और शिव की प्रीति बढ़ रही है। वह बृहस्पति के पास आये और उसने हिमालय की, शिवजी के प्रति बढ़ती हुई आदर-भावना का विरोध करते हुए उसमें बाधा डालने का उपाय पूछा। लेकिन देवगुरु ने ऐसा कुछ भी करने से मना कर दिया। फिर इन्द्र निराश होकर मेरे पास आये और मैंने भी शिवजी के विरोध में कुछ भी करने की अस्वीकृति दी। फिर वह विष्णुजी के पास गया पर

विष्णु ने कहा कि मैं शिव -निंदा का पाप नहीं करूंगा। तुम यदि चाहते हो कि हिमालय को मुक्ति न मिले तो शिवजी के पास जाओ और उन्हें प्रसन्न करो और यह कहो कि वह अपनी निंदा अपने आप करें। क्योंकि कोई और शिवजी की निंदा करने का संकट नहीं उठा सकता। इन्द्र ने शिवजी का द्वार खटखटाया और उनसे अपनी निंदा करने के लिए कहा।

शिवजी ने इन्द्र का प्रस्ताव स्वीकार कर लिया और वे ज्योतिषी के वेष में हिमालय के घर गए। उन्होंने शिव को कुरूप, अगुण, विकट, जटाधारी, श्मशानवासी आदि बताकर शिवजी की निंदा की और पर्वतराज हिमालय से कहा कि वे ऐसे शिव को अपनी लड़की न दें। ज्योतिषी की बातों में आकर मैना ने पर्वतराज हिमालय से कहा कि वे उसकी पुत्री को चाहे आजीवन अविवाहित रखें, लेकिन उसका विवाह शंकर से न करें। मैना ने यहां तक कहा कि यदि उसकी बात नहीं मानी -गई तो वह विष खाकर, पर्वत से कूदकर या समुद्र में डूबकर अपने प्राण दे देगी। इधर शंकरजी ने सप्त ऋषियों का स्मरण किया और स्मरण करते ही वसिष्ठ आदि सप्त ऋषि अरुंधती के साथ वहां उपस्थित हो गए और शिवजी को प्रणाम करके उनसे सेवा की मांग की। शंकरजी ने सप्तर्षियों को बताया कि किस तरह से पार्वती ने कठोर तोर तप किया और कैसे शिवजी ने स्वयं अपनी निंदा की और किस तरह तारकासुर के वध से देवताओं के उद्धार के लिए संतान उत्पत्ति की आवश्यकता है और किस तरह मैना पार्वती का उनसे विवाह न करने का प्रण कर चुकी है। शिवजी ने सप्तर्षियों को मैना और हिमालय को समझाने के लिए भेजा। उन्होंने कहा कि सप्तर्षि हिमालय के पास जाएं और उन्हें पार्वती तथा शंकर का विवाह करने का आदेश दें।

सारे ऋषि अरुंधती को साथ लेकर हिमालय के यहां आए। उन्होंने मैना और हिमालय को बताया कि लोक में और वेद में तीन प्रकार के वचन हैं। (1) शास्त्रवाक्य (2) स्वयं सुविचारित और विवेक से परिपूर्ण वाक्य (3) श्रुतवाक्य या तत्त्वज्ञाताओं द्वारा कहे गए वाक्य। इन तीनों वचनों में से किसी भी दृष्टिकोण से भगवान शिव के संबंध में विचार करते हुए शिव को अत्यंत विलक्षण, अनुपम, और अविकारी माना जाता है। भगवान शंकर रजोगुण से रहित होने पर ही तत्त्व के ज्ञाता हैं। जिन शंकर का सेवक कुबेर जैसा देवता हो, उसे दरिद्र का साहस कौन कर सकता है। भगवान शंकर ही मूल रूप से सृष्टि के सृजन और संहार में समर्थ हैं। शिवजी से स्थापित किया गया संबंध किसी भी देवता को गौरव देता है। वसिष्ठजी ने पर्वतराज को सचेत करते हुए कहा कि आप हठ मत कीजिए। जिस प्रकार अरण्यराज ने ब्राह्मण को अपनी कन्या देकर उसके भय से अपनी संपत्ति बचा ली थी। उसी प्रकार आप भी शिवजी को अपनी पुत्री सौंपकर अपने को संकटों से मुक्त कर लें।

पर्वतराज ने ऋषियों से अरण्यराज का वृतांत विस्तार से जानना चाहा। वसिष्ठजी ने कहा कि पुराने समय की बात है। तेजस्वी अरण्यराज के अनेक पुत्र और एक रूपवती कन्या थी। कन्या का नाम पद्मा था। राजा अपनी पुत्री से बहुत प्रेम करता था। पुत्री के युवती होने पर राजा ने उसके लिए सुंदर ओर सुयोग्य वर की खोज की। एक दिन रूपवती पद्मा जल में विहार कर रही थी कि

दूसरी तरफ से पिप्पलाद मुनि आए और वह पद्मा को देखकर उस पर मुग्ध हो गए। उन्होंने अरण्यराज के पास आकर उनकी कन्या की याचना की। राजा ने उनके बुढ़ापे को देखकर बहुत चिंता अनुभव की, परंतु पुरोहित के समझाने पर ऋषि के श्राप से कुल की रक्षा करने के लिए उन्होंने कन्या पिप्पलाद को दे दी। पिप्पलाद उसे लेकर अपने आश्रम में आ गए। पद्मा ने इस जीवन को ईश्वर का विधान मानकर स्वीकार किया और अपने पति की सेवा में अपना जीवन अर्पित कर दिया।

एक दिन धर्म ने एक सुंदर युवक के रूप में विचरण करते हुए पद्मा को अपनी काम-भावना का शिकार बनाने की चेष्टा की। पतिव्रता सती ने युवक की भर्त्सना करते हुए उसे नष्ट हो जाने का श्राप दे दिया, तब धर्म ने अपना वास्तविक रूप प्रकट किया और बताया कि वह कामुकतापूर्ण व्यवहार ब्रह्माजी की आज्ञा से कर रहा था जो पद्मा की परीक्षा लेना चाहते थे। यह सुनकर पद्मा विचलित हो उठी। उसे दो बातों ने व्यग्र कर दिया। एक तो उसका श्राप अन्यथा नहीं हो सकता दूसरे कि धर्म के बिना लोकयात्रा का प्रवर्तन कैसे हो सकता है। अंत में पद्मा ने इस प्रकार व्यवस्था की कि धर्म को द्वापर में एक चरण और त्रेता में दो चरण और कलियुग में तीन चरण होकर रहना पड़ेगा। और वह सतयुग में पुनः चारों चरणों से युक्त हो सकता है। इस ओर धर्म ने पिप्पलाद को यौवन का वरदान दिया, जिसके कारण उसने पद्मा के साथ सुख-विलासपूर्वक रहते हुए अपना जीवन आनंददायक बनाया।

वसिष्ठजी पर्वतराज से बोले कि एक सप्ताह के बाद ही सुंदर लग्न का योग है। इस लग्न में चंद्रमा बुध के साथ रोहिणी तारागण के साथ है। मार्गशीर्ष का महीना है तथा चंद्रमा सारे दोषों से रहित है। ऐसे सुंदर योग में मूल प्रकृति रूप भगवती जगदम्बा और जगतपिता शंकर का विवाह करके तुम कृतकृत्य हो जाओ। सप्तर्षियों के वचनों को सुनकर पर्वतराज हिमालय ने अपने और साथियों सुमेरु, गंधमादन, मंदर, मैनाक और विंध्याचल आदि को बुलाया और ऋषियों के प्रस्ताव पर विचार किया। उनकी स्वीकृति मिलने पर हिमालय ने सप्तर्षियों को अपनी स्वीकृति दे दी। सप्तर्षियों ने हिमालय के प्रति शुभकामनाएं अर्पित की और कैलाश आकर शिवजी को सारा वृतांत यथावत सुना दिया।

सप्तर्षियों ने शिवजी को विवाह की तैयारी करने के लिए कहा। उधर दूसरी ओर हिमाचल ने अपने पुरोहित को बुलाकर लग्न की पत्रिका लिखवाई और अनेक सुंदर तथा उत्तम सामग्रियों के साथ भेंट स्वरूप शिवजी के पास भिजवाई। हिमालय विवाह की तैयारियां करने लगा। उसने विवाह से संबंधित सामग्री संचित करने का काम शुरू कर दिया। नगर को बहुत सुंदर रूप में सजाया, विश्वकर्मा को बुलाकर दूल्हा और बारातियों के लिए सुख-सुविधा से संपन्न निवासों का प्रबंध कराया।

ब्रह्माजी से नारदजी ने पूछा कि हे महाप्रभु! आप शिवजी के विवाह का वर्णन करने की कृपा करें। तब ब्रह्माजी बोले कि हे नारद! जब भगवान शंकर के पास लग्न की पत्रिका पहुंच गई, तब उन्होंने तुम्हें याद किया और जब तुम वहां पहुंचे (तुम्हें मालूम ही है) शिवजी ने तुम्हें ही अनेक देवों और किन्नरों, गंधर्वों, अप्सराओं को निमंत्रण देने का कार्यभार सौंपा। तुमने सबको निमंत्रण दिया और जब सारे अतिथि कैलाश पर पहुंच गए, तब शिवजी ने सबका स्वागत किया। फिर शिवजी को वर के रूप में सजाया गया और सप्तमात्रिकाओं ने शिवजी का दूल्हे के रूप में श्रृंगार किया। शिवजी के सिर पर मुकुट सुशोभित होने लगा, मुकुट के ऊपर चंद्रमा और तिलक के स्थान पर तीसरा नेत्र शोभित हुआ। शिवजी के दोनों कानों पर सर्प के कर्णाभूषण बने। हाथी के चर्म का दुकूल बना और चंदन से ही उनका अंगराग बनाया गया। जब शिवजी दूल्हे के रूप में श्रृंगार पूरा कर चुके, तब देवता, नाग, गंधर्वों के द्वारा सजी बारात ने कैलाश से प्रस्थान किया। शंकरजी की यह बारात अत्यंत विलक्षण थी, क्योंकि इसमें विष्णु, ब्रह्मा, इन्द्र आदि के साथ अनेक सिद्ध, भूत-प्रेत, बैताल, ब्रह्म राक्षस, यक्ष, गंधर्व, किन्नर और अप्सराएं अकेले और अपने परिवार सहित सम्मिलित हुए थे।

बारात जब नगर के समीप आई तब पार्वती की माता मैना अपनी पुत्री के भावी पति को देखने के लिए बहुत उत्सुक हुई। हे नारद! उस समय तुम्हीं उनकी सहायता कर रहे थे। जैसे-जैसे मैना पुत्री भावी पति को देखने के लिए आगे बढ़ती गईं वह प्रत्येक सजे हुए रूपवान युवक को देखकर उनके शिव होने का अनुमान करती और जब वह पूछतीं तो तुम मना करते हुए परिचय देते कि यह शिव नहीं हैं, यह तो गंधर्व हैं, किन्नर हैं, यम हैं, अग्नि हैं, ब्रह्मा हैं या और कोई देवता है। तुमने उनको बताया कि यह सब शिवजी के बंधुजन हैं और शिवजी इन सबसे अधिक सुंदर, तेजमय और कांति वाले हैं, तो मैना बहुत प्रसन्न हो गई लेकिन शिवजी को देखते ही उनकी सारी प्रसन्नता तिरोहित हो गई और वह शोकाकुल हो उठी। उसने शिवजी को बैल पर चढ़े हुए देखा जिनके पांच मुख थे, तीन नेत्र थे ओर उनके शरीर पर भभूत मली हुई थी। यह देखकर मैना मूर्च्छित हो गई और उनकी सखियां उन्हें चेतना में लौटाने की कोशिश करने लगीं।

जब मैना को होश आया तो वह विलाप करने लगीं और तिरस्कारपूर्ण बातें कहने लगी। उसने इस तरह के पति को पाने के लिए तप करने वाली पार्वती को बहुत बुरा-भला कहा और इस विवाह को संपन्न कराने के लिए जिन लोगों ने भी प्रयास किया था, उन सबको अपशब्द कहे। वह विवाह के लिए जो सामान खरीदने आई थीं, उसे भूल गई। उन्हें लगा कि पार्वती की साधना बिलकुल ऐसी ही है जैसे सोना देकर कांच खरीदना या चंदन को छोड़कर धूल लपेटना, या गंगाजल को छोड़कर गंदला पानी पीना। उसने नारदजी से कहा कि हे नारद! मैंने तो पहले ही समझाया था लेकिन वह नहीं मानी।

इस पर मैंने मैना को समझाने की कोशिश की, तब उसने मुझे भी दुष्ट और अधम शिरोमणि कहकर दूर हो जाने के लिए कहा। मैना को अनेक देवताओं ने भी समझाया लेकिन वह नहीं मानी और उसने घोषणा की कि शंकर से उसका विवाह नहीं होगा। यह सुनकर सब लोगों में बेचैनी फैल गई। हाहाकार मच गया। स्थिति को नाजुक देखकर पर्वतराज हिमालय ने मैना को समझाना चाहा। उन्होंने कहा कि सत्य को स्वीकार करना ही श्रेयस्कर है। लेकिन मैना ने अपने पति की बात भी नहीं मानी। इसके बाद स्वयं पार्वती ने माता को समझाने का प्रयास किया। लेकिन पार्वती की बात मैना और भी क्रोधित हो गई और उसे अपशब्द कहने के साथ-साथ मारने-पीटने भी लगीं। उसकी यह हालत देखकर मैं फिर मैना के पास गया और उसे शिव के महत्त्व को समझाने की कोशिश की, शिवत्व का सार बताने का प्रयास किया लेकिन वह अपनी मान्यता से विचलित नहीं हुई। जब विष्णुजी ने मैना को कई तरह से समझाया तो उन्होंने आग्रह किया कि मैं तभी मान सकती हूं, जब शंकर सुंदर वेश में आना स्वीकार करें। उसके बाद शिवजी को अत्यंत सुंदर और सुसज्जित वेष में मैना के सामने उपस्थित किया गया। उन्हें देखकर वह अपनी पुत्री का विवाह करने के लिए तैयार हो गई।

इस सारी घटना के बाद अपने गणों को साथ लेकर शिवजी हिमाचल के दरवाजे पर आए। अपनी संपूर्ण निष्ठा और भक्ति के साथ मैना ने शिवजी की आरती उतारी, वह बार-बार मंत्रमुग्ध होकर उन्हें देखती जाती थी और अपनी कन्या के भाग्य की सराहना भी करती जाती थी। वह शिवजी की रूप सुषमा पर मुग्ध हो गई। अनेक संस्कारों के संपन्न होने के साथ-साथ पार्वती का यज्ञोपवीत संस्कार भी किया गया और उन्हें वे सभी आभूषण और वस्त्र पहनाए गए, जो शिवजी के द्वारा लाये गए थे। पंडितों में शिवजी की ओर से गुरु बृहस्पति ने और पर्वतराज की ओर से गर्ग मे शुभ लग्न में शिवजी और पार्वती का विवाह संपन्न कराया। हिमाचल और मैना ने कन्यादान किया। विवाह संस्कार के बीच जब गोत्र आदि के उच्चारण करने का अवसर आया, तब पर्वतराज हिमाचल के पंडित गर्ग ने शिवजी से गोत्र और कुल के विषय में जानना चाहा। तुम वहां थे और तभी तुमने शिवजी की महिमा का गान किया और उन्हें परब्रह्म, अरूप, निराकार, मायातीत बताकर कन्या पक्ष वालों को इस प्रकार की लौकिक बातों में न पड़ने का परामर्श दिया। कन्यादान का समय व्यतीत हो रहा था, इसलिए मेरु आदि अनेक संबंधियों के कहने पर कुल- गोत्र के बंधन को छोड़कर हिमालय ने कन्यादान किया और शिवजी को अनेक वस्तुएं तथा अतुल धनराशि के साथ संतुष्ट किया।

ब्रह्माजी बोले कि हे नारद! यज्ञ-मंडप में जब शिव और पार्वती का विवाह संपन्न हो रहा था तब मेरा मन पार्वती का मुख देखने के लिए लालायित हो उठा। कोई और उपाय न देखकर मैंने यज्ञ में गीली समिधाएं डाल दी और पार्वती को अपना मुख अनावृत्त करने को विवश कर

दिया। मैंने पार्वती की रूपराशि को देखकर काम-मोहित हो संयम खो दिया। मेरा मन इतना अधिक क्षुब्ध हो गया कि वहीं स्खलित हो गया। मेरा यह कर्म शिवजी से नहीं छिपा और वे मुझे मारने के लिए दौड़े लेकिन देवताओं की स्तुति से किसी प्रकार शांत हुए। किंतु मेरा अंश धरती पर गिर गया और सहस्र कणों में विभाजित हो गया। उससे सहस्रों बालखिल्य ऋषि उत्पन्न होकर तत्काल मुझे पिता-पिता कहने लगे। तुमने इस सारी स्थिति से कुपित होकर उनको गंधमादन पर्वत पर तपस्या करने के लिए भेज दिया। फिर मैंने शिवजी के प्रति अपनी निश्चल भक्ति अर्पित की और वह प्रसन्न हुए। उन्होंने प्रसन्न होकर मुझे सृष्टि-रचना का वरदान दिया। सांसारिक रीति से विवाह संपन्न हुआ। इसी अवसर पर रति भी वहां आई और उसने प्रसन्न शिवजी से अपने भस्मी-भूत पति कामदेव को जीवित करने की प्रार्थना की। शिवजी ने जैसे ही भस्म पर दृष्टि डाली वैसे ही वहां कामदेव आविर्भूत हो गया। यह देखकर रति बहुत प्रसन्न हुई, लेकिन शिवजी ने कामदेव को विष्णुलोक से बाहर ही रहने का आदेश दिया।

विवाह का सारा कार्य संपन्न होने के बाद बारात कैलाश आ गई। बाराती शिवजी की अनुमति लेकर अपने -अपने धाम को लौट आए।

कुमार खण्ड

शिव और पार्वती के विवाह का वृत्तांत सुनने के बाद नारदजी ने विवाह के उपरांत शिव और पार्वती ने क्या किया और किस प्रकार पुत्र उत्पन्न हुए तथा तारकासुर का वध कैसे हुआ यह महत्त्वपूर्ण वृत्तांत सुनाने के लिए ब्रह्माजी से कहा। सूतजी बोले कि हे मुनियों! ब्रह्माजी ने विस्तार से जो वृत्तांत नारदजी को सुनाया, वही मैं आपको सुना देता हूं। ब्रह्माजी ने तारकासुर का कार्तिकेय के द्वारा हुए वध का वृत्तांत इस प्रकार बताया :

विवाह के उपरांत शंकरजी पार्वती को लेकर कैलाश पर पहुंचे और फिर एक सुरम्य एकांत स्थल को चले गए। वहां सहस्रों वर्ष तक रति विहार करते रहे। इतने वर्षों तक भी शिवजी के द्वारा पार्वती से कोई संतान उत्पन्न न होते हुए देखकर देवता लोग बहुत चिंतित हुए। फिर वे मुझे साथ लेकर विष्णुजी के पास गए और उन्होंने विष्णुजी से प्रार्थना की कि वह शिवजी को रस-क्रीड़ा से असंपृक्त करके संतान-उत्पत्ति के लिए प्रवृत्त होने की प्रार्थना करें। विष्णुजी ने देवताओं से कहा कि स्त्री-पुरुष के रति विहार के बीच बाधा डालना महापाप होता है। उन्होंने देवताओं को प्राचीन इतिहास का उदाहरण देकर यह बताया कि शिवजी के रति विहार में बाधा बनकर वे पाप के भागी न बनें। विष्णुजी ने बताया कि दुर्वासा ने पुराने समय में रंभा और इन्द्र के बीच बाधा बनकर उन दोनों का वियोग कराया था, जिसके फलस्वरूप उनका अपनी स्त्री से वियोग हुआ। दूसरी स्थिति में बृहस्पति ने कामदेव का धृताची से वियोग कराया था जिसके फलस्वरूप

छः महीने के भीतर ही चंद्रमा ने उनकी स्त्री का हरण कर लिया था। रति पीड़ित चंद्रमा का मोहिनी से वियोग कराने के कारण गौतम को बहुत समय तक अपनी पत्नी का वियोग सहना पड़ा था। राजा हरिश्चंद्र ने एक निर्जन वन में एक किसान का एक शूद्रा के साथ वियोग कराया तो उसे विश्वामित्र के क्रोध का पात्र बनना पड़ा और अपनी स्त्री तथा पुत्र आदि से अलग होना पड़ा।

इस प्रकार हे देवताओं! इन सब उदाहरणों से तुम्हें यह शिक्षा लेनी चाहिए कि रति-सुख में बाधा डालना महापाप है और उसका फल भोगना पड़ता है। तुम लोग शिव और पार्वती को वियुक्त करने की कोशिश मत करो। मैं जानता हूं कि 1000 वर्ष पूरे हो जाने पर शिवजी अपने आप इस रति-भोग से विराम पाएंगे। विष्णुजी की यह बात सुनकर देवता लोग अपने-अपने धाम को लौट गए। शिव और पार्वती (शक्ति और शक्तिमान) के विहार से पूरी पृथ्वी भय से ग्रस्त हो गई। तीनों लोकों में प्रकंपन पैदा हो गया। सभी देवता फिर बहुत चिंतित हुए और मेरे पास आए और मैं उन्हें लेकर विष्णुजी के पास गया। हम लोग विष्णुजी को साथ लेकर कैलाश पर गए और वहां भगवान शंकर की पूजा-स्तुति करने लगे। भवानी-शंकर की स्तुति करते हुए विष्णुजी के नेत्रों में आंसू आ गए और उन अश्रुओं से प्रभावित होकर तथा देवताओं की स्तुति से प्रसन्न होकर शिवजी बाहर आए और बोले कि मेरे सिर से स्खलित शक्ति को ग्रहण करने की क्षमता हो तो उसे ग्रहण करो और इससे पुत्र उत्पन्न करके तारकासुर का विनाश करो। यह कहकर उन्होंने अपना शक्ति रूप वीर्य पृथ्वी पर फेंक दिया, देवताओं के प्रार्थना करने पर अग्नि ने कबूतर बनकर उसको चुग लिया।

इधर जब यह सारा वृत्तांत पार्वती को पता चला और उन्हें स्थिति का ज्ञान हुआ तो उन्हें अपना मातृत्व और रति-भोग नष्ट होता हुआ प्रतीत हुआ। पार्वती ने क्रोध में देवताओं को सुखी न रहने का श्राप दिया और देवांगनाओं को रति-पीड़ा के साथ बंध्या होने का श्राप दे डाला। अग्नि में होम हुए अन्न का भक्षण करते रहने से देवताओं के गर्भ रह गया। यह अत्यंत अप्राकृतिक था। इससे सभी देवताओं के पेट में दर्द होने लगा। इस बात की निवृत्ति के लिए हम लोग फिर शिवजी की शरण में गए और उनकी स्तुति की। हमारी स्तुति से प्रसन्न होकर शिवजी ने वमन के द्वारा वीर्य को बाहर निकालने का आदेश दिया। जब ऐसा हुआ तो वह वीर्य सोने के समान चमकता हुआ पर्वताकार होता हुआ आकाश को छूने लगा। इस स्थिति से देवता लोग बहुत चिंतित हुए। अग्नि को अत्यंत वेदना हुई और उसकी वेदना पर द्रवित होकर शिवजी ने एक उपाय बताया कि इस भक्षित शक्ति को किसी स्त्री में स्थापित किया जाए। उसी समय हे नारद! तुम वहां पहुंच गए थे और तुम्हारे बताए हुए ढंग से ही अग्नि ने माघ के महीने में प्रयाग में स्नान करके सप्तर्षियों की पत्नियों (अरुंधती को छोड़कर शेष छहों) के रोमों द्वारा शिवजी का वीर्य उनकी योनियों में स्थापित कर दिया। छः ऋषि-पत्नियां गर्भवती हो गईं और उनके पतियों

ने उन्हें परित्यक्त कर दिया। वे सब-की-सब हिमालय पर आकर रहने लगीं और समय आने पर अपने गर्भ को पर्वतराज पर छोड़ आईं। पर्वतराज के द्वारा उस गर्भ की शक्ति सहन नहीं हुई। उसने उसे गंगा में फेंक दिया। गंगा से भी उसकी शक्ति सहन नहीं हुई। उसने उसे उछालकर सरकंडों के वन में फेंक दिया। वहां मार्गशीर्ष शुक्ला षष्ठी के दिन शिवजी के पुत्र का प्रादुर्भाव हुआ। जब त्रिलोक में यह पता चला तो आनंद का वातावरण छा गया।

ब्रह्माजी कार्तिकेय का परिचय देने लगे तो उन्होंने कहा कि कार्तिकेय के पैदा होने के बाद वहां सरकंडों के वन में विश्वामित्र का आगमन हुआ, तब कार्तिकेय ने उनसे अपने सारे संस्कार कराने को कहा। विश्वामित्र पहले तो नवजात शिशु के मुख से यह बात सुनकर आश्चर्यचकित हुए फिर उन्होंने उससे कहा कि वे क्षत्रिय हैं और गाधि के पुत्र है। क्षत्रिय होने के कारण वे पुरोहित का कर्म नहीं कर सकते। तब कुमार ने विश्वामित्र को ब्राह्मण होने का वरदान दिया। ब्राह्मणत्व पाने के बाद विश्वामित्र ने कुमार के विधिपूर्वक जातकर्म आदि संस्कार कराए। कार्तिकेय के उत्पन्न होने के बाद एक अन्य महर्षि श्वेत ने कार्तिकेय का चुंबन किया और उसे अत्यंत शक्तिशाली शस्त्र आदि दिए। कार्तिकेय ने उन शस्त्रों को ग्रहण किया और उन्हें लेकर वह क्रौंच पर्वत पर आया और उसके शिखर गिराने लगा। उसके इस कर्म को देखकर वहां अनेक राक्षस प्रतिरोध करने के लिए आए। किंतु कुमार के भीषण प्रहार से परास्त होकर समाप्त हो गए। यहां तक कि इन्द्र भी वहां पहुंचा और उसने कुमार के दायें-बायें भागों पर और हृदय पर वज्र से प्रहार किया तो उन स्थानों से शाख, विशाख और निगम नामक तीन अत्यंत बलशाली पुरुष पैदा हुए। वे सब चारों स्कंध हुए और इन्द्र पर प्रहार करने के लिए तत्पर हुए। इन्द्र इतना भयभीत हुआ कि अपने प्राणों की रक्षा के लिए उन्हीं की शरण में गया।

जब यह बालक स्वर्ग में पहुंचा, तब एक तालाब में स्नान करती हुई छः कृत्तिका उसे पकड़ने के लिए दौड़ी। कुमार के एकदम छः मुख हो गए और वह अपने छहों मुखों से छहों स्त्रियों का दुग्धपान करने लगे। ये कृत्तिकाएं उसे अपने घर ले गईं और उसका पालन-पोषण करने लगीं।

ब्रह्माजी ने नारद को यह सारी घटनाएं सुनाई और उसके बाद बोले कि हे नारद! शिवजी के पुत्र कार्तिकेय अत्यंत सहज, ज्ञानवान और अद्भुत पराक्रम से संयुक्त तेजस्वी हैं। वह साक्षात् भगवान शंकर के ही अवतार है।

एक दिन भगवान शंकर से पार्वती ने पूछा कि हे प्रभु! जिस दिन आप देवताओं के द्वारा रति-सुख से विरत होने के बाद बाहर आए थे, उस दिन आपका जो वीर्य पृथ्वी पर गिरा था उसका क्या हुआ? क्या उससे कोई बालक उत्पन्न हुआ या वह नष्ट हो गया? शिवजी ने पार्वती के पूछने पर तत्काल देवताओं को बुलाकर इस बात की खोज-खबर की तब उन्हें पता चला कि शिवजी की शक्ति से उत्पन्न पुत्र स्कंद के रूप में जाना जाता है। शिवजी ने अपने गणों को कहा नंदीश्वर के नेतृत्व में जाएं और कुमार को लेकर आएं। नंदीश्वर कृत्तिकाओं के पास गए और

उनसे कहा कि जिस कुमार का वे पालन-पोषण कर रही हैं वह साक्षात् शिवजी के पुत्र हैं। इसके बाद नंदीश्वर ने कुमार को पार्वती के द्वारा भेजे गए सुंदर रथ पर बिठाया और शिवलोक आ गए। शिवलोक पहुंचने पर कुमार का हार्दिक स्वागत हुआ। शिव और पार्वती ने कार्तिकेय के सम्मान में एक उत्सव का आयोजन किया तथा उसके बाद एक शुभ दिन, मुहूर्त और तिथि देखकर कार्तिकेय का यज्ञोपवीत संस्कार कर दिया गया। गंगा, यमुना और सरस्वती तथा अनेक अन्य नदियों और समुद्रों के जल से कुमार को स्नान कराया गया। फिर एक अत्यंत सुंदर आसन पर बिठाकर उनका स्तवन किया गया। यज्ञोपवीत के इस अवसर पर अनेक देवताओं ने अपनी-अपनी श्रेष्ठ वस्तुएं कुमार को उपहार में दीं। विष्णु ने गदा, चक्र और इन्द्र ने ऐरावत और शंकर ने त्रिशूल और भगवती लक्ष्मी ने कमल तथा अन्य देवी-देवताओं ने अपनी अलग-अलग प्रिय वस्तु कुमार को दीं। इसके बाद देवताओं ने भगवान शंकर की स्तुति की और उनसे कुमार को तारकासुर को मार देने वाली तथा प्रस्थान के लिए तैयार देवताओं की सेना का नेतृत्व करने के लिए आदेश देने की प्रार्थना की।

भगवान ने देवताओं की प्रार्थना को स्वीकार किया और कार्तिकेय का अभिषेक करते हुए देवसेना का सेनापति बनाया। इसके बाद कार्तिकेय तारकासुर के वध के लिए देवसेना का नेतृत्व करते हुए रवाना हो गए। इधर तारकासुर ने जब अपने नगर के आसपास देवताओं की सेना की उपस्थिति का ज्ञान प्राप्त किया तो उसने अपनी सेना को भी सावधान किया और युद्ध के लिए तैयार कर दिया। थोड़े समय उपरांत दोनों सेनाओं में घमासान लड़ाई होने लगी। सबसे पहले इन्द्र ने तारकासुर से युद्ध किया, किंतु तारकासुर ने इन्द्र की संपूर्ण शक्ति और युद्ध कौशल को परास्त करते हुए उसके युद्ध-विद्या को निरर्थक कर दिया। इन्द्र के परास्त होने के बाद विष्णु तारकासुर से लड़ने के लिए आए और उन्होंने उस पर गदा से प्रहार किया। तारकासुर ने अपने त्रिशिख बाण से गदा के दो टुकड़े कर दिए। इस प्रकार अन्य कई शस्त्र-अस्त्रों के साथ दोनों में युद्ध हुआ लेकिन असुरराज तारकासुर ने विष्णु को धराशायी कर दिया। इसके उपरांत वीरभद्र ने त्रिशूल से तारकासुर को घायल कर दिया और अत्यंत पराक्रम से आक्रमण करके उसे मारने की चेष्टा की लेकिन मायावी असुरराज ने वीरभद्र की भी एक न चलने दी और उसे भगा दिया।

तारकासुर की शक्ति बढ़ती ही जा रही थी। तब मैं (ब्रह्मा) कार्तिकेय के समीप गया और उनसे यह बात बताई कि मेरे द्वारा दिए गये वर के प्रभाव से तारकासुर को कार्तिकेय के अतिरिक्त और कोई भी देवता नहीं मार सकता। यह कहकर मैंने कुमार से तारकासुर के साथ युद्ध करने का निवेदन किया। मेरी बात सुनकर कुमार युद्ध के लिए तैयार हो गए और जैसे ही वे तारकासुर के सामने आए उसने कुमार को देखकर देवताओं की हंसी उड़ाई, उनकी भर्त्सना की और कहा कि अपने आप हारकर इस छोटे से लड़के को लड़ने के लिए आगे कर दिया। तारकासुर ने कुमार से कहा कि वह युद्ध-भूमि से भाग जाए लेकिन उसकी बात अनसुनी करके कुमार ने उस पर जैसे ही प्रहार किया वैसे ही विष्णु आदि अन्य देवता आक्रमण करने लगे। दोनों ने एक-दूसरे के ऊपर शक्ति से प्रहार किया किंतु तारकासुर की शक्ति के आघात से कुमार थोड़ी देर के लिए मूर्च्छित

हो गए। मूच्र्छा के टूटने पर उन्होंने अत्यंत क्रोधित होकर तारकासुर पर प्रहार किया। इन दोनों वीरों का युद्ध इतना भयानक और दुर्धर्ष था कि अन्य सभी देवता और राक्षस युद्ध छोड़कर चकित होकर केवल इन दोनों का युद्ध देखने लगे। काफी देर तक कुमार राक्षस से लड़ते रहे, किंतु अंत में उन्होंने शिव और पार्वती का स्मरण करके एक अत्यंत भीषण शक्ति तारकासुर के वक्ष पर मारी जिससे उस दैत्य का वक्ष फट गया और वह पृथ्वी पर गिर पड़ा और मर गया। देवताओं में हर्ष की लहर दौड़ गई और उन्होंने फूलों से कुमार की पूजा करते हुए उनका अभिनंदन किया।

उसी स्थल पर राजा क्रौंच आए और उन्होंने कुमार से बाणासुर के अत्याचार और उत्पातों का वर्णन किया तथा उनसे प्रार्थना की वे बाणासुर को मारकर उससे मुक्ति दिलाए। कार्तिकेय ने वहीं से एक शक्तिशाली शक्ति को छोड़कर बाणासुर के सैनिक साथियों के साथ उसका विनाश कर दिया। इसके बाद तो अनेक लोग कुमार के पास आए। जैसे शेषजी के पुत्र कुमुद ने प्रलंबासुर से पीड़ा की कथा कुमार से कही। कुमार ने शेष के पुत्र को भी निर्भय कर दिया और प्रलंब का संहार कर दिया। इस प्रकार जो भी कार्तिकेय के पास सहायता के लिए आया, उसे उन्होंने कृतार्थ कर दिया।

सूतजी ने स्कंद के इस दिव्य चरित्र को मुनियों को सुनाया। बाद में वे बोले कि स्कंद के इस दिव्य चरित्र को सुनने के बाद नारदजी ने गणेशजी के चरित्र को सुनना चाहा, तब ब्रह्माजी बोले कि कुमार ने आततायियों का संहार करने के बाद कैलाश की ओर प्रस्थान किया। सभी देवता कुमार को साथ लेकर कैलाश पर आए और भगवान शंकर के प्रति आभार व्यक्त करते हुए उनका स्तवन करने लगे। भगवान शंकर ने कुमार को बहुत स्नेह दिया और देवताओं से कहा कि मैं सबका कर्ता, भर्ता और हर्ता हूं। देवताओं के लिए मेरे मन में हमेशा कृपा का कोष रहता है। जब कभी भी तुम लोगों पर कोई आपत्ति आए और स्वयं उसका निराकरण न कर सको, तब मेरे पास आना, मैं तुम्हें दुःख मुक्त कर दूंगा। इन वचनों को सुनकर लोग बहुत प्रसन्न हुए और शिवजी का पुनः -पुनः स्तवन करते हुए उन्हें प्रणाम करके अपने- अपने लोक को चले गए।

हे नारद! शिवजी के चरित्र में और शिवजी के कथानक में तुम्हारी निष्ठा से मैं प्रसन्न हुआ हूं। शिवजी में तुम्हारी जितनी प्रीति है, वह बहुत मंगलविधायिनी और क्लेश नाशक है। यह कहकर ब्रह्माजी ने गणेश का चरित्र-वर्णन प्रारंभ किया। उन्होंने कहा कल्प के भेद से गणेशजी की उत्पत्ति और उनके चरित्र का वृत्तांत सुनाता हूं।

एक बार पार्वती जया और विजया नाम की अपनी दो सखियों के साथ विचरण कर रही थी। तब उन्होंने कहा कि हे महादेवी, शंकर के द्वार पर जितने भी असंख्य गण द्वारपाल के रूप में विद्यमान हैं, उनके ऊपर हमारा कोई अधिकार नहीं है। यदि हमारा भी कोई एक गण होता और उस पर हमारा भी अधिकार होता, तो हम भी अपनी इच्छा के अनुरूप कुछ कह-सुन

सकती थी। पार्वती इस बात को भूल गई। लेकिन एक बार जब पार्वती स्नान कर रही थी, तब भगवान शंकर भीतर आ गए और भगवती पार्वती को लज्जा का अनुभव करना पड़ा। इस समय उन्हें अपनी सखियों की बात याद आ गई और अपने लिए एक विश्वास पूर्ण अनुचर की आवश्यकता का अनुभव होने लगा। इस पर उन्होंने अपने शरीर के मैल से एक रूपवान, गुणवान और अत्यंत बलशाली बालक पैदा किया। पार्वती ने उस नये शिशु के हाथ में एक यष्टि देकर उसे द्वार का रक्षक बना दिया। पार्वती ने उसे आदेश दिया कि उनकी आज्ञा के बिना कोई भीतर न आने पाए। यह कहकर पार्वती फिर नहाने के लिए चली गई। इसी बीच भगवान शंकर भीतर जाने लगे तो उस बालक ने उन्हें रोक लिया। शिवजी ने इस आश्चर्यजनक बात पर बहुत क्षोभ अनुभव किया। उन्होंने कहा कि मैं घर का स्वामी हूं और पार्वती का पति हूं, तुम मुझे अपने घर में जाने से कैसे रोक सकते हो! तुम्हारा यह कार्य अनधिकार चेष्टा है और मूर्खतापूर्ण भी है। यह कहकर भगवान शंकर अधिकारपूर्वक घर में जाने लगे। बालक ने उन्हें फिर रोका तो शिवजी ने अपने गणों से उसको समझाने के लिए कहा।

शिवजी के गण बालक को समझाने-बुझाने लगे और उन्होंने कहा कि वह शंकर से द्रोह न करे, शंकर से द्रोह करना अच्छा नहीं है। लेकिन उस बालक ने उन्हें मारकर भगा दिया। इस प्रकार कई बार शिवजी के गणों ने उसे समझाने की चेष्टा की। वह पार्वती के आदेश पर टिका रहा कि बिना पार्वती की आज्ञा के किसी को भी अंदर नहीं जाने देगा। इस पर शिव गणों ने उस पर प्रहार किया लेकिन वे सब उसे न हरा सके। उलटे उन्हें स्वयं भागना पड़ा।

इधर हे नारद! यह घटना जब मुझे और तुम्हें ज्ञात हुई और फिर तुमने इस घटना को इन्द्र आदि देवताओं को बताया तो हम सब-के-सब मिलकर शिवलोक चले गए। वहां सबसे पहले मैंने बालक को समझाने का प्रयास किया लेकिन मेरी बात को मानना तो दूर, उसने मेरी दाढ़ी नोचनी शुरू कर दी। मैंने उसे अपना परिचय दिया लेकिन इसका भी कोई प्रभाव उस पर नहीं हुआ। और उसने एक परिधि उठाकर मुझ पर प्रहार किया। मैंने वापस आकर सारी बातें शिवजी को कह दीं तो भगवान शिव अपने आप उससे युद्ध करने के लिए तत्पर हुए। शिवजी के पीछे सेना भी चलने लगी। वहां पहुंचकर विष्णु उस बालक पर भयानक अस्त्रों से प्रहार करने लगे, लेकिन वह बिलकुल भी विचलित नहीं हुआ। इसके विपरीत उसने विष्णुजी को अपने भयानक आक्रमण से परास्त कर दिया। विष्णुजी को परास्त होते हुए देखकर शिवजी ने स्वयं उस बालक पर प्रहार किया। परंतु बालक ने अपनी शक्ति फेंककर शिव का धनुष गिरा दिया। इसके बाद बालक ने अपने शूल के प्रहार से शिवजी के हाथों पर प्रहार किया। शिवजी और शिवजी के गण तथा विष्णु आदि सभी देवी-देवता उस बालक के पराक्रम को देखकर आश्चर्यचकित हो गए। अंत में शिवजी को बहुत क्रोध आया और उन्होंने अपने त्रिशूल से उसका सिर काट डाला। उस बालक का सिर कटा हुआ देखकर देवता और गण शांत हो गए।

ब्रह्माजी बोले कि हे नारद! तब तुमने पार्वती के पास जाकर उनको यह बात सुनाई। यह सुनते ही अपने पुत्र की हत्या के कारण पार्वती बहुत क्षुब्ध हुईं और उन्होंने एक लाख शक्तियों की रचना करके अपने पुत्र के हत्यारों को नष्ट करने का आदेश दे दिया। उन्होंने गणों, देवों, ब्रह्मा, विष्णु को खा जाने का आदेश दे दिया। पार्वती से उत्पन्न शक्तियों ने बहुत उत्पात मचाया और देवता लोग भयाक्रांत हो गए। पार्वती इतनी क्रोधित थी कि शिवजी को घर में जाने का साहस संचित करना कठिन पड़ रहा था। सारे देवी-देवता उस समय निष्प्राण, निस्तेज और चिंता में डूबे हुए थे। थोड़ी ही देर में तुम वहां पहुंचे और तब देवताओं ने अत्यंत आशा से तुम्हारी ओर देखा। तुमने पार्वती और हमारे बीच समझौता कराने के प्रयास में पार्वती की अनेक प्रकार से स्तुति की। तुम्हारी स्तुति से उनका क्रोध शांत हुआ लेकिन उन्होंने एक शर्त रखी कि वह समझौता तभी कर सकती हैं, जब उनके पुत्र को जीवित कर दिया जाए और उन्हें देवताओं के बीच अत्यंत सम्मानित घोषित किया जाए। इसके बाद शंकरजी ने देवताओं को आदेश दिया और देवता उत्तर दिशा में जाकर एक दांत वाले हाथी का सिर काटकर ले आए और शिवजी ने उसे उस बालक के धड़ से लगा दिया और उसे अपने गणों का नेता बनाकर गणेश का नाम दिया। गणेश के रूप में जब वह बालक जी उठा तो सब देवताओं ने उसकी पूजा की। पार्वती का क्रोध शांत हो गया तथा शिवजी और पार्वती में पहले जैसा सद्भाव और अनुराग स्थापित हो गया।

समय व्यतीत होने के बाद जब कार्तिकेय और गणेश थोड़े और बड़े हो गए तब शिव और पार्वती को दोनों लड़कों के विवाह की चिंता हुई। माता-पिता ने जब दोनों लड़कों से बात की तो वे बहुत हर्षित हुए और एक-दूसरे से पहले विवाह करने का अनुरोध करने लगे। बच्चों की इस जिद को देखकर शिवजी ने उनके सामने एक शर्त रखी कि तुम दोनों जाओ और पृथ्वी की परिक्रमा करो। परिक्रमा करके जो पहले आएगा उसी का विवाह पहले कर दिया जाएगा। शिवजी की बात को सुनकर कार्तिकेय तुरंत पृथ्वी की परिक्रमा करने के लिए दौड़ पड़े। जब कार्तिकेय चले गए तब गणेश ने शिव और पार्वती को सिंहासन पर बैठाया और उनकी विधिपूर्वक पूजा की। उसके बाद गणेशजी ने उनकी सात बार परिक्रमा कर ली। इसके बाद शिव और पार्वती से अपना विवाह करने का अनुरोध किया। शिवजी ने आश्चर्यपूर्वक गणेशजी से कहा-यह कैसे हो सकता है? तब उन्होंने उत्तर दिया कि आपने ही तो यह विधान किया है कि माता-पिता की प्रदक्षिणा से पृथ्वी की प्रदक्षिणा का फल मिलता है। गणेशजी का बुद्धि-चातुर्य अनुभव कर और उनकी सूझ-बूझ देखकर माता-पिता प्रसन्न हो गए और उन्होंने गणेशजी का विवाह करने का निश्चय कर लिया। इस समय सुयोग से विष्णु रूप प्रजापति ने पार्वती और शंकर के पास जाकर अपनी सिद्धि और बुद्धि नाम की दो कन्याओं का विवाह उनके पुत्र के साथ करने की बात की। शंकर और पार्वती ने अनेक देवी-देवताओं और ऋषियों को आमंत्रित करके गणेशजी का विवाह सिद्धि और बुद्धि से कर दिया। इन दोनों पत्नियों से गणेशजी के दो पुत्र उत्पन्न हुए। सिद्धि के पुत्र का नाम 'क्षेम' और बुद्धि के पुत्र का नाम 'लाभ' रखा गया।

इधर कुमार कार्तिकेय पृथ्वी की प्रदक्षिणा करके वापस आ रहे थे, तो तुमने उनको गणेशजी के विवाह और संतान-उत्पत्ति की सूचना दी। कार्तिकेय ने इस समाचार को सुनकर यही कहा कि जहां पर माता-पिता पक्षपाती हों, वहां क्या हो सकता है। तुमने कार्तिकेय को और भी भड़का दिया।

वह इतना उत्तेजित हो गए कि घर छोड़कर क्रौंच पर्वत पर तप करने के लिए चले गए। भगवान शंकर और पार्वती उनके सामने स्थिति स्पष्ट करने के लिए जब क्रौंच पर्वत पर गए तो कुमार उनसे भेंट किए बगैर ही किसी दूसरे स्थान पर चले गए।

युद्ध खण्ड

ब्रह्माजी से महादेव शंकर के विवाह, कुमार की उत्पत्ति और गणेशजी के विवाह आदि के विषय में जानने के बाद नारदजी ने कहा-हे भगवन्! आपने मेरे मन को संतोष देने वाले शिव के चरित्र को सुनाया। अब मैं शिवजी के द्वारा दिए गये उन युद्धों का वर्णन सुनना चाहता हूं, जिनके द्वारा महाभाग शंकर ने दुष्ट दानवों का दलन किया। नारदजी के इस प्रश्न को सुनकर ब्रह्माजी ने कहा कि बहुत समय पहले सनत्कुमार जी से व्यासजी ने भी यही प्रश्न पूछा था। उस समय सनत्कुमार जी ने जो कुछ भी व्यासजी को बताया वह सारा वृत्तांत मैं तुम्हें सुनाता हूं। सनत्कुमार जी बोले कि हे व्यासजी! तारकासुर के तीन-तारकाक्ष, विद्युन्माली तथा कमलाक्ष नाम के पुत्र हुए थे। वे अत्यंत तेजस्वी और शक्तिशाली थे, किंतु उनका सबसे बड़ा दोष यह था कि वे देवताओं के द्वेषी थे। यद्यपि उनमें संयम और सत्यवादिता की कमी नहीं थी।

जब स्कंद के द्वारा तारक के मारे जाने की पुष्टि उन तीनों पुत्रों को हो गई तब उन्होंने पर्वत की गुफा में रहकर बहुत समय तक कठोर तप किया। इससे प्रसन्न होकर ब्रह्माजी उनके सामने प्रकट हुए और उन्हें वर मांगने के लिए कहा। तारकासुर के तीनों पुत्रों ने ब्रह्माजी से जरा-व्याधि से छुटकारा और अमृतत्व का वरदान मांगा। ब्रह्माजी ने उन्हें समझाया कि वह वरदान उन्हें नहीं मिल सकता। वे कोई और वर मांगें। यह सुनकर उन्होंने ब्रह्माजी से ऐसे तीन पुरों की मांग की जो अजेय, दुर्भेद्य और सब प्रकार से साधन-संपन्न हों। और उन्होंने यह भी मांगा की कि वे तीनों देवों और दानवों के द्वारा अवध्य हों। उनकी यह बात सुनकर ब्रह्माजी ने उन्हें वरदान दिया कि वे शिवजी के अतिरिक्त और किसी भी देव-दानव द्वारा नहीं मारे जाएंगे। इसके साथ ब्रह्माजी ने उन्हें उन तीन अत्यंत समृद्ध नगरियों का अधिपति होने का वरदान दिया। ब्रह्माजी की आज्ञा से मय दानव ने आकाश में सबसे बड़े लड़के के लिए सोने का, स्वर्ग में बीच वाले लड़के के लिए चांदी का और छोटे लड़के के लिए पृथ्वी पर लोहे के नगर का निर्माण किया। तीनों अत्यंत बलशाली थे। तारकासुर के पुत्र अपने-अपने पुरों में जाकर रहने लगे। लेकिन उन तीनों को इस बात का ज्ञान था कि ये देवों और दानवों के द्वारा अवध्य हैं। अतः बहुत जल्दी ही इनके मन में अपनी शक्ति का गर्व पैदा हो गया जिससे ये धीरे-धीरे उद्धत होने लगे।

ये तीनों भाई त्रिलोकी को पीड़ित करने लगे और जब देवलोक के निवासी इनसे बहुत अधिक संतप्त हुए, तब और कोई मार्ग न देखकर ब्रह्माजी के पास गए और उनसे अपने कष्टों का वर्णन किया। ब्रह्माजी ने देवताओं को बताया कि ये तीनों असुर शिवजी के प्रसन्न होने के बाद ही मारे जा सकते हैं। शिवजी के अतिरिक्त कोई इनका विनाश नहीं कर सकता। ब्रह्माजी का परामर्श पाने के बाद देवता लोग भगवान शंकर की सेवा में उपस्थित हुए और उनकी पूजा-स्तुति की। भगवान शंकर के पूछने पर उन्होंने अपना कष्ट बताया। इसके उत्तर में शिवजी ने कहा कि वे समय की प्रतीक्षा करें, समय आने पर सब कुछ ठीक होगा। शिवजी ने कहा कि वे तीनों असुर जब तक मुझमें प्रेम रखते हैं, तब तक मेरी भक्ति के कारण वे विनाश के पात्र नहीं हो सकते। किंतु शिवजी ने उन्हें आश्वासन दिया कि वे जल्दी ही उनका दुःख दूर करने का यत्न करेंगे।

देवता लोग शिवजी के लोक से वापस आकर मेरे पास आए और मैंने उन्हें विष्णुजी के पास भेज दिया। विष्णुजी ने देवताओं को बताया कि शिवजी का कथन सत्य है और धर्म, भक्ति तथा नीति के होते हुए इन असुरों का विनाश नहीं हो सकता। विष्णुजी ने इस विषय पर कुछ देर विचार किया और यज्ञों का स्मरण करते हुए इन्द्र आदि देवताओं से यज्ञ करने को कहा। देवताओं ने विधिपूर्वक यज्ञ किया और उस यज्ञकुंड से शूल शक्ति धारण किए हुए और प्रचंड शरीर वाले सहस्रों भूतों का एक विराट समुदाय प्रकट हुआ। विष्णुजी ने उन्हें आदेश दिया कि वे तुरंत जाएं और असुरों के पुरों को नष्ट कर दें। दूत समुदाय विष्णु की आज्ञा से जैसे ही पुरों में प्रवेश करने लगा तो दैत्यों के तेज से उनमें से बहुत सारे भस्म हो गए। और जो शेष बचे थे वे भागकर विष्णु के पास आ गए। विष्णु ने जब इस प्रकार दानवों के अविजित होने और देवताओं के कष्टों के विषय में फिर से सोचा, तो वे बहुत चिंतित हुए लेकिन उन्होंने देवताओं से कहा कि वे बहुत जल्दी कोई-न-कोई उपाय करेंगे।

जब देवता लोग चले गए तब विष्णुजी ने अपनी आत्मा से एक अत्यंत तेजस्वी चंवरधारी मलिन वसन, मायावी काष्ठ पात्र,कपड़े को मुख पर लपेटे हुए एक पुरुष को उत्पन्न किया। उसका नाम अर्हन् रखा। उसको आदेश दिया कि वह ऐसी प्राकृत भाषाओं में जो अपभ्रंश के शब्दों से परिपूर्ण हो एक ऐसा वर्णाश्रम धर्म का नाश करने वाला शास्त्र रचे जो अत्यंत विचित्र हो। विष्णुजी ने स्वयं अपनी माया को आदेश दिया कि यह अर्हन् का इस काम में सहयोग करे। विष्णुजी ने इस बात का आदेश भी दिया कि यह नया रचा हुआ शास्त्र असुरों के तीनों पुरों में प्रचारित हो जिससे असुर लोग पथ से विमुख जाएं और धर्मभ्रष्ट हों। इस प्रकार विष्णु ने त्रिपुर धारी राजा और जनता की धर्म-विमुख करने का उपाय निकाला।

विष्णुजी की आज्ञा से अर्हन् ने अत्यंत पाखंड से भरे हुए शास्त्र की रचना की और साथ-ही-साथ अपने अनेक शिष्यों को पैदा करके उन्हें इस शास्त्र के प्रचार के लिए त्रिपुरों में भेज

दिया। अर्जन के चार प्रमुख शिष्य-कृषि, पति, कार्य और उपाध्याय के साथ स्वयं त्रिपुर नगर को प्रस्थान किया। प्रारंभ में शिवजी के प्रभाव से अर्हन् की माया वहां नहीं फैल सकी। उसके द्वारा निर्मित शास्त्र का प्रचार नहीं हो पाया। तब अर्हन् बहुत निराश हुआ और वह शिवजी का स्मरण करते हुए विष्णुजी का स्मरण भी करने लगा। उसके स्मरण से विष्णुजी ने शिवजी का स्मरण किया, शिवजी की आज्ञा पाकर फिर विष्णुजी ने तुम्हें याद किया। तुमने त्रिपुर पति के पास जाकर इस नये धर्म की प्रशंसा की और उससे यह भी कहा कि तुम स्वयं इस धर्म में दीक्षित हो। और उसको आदेश दिया कि वह अपनी प्रजाओं के साथ इस धर्म को अपनाए। त्रिपुर स्वामी तुम्हारी बात सुनकर आश्चर्यचकित तो अवश्य हुआ किंतु उसने माया के वशीभूत होने के कारण तुम्हारी बात का विरोध नहीं किया। इसके विपरीत माया से वशीभूत उसने तुम्हीं को अपना गुरु बनाकर दीक्षा ली और धीरे- धीरे सारा त्रिपुर इस पाखंड धर्म से दीक्षित हो गया।

सनत्कुमार जी ने व्यासजी को आगे बताया कि हे व्यासजी! अर्हन् ने अपने धर्म का चारों तरफ प्रचार किया और अपनी महत्ता तथा अपने ज्ञान की विशिष्टता बतानी प्रारंभ की। उसने लोगों से यह कहा कि यह मेरा ज्ञान अनादि और अनंत है तथा वेदों का सार है। मुंडी ने बताया कि आत्मा से लेकर स्तंभ तक सभी देह के बंधनों में आत्मा ही ईश्वर है। यहां तक कि ब्रह्मा, विष्णु और महेश सब नश्वर हैं और सभी शरीर धारी समान हैं। अहिंसा परम धर्म है और जीव-हिंसा पाप है। स्वतंत्रता ही मोक्ष है और इच्छित भोजन को पा लेना ही सबसे बड़ा स्वर्ग है। इस ज्ञान की दृष्टि से उत्तम दान है-भयभीत को निर्भय करना। वर्ण-व्यवस्था बिलकुल व्यर्थ की वस्तु है। कल्पित और निराधार है। मानव-मानव के बीच भेद करना अप्राकृतिक है। अर्हन् ने इस धर्म का प्रचार किया और उसने कहा कि स्वर्ग और नरक सब कुछ इसी लोक में है। इस संसार से परे कुछ भी नहीं। उसके धर्म का मूल यह है कि-जिसे हम परलोक कहते हैं और जिसके लिए अनेक धार्मिक अनुष्ठान करते हैं; वह बिलकुल व्यर्थ की वस्तु है। त्रिपुरों में अर्हन् के इस प्रचार से धर्म, यज्ञ और तीर्थ के प्रति लोगों में उपेक्षा का भाव आ गया। धीरे-धीरे दैत्यों की शक्ति, भक्ति, कीर्ति और बुद्धि समाप्त होने लगी और अपने इस आचरण से दैत्य शिवजी से विमुख हो गए। विष्णुजी के नेतृत्व में देवताओं ने शिवजी के पास जाकर त्रिपुर राजाओं और वहां के दैत्यों के अत्याचार की कहानी कही। भगवान शंकर इस राक्षस का वध करने के लिए तैयार हो गए। इसी समय पार्वती शिवजी के पास आई और उन्हें अन्तःपुर में ले गई। पार्वती के इस तरह शिव को ले जाने पर देवता लोग फिर चिंतित हो गए और उन्होंने विष्णुजी से शिवजी को प्रसन्न करने की उपाय पूछा। विष्णुजी के परामर्श देने पर सभी देवताओं ने 'ॐ नमः शिवाय रक्षां कुरु कुरु' मंत्र का एक करोड़ बार जाप करने के लिए कहा। शिवजी इस जाप से प्रसन्न हुए और वे अंतःपुर से बाहर आए और त्रिपुर का वध करने के लिए प्रयाण किया।

वेदव्यासजी को वह सारा वृत्त सुनाते हुए सनत्कुमार जी ने कहा कि हे व्यासजी, भगवान शंकर त्रिपुर के पास पहुंचे और उसे अपने बाण का लक्ष्य बनाने के लिए उद्यत किया। लेकिन

बीच में गणेशजी ने बाधा उत्पन्न की और शिवजी का बाण लक्ष्यहीन रह गया। इस घटना के उपरांत सब देवताओं ने गणेशजी की पूजा की, उनका अर्चन किया और सब विघ्न-बाधाओं को दूर करने की प्रार्थना की। इसके बाद शिवजी ने आग्नेय अस्त्र से त्रिपुर का दाह करके उनके स्वामी तारकाक्ष को भस्म कर दिया। तारकाक्ष को भस्म होता हुआ देखकर देवताओं में अत्यंत प्रसन्नता छा गई और त्रिपुर के नष्ट होने के बाद सभी मुंडी वहां आए और उन्होंने विष्णुजी तथा अन्य देवों को प्रणाम किया और शिव के सामने इस बात पर खेद प्रकट किया कि उन्होंने शिव भक्ति को नष्ट करने जैसा दुष्कर्म किया। वे अपने कार्य पर पश्चात्ताप करने लगे। विष्णुजी ने उन लोगों से कहा कि उन्होंने यह सब कुछ विष्णुजी की इच्छा से किया है और इस कर्म में देवताओं का भला हुआ है अतः उन्हें किसी दुर्गति का सामना नहीं करना पड़ेगा। इसके बाद मुंडी विष्णुजी की आज्ञा लेकर अपनी मरुभूमि में चले गए और देवता लोग प्रसन्न होकर शिवजी की अनुमति ले अपने-अपने धाम को चले गए।

व्यासजी ने सनत्कुमार जी से शंकर के द्वारा किए गये जलंधर-वध का वृत्तांत सुनाने के लिए निवेदन किया। इस वृत्तांत को सुनाते हुए सनत्कुमार जी ने कहा कि बहुत पुराने समय की बात है कि एक समय देवराज इन्द्र गुरुवर बृहस्पति के साथ भगवान शंकर के दर्शन करने के लिए कैलाश पर्वत पर आए। शंकरजी ने उनकी परीक्षा लेने के लिए अपने-आपको छिपा लिया और एक स्थान पर एक जटाजूट धारी बाबा का वेश बनाकर बैठ गए। देवराज इन्द्र ने बाबा से भगवान शंकर का पता पूछा तो बाबा ने कोई उत्तर नहीं दिया। इन्द्र अपने ऐश्वर्य में उन्मत्त थे इसलिए उन्होंने सोचा कि इस बाबा ने उनके प्रश्न का उत्तर न देकर उनकी अवमानना की है। इस अपमान का बदला लेने के लिए और उसे दंड देने के लिए इन्द्र ने बाबा पर प्रहार किया। किंतु शिवजी की महिमा से उनके शस्त्रों की धार कुंठित हो गई। बाबा के रूप में बैठे हुए भगवान शंकर के नेत्रों से क्रोध की अग्नि निकलने लगी। जब बृहस्पति ने देखा तो उन्हें पहचान लिया और भगवान शंकर की प्रार्थना करने लगे कि वे इन्द्र के अपराध को क्षमा कर दें। भगवान शिवजी बृहस्पति की स्तुति से प्रसन्न होकर इन्द्र को क्षमा करते हुए उठ गए। लेकिन उन्होंने अपने मस्तक के नेत्र से निकले हुए तेज को अपने हाथ में लेकर क्षीर समुद्र में फेंक दिया। एक क्षण के बाद ही यह तेज एक बालक का रूप धारण कर लिया और गंगासागर के संगम पर ऊंचे स्वर में रोने लगा। उसके रोने को सुनकर लोकपाल बहुत चिंतित हुए और उनके निवेदन करने पर ब्रह्माजी उस बालक के पास गए। उस बालक ने उनके गले में बांहें डाल दीं और उसने उनका गला इतनी जोर से दबाया कि ब्रह्माजी की आंखों से आंसू निकलने लगे। उसकी इस शक्ति को देखकर ब्रह्माजी ने उसका नाम जलंधर रख दिया। ब्रह्माजी ने उसके भविष्य-फल को देखा तो अनुमान लगाया कि यह बालक दैत्यों का अधिपति, प्रबल पराक्रमी, सबको जीतने वाला और शिवजी के अतिरिक्त किसी के द्वारा भी अवध्य होगा। यह कहकर उन्होंने बताया कि इसकी पत्नी अत्यंत रूपवती और पतिव्रता होगी।

समुद्र ने ब्रह्माजी के द्वारा उस बालक का तेजस्विता से परिपूर्ण भविष्य जानकर उसका पालन-पोषण किया और जब वह युवक हो गया तो उसका विवाह कालनेमि की लड़की वृंदा से करा दिया। शुक्राचार्य ने जब जलंधर की शक्ति और साहस को देखा तो उन्होंने इसे दैत्यों का अधिपति बना दिया। इस प्रकार जलंधर का नित्यप्रति उत्थान होता रहा।

एक समय शुक्राचार्य जलंधर की सभा में गए। उन्हें देखकर जलंधर ने उनका अत्यंत सम्मान किया और स्वागत-सत्कार के बाद उनसे पूछा कि राहु का सिर किस तरह कटा और वह अब कहां रहता है? उसके यह पूछने पर दैत्यों के गुरु शुक्राचार्य ने उसे समुद्र-मंथन की कथा सुनाई और बताया कि किस प्रकार अमृत को पीने के लिए तत्पर हुए राहु का सिर इन्द्र के पक्षपाती विष्णुजी ने काट गिराया। जलंधर ने इस वृत्तांत को सुनकर अपना एक दूत विष्णुजी के पास भेजा और उन्हें चेतावनी दी कि विष्णुजी समुद्र-मंथन के परिणामस्वरूप निकले सारे रत्नों को लौटा दें अन्यथा परिणाम भुगतने के लिए तैयार रहें। जब इन्द्र ने जलंधर का वह संदेश सुना तो उसने दूत को अत्यंत क्रोध में भरकर कहा कि मुझसे द्रोह करने वाला कभी भी सुखी नहीं रह सकता। उसकी शंकासुर जैसी ही दशा होगी। जिस तरह मेरे अनुज ने शंकासुर को मार डाला उसी प्रकार जलंधर की भी गति होगी। यदि जलंधर अपना हित चाहता है, तो मेरा विरोध करना छोड़ दे और इस प्रकार से रत्न न मांगे। दूत जलंधर के पास पहुंचा और इन्द्र के द्वारा कही गई बातों को उसी रूप में कह दिया।

वह सुनकर जलंधर को बहुत क्रोध आया और वह आग-बबूला हो गया। उसने करोड़ों दैत्य सेनापतियों के साथ शुंभ और निशुंभ को लेकर इन्द्र के विरुद्ध युद्ध छेड़ दिया। दोनों ओर से भयंकर युद्ध होने लगा और युद्धभूमि मृत सैनिकों से भरने लगी। दैत्यों के गुरु शुक्राचार्य अपनी मृत संजीवनी विद्या से मृत दैत्यों को फिर से जीवित करने लगे और दूसरी ओर देवताओं के गुरु द्रोणगिरि से औषधि आदि लाकर देवताओं को जीवित करने लगे। जलंधर ने शुक्राचार्य से कहा कि मृत संजीवनी औषधि केवल आपके पास है, तो देवताओं का पुनर्जीवन कैसे संभव है? इस पर खोज करने पर जब दैत्यों को द्रोणगिरि पर्वत के रहस्य का पता चला तो जलंधर को परामर्श दिया गया कि वह उस पर्वत को उखाड़कर समुद्र में फेंक दे। जलंधर ने बहुत जल्दी इस परामर्श पर अमल करते हुए अपनी प्रबल भुजाओं से पर्वत को जड़ से उखाड़कर समुद्र में फेंक दिया और इसके बाद देवताओं का अत्यंत तीव्र गति से संहार करने लगा। इस भयंकर संहार से और द्रोणगिरि का उपयोग न पाने से बृहस्पति ने देवताओं को युद्ध रोकने की सलाह दी। इस प्रकार देवताओं से अविजित रहने पर जलंधर बिना किसी चिंता के अमरावती चला गया और देवराज इन्द्र की खोज करने लगा। सभी देवता डरकर इधर-उधर भाग गए।

इन्द्र आदि देवता अपनी सुरक्षा के लिए भगवान विष्णुजी की शरण में गए और उनसे निवेदन किया कि वे देवताओं के लिए कुछ करें। उनकी प्रार्थना सुनकर देवराज इन्द्र के साथ विष्णु युद्ध करने के लिए उद्यत हो गए। जब लक्ष्मीजी ने यह देखा तो उन्होंने विष्णुजी को अलग बुलाकर कहा कि जलंधर उनका भाई है। इसलिए वह विष्णुजी के द्वारा अवध्य है। फलस्वरूप विष्णुजी ने जलंधर का वध न करने का आश्वासन लक्ष्मीजी को दिया।

विष्णुजी के नेतृत्व में देवताओं ने जलंधर के ऊपर धावा बोल दिया। दैत्यों ने डटकर इन्द्र के आक्रमण का मुकाबला किया और इतना भयंकर संग्राम हुआ कि इन्द्र आदि देवताओं के पैर उखड़ गए। वे सब युद्ध से भाग गए। उनकी यह दशा देखकर विष्णु स्वयं गरुड़ पर चढ़कर जलंधर से युद्ध करने लगे। विष्णुजी ने इतना भयंकर युद्ध किया कि दैत्यराज जलंधर की ध्वजा, धनुष-वाण और छत्र काट डाले। दूसरी ओर जलंधर ने गरुड़ पर ऐसा प्रहार किया कि वह पृथ्वी पर गिर गया। जलंधर ने विष्णुजी की छाती में भी एक तीक्ष्ण बाण मारकर उन्हें घायल कर दिया। गदा के कट जाने पर जलंधर ने धनुष-बाण से युद्ध किया। उसके बाद विष्णुजी ने गदा से जलंधर की छाती में प्रबल प्रहार किया, जो उसने हंसते-हंसते सहन कर लिया। इसके बाद जलंधर ने त्रिशूल से विष्णुजी पर प्रहार किया, इसके उत्तर में नंदक, खड्ग से विष्णुजी ने उसके त्रिशूल को काट डाला। विष्णुजी ने जलंधर की इस युद्ध-क्रिया से उसके युद्ध विद्या, साहस, पराक्रम से प्रसन्न होकर उसे वर मांगने के लिए कहा। विष्णुजी की प्रसन्नता अनुभव कर जलंधर ने कहा कि आप मेरी बहन लक्ष्मी और अपने अन्य कुटुंबियों सहित मेरे घर में निवास करने के लिए आएं। भगवान विष्णु ने जलंधर को प्रसन्नतापूर्वक यह वरदान दे दिया और कुछ समय बाद लक्ष्मी सहित विष्णुजी जलंधर के निवास पर आतिथ्य ग्रहण करने के लिए आए। जलंधर कृतकृत्य हो गया और इसके बाद उसका यश चारों तरफ फैला तथा वह गंधर्वों, देवों और यक्षों को अपना अनुगामी बनाकर धर्मपूर्वक शासन करने लगा।

सनत्कुमार जी बोले कि हे मुनीश्वर! जब देवताओं ने यह देखा कि जलंधर सुखपूर्वक धर्म के अनुसार शासन कर रहा है और शिवजी के प्रति उसकी पूरी निष्ठा है, तो वे अत्यंत चिंतित हो गए। उन्होंने शिवजी का स्मरण किया और उन्हें प्रसन्न किया। भक्तों का भला करने के कारण शिवजी ने नारद को बुलाया और उन्हें देवताओं का भला करने के लिए कहा। नारदजी देवताओं से मिलकर जलंधर के यहां गए। जलंधर ने नारदजी के चरणों की पूजा करके उनके आने का कारण पूछा और कहा कि हे भगवन्! मेरे योग्य जो सेवा हो वह बताने का कष्ट करें। नारदजी ने कहा कि शिवलोक से आ रहा हूं, तुम धन्य हो कि इतने सुंदर तरीके से राजकाज चला रहे हो। नारदजी ने बताया कि शिवलोक का वन 10000 योजन है। वहां सैकड़ों कामधेनु विचरण करती हैं और वह वन चिंतामणि से प्रकाशित रहता है। पार्वती और शंकर वहां विद्यमान रहते हैं। उन्हें देखकर मुझे लगा कि उनके समान समृद्धिशाली और जगत में कोई नहीं है। लेकिन दैत्यराज तभी मुझे तुम्हारी समृद्धि का ध्यान हो आया और मैं उसे देखने के लिए तुम्हारे पास आया।

जलंधर ने नारदजी को अपनी समृद्धि दिखाई और नारदजी ने उसकी बड़ी प्रशंसा की। उन्होंने कहा कि तुमने पृथ्वी और पाताल के सब रत्नों को अपने पास सुरक्षित कर लिया है लेकिन तुम्हारे पास एक स्त्री-रत्न नहीं है। तुमको किसी स्त्री-रत्न की खोज करनी चाहिए। यह सुनकर दैत्यराज ने उन्हीं से स्त्री-रत्न के विषय में पूछा तो नारदजी ने बताया कि कैलाश पर्वत पर भगवान शंकर के पास ही महान सुंदर और निर्दोष स्त्री-रत्न है। भगवान शंकर उसके वश में हैं। यह कहकर नारदजी चले गए।

जलंधर ने अपने एक राहु नामक दूत को कैलाश पर्वत पर भेजा। वहां नंदी ने उसे रोका लेकिन वह बलपूर्वक शिवजी की सभा में चला गया और जलंधर का संदेश सुनाया। उसने कहा कि जलंधर ने शिवजी की पत्नी पार्वती को मंगाया है। यह बात कहते ही भगवान शूलपाणि के सामने एक भयंकर शब्द वाला पुरुष निकला और उसने अत्यंत वेग से राहु को पकड़ लिया। राहु ने शिवजी से क्षमा मांगी किंतु उस पुरुष ने शिवजी से कहा कि भगवान! मुझे भूख लगी है, मैं कुछ खाना चाहता हूं। तब शिवजी ने कहा अपने हाथ-पैर का मांस खाओ। उसने सिर को छोड़कर सबकुछ खा लिया। इससे प्रसन्न होकर शिवजी ने उसे सुकीर्ति मुख नामक गण बनाकर द्वार पर बिठा दिया।

इसके बाद व्यासजी ने कथा का अगला भाग सुनना चाहा तो सनत्कुमार जी ने कहा कि वह दूत बर्बर के नाम से विख्यात हुआ और जलंधर के पास गया। वहां जाकर उसने शंकरजी की सभी बातें बताई। यह सुनकर जलंधर ने सेना को सजने की आज्ञा दी। कालनेमि और शुंभ-निकुंभ आदि अनेक दैत्य तैयार हो गए। सभी दिशाओं से करोड़ों दैत्यों ने प्रयाण किया। लेकिन चलते समय जलंधर का मुकुट खिसक गया तथा अनेक तरह के अपशकुन भी हुए। दूसरी ओर शिवजी को सारा समाचार मिला और उन्होंने, यह भी देवताओं से सुना कि विष्णुजी लक्ष्मी सहित जलंधर के यहां निवास कर रहे हैं। इसके बाद देवता भी वहीं रह रहे हैं। इसके उपरांत शिवजी ने विष्णुजी को बुलाकर जलंधर को न मारने का कारण पूछा और उसके यहां निवास करने के विषय में भी पूछा। इस पर विष्णुजी ने उत्तर दिया कि जलंधर आपके अंश से उत्पन्न हुआ है और लक्ष्मी का भाई है, इस कारण मैंने उसे नहीं मारा, वह अजेय भी है। इसके उत्तर में शिवजी ने जलंधर को मारने की बात कही। जैसे ही शिवजी के मन में जलंधर को मारने की बात आई वैसे ही दैत्यों के संप्रदाय में हलचल मच गई। कैलाश के समीप भीषण युद्ध होने लगा। भयंकर युद्ध से पृथ्वी कांपने लगी। शुक्राचार्य मृत संजीवनी से दैत्यों को जिलाने लगे। यह देखकर शिवजी बहुत क्रोधित हुए। उनके मुख से भयंकर कृत्या निकली और वह युद्ध-भूमि में जाकर दैत्यों को चबाने लगी। उसने शुक्राचार्य को भी अपने भीतर छिपा लिया। शुक्राचार्य के चले जाने पर दैत्य लोग घबरा गए और भागने लगे।

शिवजी के गणों ने शुंभ-निशुंभ और कालनेमि को परास्त कर दिया तब जलंधर एक रथ पर सवार होकर आया। उसने अपने बाणों की वर्षा से पृथ्वी पर कोहरा उत्पन्न कर दिया। उसने नंदी, गणेश आदि को भी बाणों से छेद दिया। कार्तिकेय ने एक शक्ति द्वारा उस पर प्रहार किया पर उसने एक गदा के प्रहार से गणेश, वीरभद्र, नंदी आदि को व्याकुल कर दिया।

शंकरजी ने अपना रुद्र रूप धारण किया और नंदी पर चढ़कर वह वहां आए। उन्हें देखकर दैत्य लोग भागने लगे। जलंधर ने शंकरजी पर आक्रमण किया और हजारों बाणों की वर्षा की। लेकिन शंकरजी ने उसके बाणों के जाल को काट डाला। कई दैत्यों को शंकर ने फरसे से काट दिया। वलाह दैत्य का भी सिर काट दिया। जलंधर ने अपने भागते हुए सैनिकों को रोकने की चेष्टा की लेकिन कुछ नहीं हुआ। वे शिवजी से लड़ते हुए डर रहे थे। जलंधर ने शिवजी पर आक्रमण किया और शिवजी उसके बाणों को काटते रहे। इस पर उसने एक मायावी काम किया। वह शिव का रूप बनाकर पार्वती के पास पहुंचा, किंतु पार्वती को देखकर मार्ग में ही उसे कामुकता वश स्खलित हो जाना पड़ा। पार्वती अंतर्ध्यान हो गई और थोड़ी देर बाद उसे विष्णुजी मिले। तब उन्होंने पूछा कि क्या विष्णुजी को जलंधर के कृत्य का पता है। विष्णुजी ने स्वीकृति सूचक सिर हिलाकर कहा कि विष्णुजी जलंधर का अनुसरण करके उनकी पत्नी का व्रत नष्ट करें, तभी वह दैत्य मर सकता है।

विष्णुजी जलंधर के नगर में गए और वहां उद्यान में ठहर गए। वृंदा को एक स्वप्न आया कि उसका पति नग्न होकर सिर पर तेल लगाकर ऋषि बना हुआ दक्षिण दिशा की ओर जा रहा है। उसने काले रंग के फूलों की माला पहनी हुई है, और वह चारों ओर से हिंसक जीवों से घिरा हुआ है। उसका नगर समुद्र में डूब रहा है। जागकर उसने अपने स्वप्न पर विचार किया और वह अपनी सखियों के साथ अटारी पर आई और फिर उसी उद्यान में घूमने लगी। वहां उसने एक मौनी तपस्वी को देखा। भयभीत वृंदा ने उस मौनी के गले में हाथ डाल दिया, तब उस तपस्वी ने एक हुंकार में सारे राक्षसों को वहां से भगा दिया। इससे वृंदा अभय हुई। तब मुनि के पास दो वानर जलंधर का सिर और धड़ लेकर आ गए। वृंदा ने अपने पति को मृत जानकर बहुत शोक किया और वह मूर्च्छित हो गई। इसके उपरांत उसने मुनि से अपने पति को जीवित करने के लिए कहा। तब मुनि ने कहा कि शिवजी के द्वारा मारा गया-जलंधर जीवित नहीं हो सकता किंतु शरणागत की इच्छा पूरी करना मेरा धर्म है अतः उस मुनि ने जलंधर को जीवित कर दिया। उसे जीवित देखकर वृंदा ने उसका आलिंगन किया और फिर बहुत समय तक उसी के साथ रमण करती रही। किंतु एक बार वास्तविकता जानकर उसने विष्णु को बहुत धिक्कारा और कहा कि तुमने मुझे राक्षस दिखाए हैं। कभी वे ही तुम्हारी पत्नी का हरण करेंगे। मुनि तुम्हारे साथी होंगे और बंदरों की सहायता से तुम अपनी पत्नी को छुड़ा पाओगे। यह कहकर वृंदा अग्नि में प्रवेश कर गई और उसका तेज पार्वतीजी में प्रवेश कर गया।

उधर पार्वती के अदृश्य होने पर चैतन्य के बाद भगवान शंकर बहुत क्रोध करने लगे। दोनों में फिर युद्ध होने लगा। जलंधर ने शंकरजी के बाणों को काटना चाहा। लेकिन जब वे नहीं कटे

तब उसने माया की पार्वती बनाकर रथ के पहिये से बांध ली। भगवान शंकर अपनी प्रिय पत्नी का यह हाल देखकर दुखी हो गए और उन्होंने रुद्र रूप धारण किया। सारे दैत्य उनका वह रूप देखकर भाग खड़े हुए। शिवजी ने उन्हें धिक्कारा और कहा कि मैं भागते हुए को नहीं मारता लेकिन पार्वती तुम्हें नहीं छोड़ेगी और यह कहकर शिवजी ने चरणांगुष्ठ से बनाए हुए सुदर्शन चक्र से जलंधर का सिर काट डाला। शिवजी की आज्ञा से उसके बहे हुए रक्त से रौरव नरक में एक कुंड बन गया। जलंधर का तेज उससे निकलकर शिवजी में समा गया।

इसके बाद सारे देवता शिवजी के चरणों में मौन होकर अपनी प्रार्थना समर्पित करते हुए उनका ध्यान करने लगे। शिवजी अंतर्ध्यान हो गए। इस वृत्तांत के बाद ब्रह्माजी ने नारदजी से कहा कि जब सब देवता स्तुति करके मौन हो गए तब शंकरजी ने कहा कि जलंधर मेरा ही अंश था। यह मेरी ही लीला थी। सबको इससे प्रसन्नता हुई। भगवान शंकर ने विष्णुजी का वह चरित्र भी कहा, जिस तरह वृंदा को मोहित किया और वह अग्नि में प्रविष्ट हो गई थी।

शंकरजी ने विस्तार से समझाते हुए कहा कि यह माया ही सर्वेश्वरी है और यह चराचर जगत उसके आधीन है। विष्णुजी इस माया के कारण ही कामवश होकर वृंदा पर मोहित हुए हैं। महादेवी उमा त्रिदेवों की जननी हैं और उससे परे हैं। अतः विष्णुजी के मोह को दूर करने के लिए पार्वती की शरण में जाइए। तब सब देवता उमा के पास गए और उनसे प्रार्थना करने लगे। आकाशवाणी के द्वारा उन्हें पता चला कि उमा ही तीन गुणों में विभक्त होकर सब जगह स्थित है। वह सत्य गुण से गौरा, रजो गुण से लक्ष्मी और तमो गुण से ज्योति रूपा है। अतः सभी लोग उन मेरी शक्तियों के पास जाओ, वे सबके मनोरथ को पूरा करेंगी। तब देवताओं ने गौरी, लक्ष्मी और सरस्वती का स्मरण करके उनकी पूजा की और वे देवियां वहां प्रकट हुईं। उन्होंने देवताओं को कुछ बीज देकर कहा कि विष्णुजी के पास जाओ। उन बीजों को लेकर देवताओं ने वृंदा की चिता में डाल दिया। उससे धात्री, मालती और तुलसी का आविर्भाव हुआ। धात्री और तुलसी आदि वनस्पतियों को प्रतिष्ठित कर विष्णुजी बैकुंठ को चले गए।

ब्रह्माजी ने नारदजी के पूछने पर शंखचूड़ नामक दानव का वृत्तांत सुनाना प्रारंभ किया। शंखचूड़ को शिवजी ने त्रिशूल से मारा था। ब्रह्माजी बोले कि हे नारद! विधाता के पुत्र मरीचि और उनके पुत्र कश्यप थे। दक्ष ने कश्यप को तेरह कन्याएं प्रदान की थीं। कश्यपजी की उन पत्नियों में एक का नाम दनु था। वह अत्यंत रूपवती और तपस्विनी थी। उसके भी बहुत सारे पुत्र हुए। उनमें विप्रचित्त नाम का एक पराक्रमी पुत्र हुआ। उसके भी दंभमान नाम का पुत्र हुआ। वह विष्णु भक्त था। उसके आगे कोई संतान नहीं हुई, तब उसने शुक्राचार्य से दीक्षा लेकर एक वर्ष तक पुष्कर में तप किया। उसके तप से देवता लोग बहुत चिंतित हुए और ब्रह्माजी को लेकर विष्णुजी के पास गए। उन्होंने कहा कि मेरा भक्त दंभ पुत्र के लिए तप कर रहा है किंतु मैं उसे तप के फल से निवृत्त कर दूंगा। देवताओं से यह कहकर विष्णुजी पुष्कर गए और उन्होंने कहा कि

कोई वरदान मांगो। दंभ ने वरदान मांगा कि मेरा पुत्र महापराक्रमी और विश्वविजेता हो। समय पर उसकी पत्नी के गर्भ में कृष्ण का परम मित्र सुदामा आया। इसको पहले ही राधाजी ने श्राप दिया था। पुत्र उत्पत्ति के बाद उसका नाम शंखचूड़ रख दिया गया। उसकी बाल लीलाओं से माता-पिता अत्यंत प्रसन्न हुए।

शंखचूड़ ने भी पुष्कर में कठिन तप किया और उसके तप से प्रसन्न होकर जब ब्रह्माजी वरदान देने आए तो उसने अपने को देवताओं से अविजित रहने का वरदान मांगा। ब्रह्माजी ने तथास्तु कहकर उसे श्रीकृष्ण का अक्षय कवच दे दिया और कहा कि तू बद्रिकाश्रम में चला जा, वहां तुलसी तपस्या कर रही है। उससे विवाह कर ले। उधर स्वयं ब्रह्माजी ने बद्रिकाश्रम में पहुंचकर उन दोनों का गंधर्व रीति से विवाह कराया तब वह अनेक सुंदर स्थानों पर जाकर तुलसी के साथ रमण करने लगा। विवाह के बाद तुलसी के साथ शंखचूड़ अपने घर आया, शुक्राचार्य ने उसे बहुत सारे आशीर्वाद दिए और देवता तथा दानवों का स्वाभाविक वैर समझाकर दानव अध्यक्ष पद पर अभिषेक कर दिया। वह दानवों की भारी सेना लेकर इन्द्र से लड़ने चला। देव सेना उसके आगे न टिक सकी, देवता लोग गुफाओं और कंदराओं में छिप गए। उसने अनेक देवताओं का हरण कर लिया तथा स्वयं इन्द्र बन गया। सूर्य, चन्द्र आदि सब उसके वश में हो गए।

जब देवता बहुत दुःखी हुए तो अपनी पराजय का वृत्तांत सुनाने ब्रह्माजी के पास गए। ब्रह्माजी उन्हें विष्णुजी के पास ले गए। विष्णुजी ने कहा कि शंखचूड़ पूर्व जन्म का मेरा मित्र है, पर आप चिंता न करें, मैं शिवजी से परामर्श करूंगा। यह कहकर विष्णुजी देवताओं के साथ शिव लोक में गए। उस समय शिवजी के चारों तरफ गण बैठे थे, पार्वतीजी उनके साथ रत्नमय सिंहासन पर विराजमान थीं और गीत-नृत्य आदि हो रहे थे। अवसर मिलने पर देवताओं ने उनकी प्रार्थना की और शंखचूड़ के विषय में बताया। शिवजी बोले कि मैं शंखचूड़ को जानता हूं, वह राधा के श्राप के कारण राक्षस हुआ है वैसे वह श्रीकृष्ण का मित्र है इसी समय राधा सहित श्रीकृष्ण वहां आए और उन्होंने शिवजी की वंदना की। शिवजी ने शंखचूड़ को मारने का वचन दे दिया।

भगवान शंकर ने इसके बाद गंधर्वराज चित्ररथ को शंखचूड़ के पास भेजा। वहां पहुंचकर चित्ररथ ने अपना परिचय दिया और कहा कि या तो तुम देवताओं को संपूर्ण अधिकार दे दो या मेरे साथ युद्ध करो। उसने यह भी बताया कि ऐसा वह शंकरजी के आदेश से कह रहा है। इसके उत्तर में शंखचूड़ ने कहा कि यह धरती वीरभोग्या है। मैं वीर हूं और शंकरजी से युद्ध करूंगा। मैं कल ही रुद्रलोक की यात्रा करूंगा और युद्ध के लिए तैयार होकर आऊंगा।

शंखचूड़ का यह संदेश सुनकर शिवजी बहुत क्रोधित हुए और उन्होंने वीरभद्र तथा भद्रकाली आदि को बुलाकर शंखचूड़ को मारने की आज्ञा दे दी और स्वयं भी देवताओं के

साथ चल दिए। उनके साथ आठों वसु, आठों भैरव, रुद्र, सूर्य, अग्नि, चंद्रमा, कुबेर, यम आदि सभी चल दिए। काली भी उनके साथ थी और उसकी जीभ एक योजन तक लपलपा रही थी। वह हाथ में खप्पर लिए हुए थी। उसके साथ तीन करोड़ योगिनी और तीन करोड़ डाकिनी थीं।

दूसरी ओर शंखचूड़ ने अपने अंतःपुर में आकर अपनी पत्नी तुलसी से सारा वृत्तांत सुनाया और उसने प्रातःकाल से प्रारंभ किए जाने वाले युद्ध के विषय में भी कहा। दोनों स्त्री-पुरुष रात भर बात करते रहे और सुख तथा आनंद अनुभव करते रहे। प्रातःकाल शंखचूड़ ने अपने पुत्र को राज्य सौंपा और उसे तुलसी के अधीन किया। तब अपनी सेना तैयार कराई और युद्ध के लिए चल दिया। उसने पुष्पभद्रा नदी के किनारे अपना डेरा डाला और शिवजी की सेना का अनुमान लगाया।

शिवजी ने शंखचूड़ के दूत से कहा कि तुम अपने स्वामी से कहो कि वह देवताओं से वैर त्यागकर उनसे संधि कर ले। उनका राज्य उन्हें दे दे। प्राणियों का इस प्रकार विरोध उचित नहीं होता। तुम कश्यप की संतान हो। तब दूत ने कहा कि हे प्रभु! आप जो कुछ भी कह रहे हैं सत्य है। पर सारे दोष असुरों के नहीं है। आप देवताओं के पक्षपाती हैं। आपको ऐसा नहीं करना चाहिए। तब शंकर ने कहा कि मैं भक्तों के अधीन हूं और देवताओं का कार्य करने के लिए मुझे युद्ध करने में भी कोई आपत्ति नहीं होगी।

अपने दूत की बात सुनकर शंखचूड़ ने युद्ध करने को ही श्रेयस्कर समझा। उसने अपने वीरों को युद्ध की आज्ञा दे दी। दूसरी ओर भगवान शंकर ने भी अपनी सेना को युद्ध के लिए प्रेरणा दी। दोनों ओर से रण के बाजे बजने लगे और दोनों पक्षों के वीर मार-काट मचाने लगे। महेन्द्र का वृषपर्वा से और विष्णु का दंभ से, कालका का कलासुर से तथा अन्य लोगों से युद्ध होने लगा। कालांबिक के साथ वरुण युद्ध करने लगे। इस युद्ध के प्रारंभिक क्षणों में देवता लोग पराजित होने लगे और इधर-उधर भागने लगे। तब भगवान शंकरजी क्रोधित होकर युद्ध करने लगे। महादेवी काली भी अलग-अलग दैत्यों का नाश करने लगी और लाखों हाथी और दानवों को चबाने लगीं। अपनी सेना की दुर्दशा देखकर शंखचूड़ स्वयं युद्ध के लिए तत्पर हो गया। उसने चारों ओर माया फैला दी। सारी रणभूमि में अंधकार छा गया। इसके बाद स्कन्द भयानक रूप से युद्ध करने लगे। उन्होंने अपने माता-पिता का ध्यान कर उसके रथ को काट डाला। लेकिन दानवराज ने उन्हें अपनी शक्ति के प्रहार से गिरा दिया। शिवजी ने फिर उन्हें जीवन दे दिया और वे फिर से युद्ध करने लगे।

देवी ने भयानक सिंहनाद किया, जिससे अनेक दानव मूर्च्छित होकर गिर पड़े। काली विकराल रूप धारण करके दैत्यों का रक्त पीने लगी। शंखचूड़ ने स्वयं काली के साथ युद्ध किया तब काली ने भयंकर बाणों की वर्षा की। जब काली ने नारायणाशास्त्र चलाया तो शंखचूड़ ने रथ से उतरकर शस्त्र को प्रणाम किया जिससे वह अपने आप शांत हो गया। देवी के द्वारा ब्रह्मास्त्र का प्रयोग करने पर भी दानवराज उससे बच गया। तब देवी चारों तरफ विकराल रूप धारण

करके रक्तपान करने लगी। दानव भयभीत होकर भागने लगे। काली ने पाशुपत अस्त्र का प्रयोग किया किंतु आकाशवाणी के द्वारा रोक दिया गया, क्योंकि शंखचूड़ की मृत्यु उस अस्त्र से नहीं लिखी थी। यह सारा वृत्तांत शिवजी से निवेदित किया गया। आकाशवाणी के अनुसार शंखचूड़ का वध शिवजी ही कर सकते थे। शिवजी अपने बैल पर चढ़कर युद्ध भूमि में गए। शंखचूड़ ने उन्हें देखा तो विमान से उतरकर उन्हें प्रणाम किया और उनसे युद्ध करने लगा। उसने सौ वर्षों तक शिवजी के साथ युद्ध किया। शिवजी के द्वारा अपनी सेना का भयंकर नाश होता हुआ देखकर दानवराज को बहुत क्रोध आया और उसने बादलों की तरह भगवान शंकर पर बाणों की वर्षा करनी शुरू कर दी। वह अदृश्य होकर भय दिखाने लगा। शिवजी ने उसकी सारी माया नष्ट कर दी, उसे मारने के लिए अपना त्रिशूल उठाया लेकिन आकाशवाणी ने उन्हें रोक दिया। उसने कहा कि आप वेद की मर्यादा का उल्लंघन न करें। जब तक शंखचूड़ के पास विष्णु का कवच और पतिव्रता स्त्री है, तब तक इसकी मृत्यु नहीं।

तब शिवजी की आज्ञा से विष्णु ब्राह्मण का वेश बनाकर शंखचूड़ के पास गए और उससे उनका कवच मांगा। फिर उन्होंने वह कवच पहना और उसका रूप धर कर उसकी पत्नी तुलसी के पास गए। विष्णु ने शंखचूड़ के रूप में उसकी पत्नी से विहार किया और समय पाते ही शिवजी ने एक शूल से शंखचूड़ का वध कर दिया। आकाश में फूलों की वर्षा होने लगी और शंखचूड़ भी श्राप से मुक्त हो गया। उसकी हड्डियों से एक विशेष प्रकार की जाति पैदा हुई।

इसके बाद ब्रह्माजी ने अगला वृत्तांत सुनाते हुए कहा-शंखचूड़ का रूप धारण किए हुए विष्णु जब पत्नी तुलसी के पास पहुंचे, तो उसने उन्हें अपना पति जानकर आसन पर बिठाया और कटाक्ष करते हुए युद्ध का समाचार पूछा तो शंखचूड़ बने विष्णु ने बताया कि उनमें संधि हो गई है, और शिवजी भी अपने धाम को लौट गए हैं। लेकिन, एक बार विहार करते हुए तुलसी को वास्तविकता का ज्ञान हो गया और वह उन्हें श्राप देने के लिए तैयार हो गई। श्राप के भय से विष्णु अपने प्रकृत रूप में आ गए। यह देखकर तुलसी ने उनसे कहा कि हे विष्णु! तुममें जरा भी दया नहीं है, तुम्हारा मन पत्थर की तरह है। तुमने छलपूर्वक अपने भक्त का वध कराया है और मेरा पतिव्रत भंग किया है। वह विलाप करने लगी। उसका विलाप सुनकर विष्णुजी ने शिव का स्मरण किया। शिवजी ने वहां पहुंचकर तुलसी को संसार की नश्वरता समझाई और कहा कि तुम तुलसी नामक वनस्पति बनोगी और दिव्य रूप धारण करके तुम हरि के साथ विहार करोगी। तुम क्षीरसागर की भी पत्नी बनोगी और तुम्हारे ही श्राप के कारण विष्णु पत्थर बनकर नदी के जल में रहेंगे और जब उस पत्थर को कीड़े काट-काटकर चक्रवत कर देंगे तो वह शालिग्राम कहलाएगा।

तुलसी की पवित्र कथा सुनने के बाद शिवजी के चरित्र को सुनने की अतृप्त भावना से परिपूर्ण व्यासजी ने सनत्कुमार जी से शिवजी के चरित्र के अन्य वृत्तांत सुनाने का आग्रह किया।

उनकी जिज्ञासा को जानकर सनत्कुमार जी ने हिरण्याक्ष-वध की कथा सुनाई। वे बोले-बहुत पुराने समय की बात है कि मंदराचल पर्वत पर शिवजी पार्वती के साथ विहार कर रहे थे। पार्वती ने अपने सोने जैसे हाथों से शिवजी के नेत्र एक क्षण के लिए बंद कर लिए तो चारों ओर अंधकार छा गया और भगवान शंकर का स्पर्श करने से पार्वती के दोनों हाथों से मद्य जल प्रवाहित होने लगा। उस जल से एक विकराल काले रंग का कुरूप और भय पैदा करने वाला तथा अंधा मनुष्य उत्पन्न होकर नृत्य करने लगा। पार्वतीजी के पूछने पर शंकरजी ने अपने नेत्र बंद करने का यह फल बताया। उन्होंने यह भी कहा कि तुम्हारे हाथों में लगे मेरे माथे के पसीने से उत्पन्न यह बालक तुम्हारी संतान है अतः तुम्हीं इसके पालन-पोषण का प्रबंध करो। यह सुनकर पार्वतीजी ने उसके पालन का प्रबंध किया। दूसरी ओर अपने बड़े भाई की संतान-वृद्धि को देखकर और पुत्र की कामना से हिरण्याक्ष ने भगवान शंकर को प्रसन्न करने के लिए घोर तप किया। शिवजी ने उसे समझा-बुझाकर अपना वह अंधा पुत्र उसे सौंप दिया। हिरण्याक्ष के मरने पर यही पुत्र अंधक पाताल का सम्राट बना।

अंधक के पिता के परिवार वालों ने उसे एक ओर राज्य के लिए अनधिकारी बताया और दत्तक पुत्र होने के कारण उसका अपमान किया। अंधक ने बात की सत्यता स्वीकार कर तपस्या का मार्ग अपनाया। उसने ब्रह्माजी की पूजा-अर्चना की और यह वरदान मांगा प्रहलाद आदि मेरे भाई नौकर हो जाएं और मेरे नेत्र ठीक हो जाएं, मैं देव और दानवों से अवध्य रहूं। ब्रह्माजी ने शिवजी के अतिरिक्त अन्य किसी से भी अवध्य होने का वर दे दिया।

वापिस अपने नगर लौटकर अंधक ने अपने भाइयों को अपने वश में कर लिया और शासन करने लगा। वह शक्ति, सत्ता, वैभव के मद में इतना चूर हो गया कि कुमार्ग की ओर जाने लगा। एक दिन उसके कुछ मंत्रियों ने यह बताया कि एक जटाजूट धारी तपस्वी है और उसके पास एक अत्यंत सुंदर रमणी भी है। आप चलकर उसे प्राप्त करें तो आपका मन अत्यंत प्रसन्न होगा। अंधक ने जब यह सुना तो उस रमणी को अपने पास लाने का आदेश दे दिया। अंधक के मंत्री मंदराचल पर्वत की गुफा में गए और वहां जटाजूटधारी शिव को अंधक का संदेश सुनाया। शिवजी ने उनकी अवज्ञा की और कहा कि वे रमणी से स्वयं बात करें। दूतों ने अंधक के पास जाकर उन्हें सारी बात सुनाई। इस पर वह कामातुर हो उठा और रमणी को प्राप्त करने के लिए बलपूर्वक हरण के लिए वहां पहुंचा। वहां पहुंचने पर बाणासुर, सहस्रबाहु बलि आदि वीरों के होते हुए भी शिव गणों ने गुफा में नहीं घुसने दिया। दैत्य लोग बहुत प्रयास करने पर भी गुफा में प्रवेश न पा सके। और उधर शंकरजी पाशुपत व्रत में बाधा जानकर तपस्या के लिए कहीं और चले गए।

एक दिन गुफा में अकेली रहती हुई पार्वती के पास कामातुर अंधक घुस आया। गणों ने उसे रोकने का प्रयास किया, किंतु वह नहीं रुका। पार्वती ने ब्रह्मा, विष्णु आदि का स्मरण किया तो

वे सब स्त्री वेष में आकर अंधक से युद्ध करने लगे। यह युद्ध अनेक वर्षों तक चलता रहा और पार्वती को भी युद्ध में कूदना पड़ा। शिवजी लौटे तो उन्होंने युद्ध रुकवाया, किंतु अंधक के पार्वती को उपहार रूप में देने की मांग के फलस्वरूप उन्होंने युद्ध का संदेश भेजा।

बलि को आगे करके अंधक ने युद्ध को प्रारंभ किया। बलि इतनी शक्ति से युद्ध कर रहा था कि उसने ब्रह्मा, विष्णु, इन्द्र, सूर्य आदि सबको परास्त कर दिया और निगल लिया। यह समाचार सुनकर शिवजी स्वयं आए और उन्होंने अपने तेज बाणों से दैत्य के मुख से सभी लोगों को बाहर उगलवाया। शंकर ने शुक्राचार्य को निगल लिया जिससे वे मृत असुरों को दोबारा जीवित न कर सकें। दैत्यों का मनोबल गिर गया और वे पराजित हुए। इन्द्र ने अंधक को ललकारा और उसे बहुत प्रताड़ित किया। जब अंधक पार्वती और शंकर को बाणों से आच्छादित करने लगा तो शंकरजी ने अपने त्रिशूल से उस पर प्रहार किया। इससे बहे हुए रक्त से बहुत सारे दैत्य पैदा हुए और युद्ध करने लगे। तब देवों ने चंडी का स्मरण किया और वह दैत्यों का रुधिर पान करने लगी। अंत में शिवजी ने अंधक का सिर त्रिशूल से काट डाला। मरते समय अंधक ने शिवजी की पूजा की और प्रसन्न होकर शिवजी ने उसे गाणपत्य प्रदान किया।

व्यासजी ने सनत्कुमार जी से पूछा कि हे महामते! मुझे आप यह वृत्तांत सुनाने की कृपा करें कि शुक्राचार्य शिवजी के पेट से कैसे बाहर आए और उन्होंने मृत संजीवनी विद्या कहां से प्राप्त की। सनत्कुमार जी बोले कि शिवजी के पेट में पहुंचकर दैत्यों के आचार्य ने पेट से बाहर निकलने की बहुत कोशिश की और इधर-उधर छिद्र देखने लगे लेकिन उन्हें सफलता नहीं मिली। तब उन्होंने शिवजी के द्वारा बताए गए एक मंत्र का जाप शुरू किया :

ऊं नमस्ते देवेशाय सुरासुर-नमस्कृताय।
भूतम भव्य-महादेवाय हरित पिगंललोचनाय।।

इस मंत्र के जाप से दैत्य गुरु शिवलिंग के मार्ग से बाहर आए और इसीलिए उनका नाम शुक्र पड़ा। यही शुक्राचार्य वाराणसी में गए और वहां जाकर उन्होंने ज्योतिर्लिंग की स्थापना की। उसके बाद उन्होंने भगवान शिव की आराधना करते हुए उन्हें प्रसन्न किया और भगवान शिव ने प्रकट होकर उन्हें मृत संजीवनी विद्या प्रदान की।

व्यासजी ने सनत्कुमार जी से बाणासुर के गाणपत्य ग्रहण करने का वृत्त सुनाने के लिए कहा। उनकी जिज्ञासा को शांत करते हुए सनत्कुमार जी बोले कि हिरण्यकशिपु के प्रपौत्र, प्रहलाद के पौत्र और विलोचन के पुत्र बलि का पुत्र बाणासुर था। बाणासुर भी अपने पिता और दादा की तरह शिवजी का भक्त था और अत्यंत दानी तथा उदार था। उसने भगवान शंकर से परिवार सहित अपने नगर में निवास करने का वरदान ले लिया। एक दिन शिवजी ने उस शोणित नगरी के बाहर नदी के किनारे नृत्य-गीत आदि का आयोजन किया। शिवजी की इच्छा हुई कि वे जल-विहार करें किंतु अभी तक पार्वती नहीं आई थी। वहां पर जो अन्य स्त्रियां जल-विहार

कर रही थीं, उन्होंने सोचा जो भी स्त्री शिवजी के साथ विहार करने में सफल हो जाएगी वह बड़ी भाग्यशालिनी होगी। यह सोचकर बाणासुर की पुत्री उषा ने पार्वती का वेष धारण किया और शिवजी के साथ विहार करने के लिए आई। किंतु जैसे ही वह शिवजी के पास पहुंची वैसे ही पार्वती जी आ गई। उन्होंने क्रुद्ध होकर उषा को शाप दे दिया कि वह वैशाख सुदी द्वादशी की आधी रात को जब सो रही होगी तब कोई अज्ञात पुरुष उसका भोग कर लेगा। इस ओर बाणासुर शंकरजी की सेवा में उपस्थित हुआ और उसने यह कहा कि हे भगवान! मेरा कोई प्रतिद्वंद्वी नहीं है और इसलिए मेरी भुजाओं की शक्ति व्यर्थ होती जा रही है। मैं क्या करूं? शिवजी ने बाणासुर की गर्व से भरी हुई यह बात सुनी और उसे आश्वासन दिया की जल्दी ही उसका कोई प्रतिद्वंद्वी आ जाएगा और उसे शक्ति प्रदर्शन का अवसर मिलेगा।

वैशाख मास की द्वादशी को विष्णुजी की पूजा करने के बाद उषा सो रही थी, तो श्रीकृष्ण का पौत्र अनिरुद्ध अंतःपुर में आया और उसने उषा के साथ बलात्कार किया। इस घटना से दुःखी होकर उषा आत्महत्या करने जा रही थी कि रास्ते में उसकी सखी चित्रलेखा उसे मिली और उसने उसे समझाया कि वह उसे गुप्त पति उपलब्ध करा देगी। जब चित्रलेखा ने अनेक देवों, गंधर्वों, महावीरों के चित्र उषा को दिखाए तो उसने अनिरुद्ध का चित्र देखकर लज्जा से सिर झुका लिया। चित्रलेखा ने अनिरुद्ध की खोज की और वह द्वारका गई तथा अपने तामसी योग से शय्या पर सोते हुए अनिरुद्ध को शैया सहित उषा के अंतःपुर में ले आई। अपने प्रियतम को प्राप्त कर उषा आनंदमग्न हो गई और रति- विलास करने लगी। जब द्वारपालों को इस बात का पता चला तो उन्होंने सब कुछ बाणासुर को बता दिया। क्रोधित बाणासुर अंतःपुर से आया और अनिरुद्ध को युद्ध के लिए ललकारा। अनिरुद्ध ने वीरता का ऐसा प्रदर्शन किया जिसके फलस्वरूप बाणासुर ने उसे नागपाश से बांध दिया। उसने अपने अनेक सैनिकों को अनिरुद्ध के प्राणों को समाप्त करने का आदेश दिया। किंतु महामात्य कृष्मांड ने बाणासुर को समझाया कि वह अनिरुद्ध को न मारे। उधर अनिरुद्‌ध ने अपनी शक्ति के बल पर पिंजड़े को तोड़ दिया और फिर अपनी प्रियतमा के पास जाकर, रति-विलास करने लगा।

भगवान कृष्ण के अंतःपुर में स्त्रियों के द्वारा रोने की ध्वनि सुनकर कृष्ण को अनिरुद्ध के विषय में पता चला। खोज कराने पर जब स्थान का पता चला तो प्रद्युम्न, शांभ, नंद, उपनंद, बलभद्र आदि यादवों को लेकर बाणासुर के नगर को घेर लिया। जब बाणासुर ने देखा कि वह श्रीकृष्ण द्वारा बारह अक्षौहिणी सेना से घिर गया है, तो युद्ध करने लगा। रुद्र भी बाणासुर की सहायता के लिए आए। इस युद्ध में श्रीकृष्ण का शिव से, प्रद्युम्न का कूष्मांड से, कूप का कर्ण से, बाण का सात्यकि से, गर्व का नंदी से, और शांभ का बाणपुत्र से भयंकर द्वंद्व युद्ध हुआ। शिवजी का तेज भयानक था और यादव रुक नहीं पा रहे थे तब श्रीकृष्ण ने लास्य ज्वर प्रसारक बाणों का प्रयोग किया। दोनों बाणों के टकराने पर कृष्ण का बाण निरस्त हो गया।

तब श्रीकृष्ण ने शिव की आराधना की और कहा कि मैं तो आपके ही आदेश से बाणासुर की भुजाएं काटने आया हूं। आप युद्ध से अलग हो जाइए। शिवजी के अलग होने पर कृष्ण ने बाणासुर की भुजाएं काट दी। किंतु भुजाएं कट जाने के बाद भी बाणासुर ने प्रचंड पराक्रम दिखाया। उसने घोड़े पर चढ़कर भयंकर युद्ध किया तथा अपनी गदा की भयंकर मार से श्रीकृष्ण को धरती पर गिरा दिया। उसके सेनापतियों ने यादवों के छक्के छुड़ा दिए। तब श्रीकृष्ण सुदर्शन चक्र से बाणासुर का सिर काटने लगे तो शिवजी के कहने से रुक गए। उन्होंने कृष्ण और बाणासुर में मित्रता करा दी। बाणासुर श्रीकृष्ण को अपने अंतःपुर में ले गया और वहां अनिरुद्ध का अपनी पुत्री के साथ विवाह कर दिया। श्रीकृष्ण अपनी सेना सहित द्वारका लौट आए। उषा और अनिरुद्ध के जाने के बाद बाणासुर ने तांडव नृत्य के द्वारा अनेक स्तोत्रों से शिवजी की पूजा की और उनसे शिवभक्ति प्रदान करने का वरदान मांगते हुए यह भी मांगा कि मेरा विष्णु से बैर न हो और शोणितपुर में उषा के पुत्र का राज्य हो। शिवजी की कृपा पाकर महाकाल तत्त्व प्राप्त करके बाणासुर प्रसन्न हुआ।

व्यासजी ने सनत्कुमार जी से पूछा कि अब आप गजासुर और दुंदुभि तथा निहलाद के वध का वृत्तांत क्या है, यह बताने की कृपा करें? तब सनत्कुमार जी बोले कि यह पुराने समय की बात है कि महिषासुर के वध का बदला लेने के लिए उसके पुत्र गजासुर ने घोर तप किया और ब्रह्माजी से वरदान प्राप्त कर लिया। इसके बाद वह देवताओं को प्रताड़ित करने लगा। उसने पृथ्वी के सभी तपस्वी और ब्राह्मणों को भी दुःख पहुंचाया। नंदन वन में जाकर उसने इतना आतंक फैलाया कि सभी देवता उससे छुटकारा पाने के लिए शिवजी की शरण में आए। भगवान शिव ने जैसे ही अपने त्रिशूल से उसे मारना चाहा वैसे ही वह शिवजी की स्तुति करने लगा। उसकी स्तुति से शिवजी प्रसन्न हुए और उसने रुद्र से यह वरदान मांगा कि उसके चर्म का ओढ़ना बनाएं। शिवजी ने इसे स्वीकार किया और तभी वे गज चर्मधारी कहलाए।

अपने पिता हिरण्याक्ष की मृत्यु का बदला लेने के लिए उसके पुत्र ने यह सोचा कि सारे अनर्थों की जड़ ब्राह्मण हैं। क्योंकि देवता यज्ञ के अधीन रहते हैं, यहां वेदों के अधीन हैं और वेद ब्राह्मणों के अधीन हैं अतः ब्राह्मणों को नष्ट करने के बाद यज्ञ होंगे ही नहीं और देवता भूख से पीड़ित होकर नष्ट हो जाएंगे। इसलिए उसने विचार किया कि पृथ्वी को ब्राह्मणों से हीन कर दिया जाए। वह सिंह, व्याघ्र आदि का रूप बनाकर जंगल में रहने लगा तथा यज्ञ की समिधा आदि लाने के लिए जो भी ब्राह्मण आते उन्हें खाने लगा। वह ब्राह्मणों की खोज में काशी तक पहुंचा। वह दिन में तो तपस्वी का भेष बनाए रखता था और रात में ब्राह्मणों को अपना भोजन बनाता। उसने एक दिन रास्ते से एक शिव भक्त ब्राह्मण को उस समय अपना भोजन बनाना चाहा जब वह शिव पूजा के लिए जा रहा था। ब्राह्मण ने शिव मंदिर में जाकर पूजा की और जैसे ही दुंदुभि उसे खाने के लिए आगे बढ़ा, वैसे ही भगवान शंकर की कृपा से स्वयं शंकर शिवलिंग से प्रकट

हुए और उस दुष्ट का वध कर दिया। मरते समय उसने शिवजी की अनेक प्रकार से प्रार्थना की, उनकी पूजा की और उसने भी गजासुर की तरह अपनी देह के चर्म को ओढ़ना बनाने की प्रार्थना की। शिवजी ने उसे स्वीकार कर लिया और वे उस कारण व्याघ्रेश्वर कहलाएं।

व्यासजी से सनत्कुमार जी बोले कि हे व्यासदेव! शिवजी का जो चरित्र तुमसे सुना है, वह स्वर्गदायक, आयु पुत्र, पात्रों की वृद्धि करने वाला, विकार को नष्ट करने वाला, ज्ञानदायक, रमणीय और यशवर्धक है। जो व्यक्ति शिव के चरित्र को सुनता है या दूसरों को सुनाता है उसके दुःख दूर हो जाते हैं और वह अंततः मोक्ष पद का अधिकारी होता है।

शतरुद्र संहिता

शौनकजी ने सूतजी से कहा-आपने मुझे शिवजी के विवाह और युद्ध- संबंधी अनेक सुंदर आख्यान सुनाए। अब आप भगवान शंकर के अवतारों की गाथा सुनाने की कृपा करें। सूतजी ने कहा कि इसी रहस्यपूर्ण कथा को सुनने के लिए सनत्कुमार जी ने नंदीश्वरजी से प्रार्थना की थी। जो कुछ उन्होंने सुनाया, तुम्हें सुनाता हूं। आप अत्यंत ध्यानपूर्वक सुनें।

नंदीश्वरजी ने कहा कि श्वेतलोहित नाम के उन्नीसवें कल्प में शिवजी का पहला सद्योजात नाम का अवतार हुआ। उस समय परब्रह्म का ध्यान करते हुए श्वेतलोहित नामक कुमार ब्रह्माजी की शिखा से निकले। ब्रह्माजी उन्हें सद्योजात शिव जानकर उन्हें प्रसन्न करने के लिए बार-बार उनका चिंतन करने लगे। उनके चिंतन से नंदन, सुनंदन, विश्वनंदन, उपनंदन नाम के अनेक कुमार उत्पन्न हुए। उसके बाद ब्रह्माजी को सृष्टि उत्पन्न करने की शक्ति सद्योजात के द्वारा प्रदान की गई।

ब्रह्माजी रक्त नाम के बीसवें कल्प में रक्तगर्ण के हो गए। फिर उन्हीं के समान रक्त वाला नेत्र लेकर रक्तवर्ण के एक कामदेव नाम का पुत्र पैदा हुआ। उसे साक्षात् शिव जानकर ब्रह्माजी ने उसकी स्तुति की। उस रक्त वर्ण बालक से विवाह, विशोक, विरज और विश्वभावन नाम के चार पुत्र उत्पन्न हुए। तभी कामदेव शिव ने ब्रह्माजी को सृष्टि रचना की आज्ञा दी।

ब्रह्माजी पीतवास नाम के इक्कीसवें कल्प में पीत वर्ण के हो गए। उन्होंने पीले वस्त्र धारण किए। जब उन्होंने एक पुत्र की कामना की तो बहुत बड़ी भुजाओं वाला महा तेजस्वी, तत्पुरुष नाम का एक कुमार पैदा हुआ। ब्रह्माजी ने उसे शिवजी का अवतार समझा। वह शिव गायत्री का जाप करने लगा। उसके पास से बहुत से कुमार प्रकट हुए और उस कुमार ने सृष्टि-रचना की सामर्थ्य ब्रह्माजी को प्रदान की।

इसके बाद शिव नाम के बाईसवें कल्प में ब्रह्माजी ने पुत्र की कामना से तप किया और एक काले वर्ण का अत्यंत तेजस्वी अघोर बालक पैदा हुआ। ब्रह्माजी ने उसकी भी बहुत स्तुति की और उस बालक के पास से कृष्ण, कृष्ण रूप, कृष्ण शिख, और कृष्ण कंठधारी चार महात्मा

उत्पन्न हुए। उन्होंने ब्रह्माजी को सृष्टि की रचना के लिए अद्भुत घोर नामक योग दिया। विश्वरूप नाम के तेईसवें कल्प में ब्रह्माजी के चिंतन से सरस्वती का आविर्भाव हुआ और उसी रूप में ईशान नाम के बालक का प्रादुर्भाव हुआ। फिर उस ईश्वर रूप से अपनी शक्ति से मुंडी, जटी, शिखंडी और अर्धमंडी चार बालकों की उत्पत्ति हुई। उन्होंने सृष्टि उत्पन्न करने के लिए ब्रह्माजी को आदेश दिया।

सनत्कुमार जी के अनुरोध पर नंदीश्वर ने शिवजी की अष्ट मूर्तियों का भी परिचय दिया। और यह भी बताया अष्ट मूर्तियां किन विशिष्टताओं के कारण विश्वविख्यात हैं।

शर्व-भगवान शंकर विश्वंभर रूप मे चराचर विश्व को पृथ्वी रूप से धारण करने के कारण सर्व अथवा शर्व कहलाते है।

भव-विश्व को जलमय रूप और जगत को संजीवन देने वाला जलमय रूप ही भव कहलाता है।

उग्र-जगत को बाहर और भीतर रहकर कर उसे स्पंदित करने वाला शिव का उग्र रूप ही उग्र कहलाता है।

भीम- शिवजी जब सबको अवकाश देने वाले नृपों के समूह के भेदक रूप में सर्वव्यापक और आकाशात्मक होते हैं, तो भीम कहलाते है।

पशुपति- संपूर्ण आत्माओं के अधिष्ठाता और सारे क्षेत्रवासी पशुओं को काटने वाले शिव को पशुपति कहा जाता है।

ईशान-आकाश में सूर्य रूप में व्याप्त संपूर्ण संसार में प्रकाश करने वाला शिव रूप ईशान कहलाता है।

महादेव-रात्रि में चंद्रमा रूप से धरती पर अमृत वर्षा करता हुआ, जगत को प्रकाश और तृप्ति देता हुआ शिवजी का मोहक रूप महादेव कहलाता है।

रुद्र- जीवात्मा रूप ही रुद्र है।

जिस प्रकार वृक्ष के मूल में जल सींचने से वृक्ष के पत्र, पुष्प, फल आदि सभी हरे-भरे हो जाते हैं, इसी प्रकार जगत के मूल शिवजी का पूजन-अर्चन करने से मनुष्य को संपूर्ण पदार्थ अत्यंत सरलता से प्राप्त हो जाते हैं।

भगवान शिवजी के द्वारा ब्रह्माजी की इच्छा पूरी करने के लिए अर्धनारीश्वर रूप को धारण करने वाला इतिहास बताते हुए नंदीश्वरजी ने कहा कि हे सनत्कुमारजी जब ब्रह्माजी अपनी मानसी सृष्टि के न बढ़ने के कारण बहुत चिंतित हो उठे तो आकाशवाणी हुई कि सृष्टि का विस्तार तो मैथुन की प्रक्रिया से होगा। लेकिन उस समय भगवान शंकर ने नारी रूप को उत्पन्न ही नहीं किया था इसलिए ब्रह्माजी ने नारी रूप के लिए घोर तप किया। शिवजी इससे प्रसन्न हुए और उन्होंने अर्धनारीश्वर (आधा पुरुष और आधा स्त्री) का शरीर धारण किया। ब्रह्माजी ने अपनी

मनोकामना भगवान शंकर के सामने व्यक्त की तो भगवान शंकर ने अपने स्त्री (शिवा रूप को) अपने से अलग कर दिया। ब्रह्माजी ने इस प्रकार शिवजी की शक्ति को उनसे पृथक् हुआ देखकर उस शक्ति की स्तुति की और कहा कि सृष्टि की रचना में उन्हें बहुत कठिनता अनुभव हो रही है। ब्रह्माजी ने भगवती से प्रार्थना की कि वे मैथुनी सृष्टि की रचना में सफलता दिलाने के लिए नारी कुल को प्रकट करें। ब्रह्माजी की बात सुनकर शक्ति ने अपनी भौंहों के बीच से एक दूसरी नारी रूप शक्ति को उत्पन्न करके ब्रह्माजी को दे दिया। शिवजी ने ब्रह्माजी के तप पर प्रसन्न होकर भगवती से यह अनुरोध किया तो शक्ति ने बताया कि वह दक्ष के घर जन्म लेगी और उनकी मैथुनी सृष्टि की इच्छा पूरी करेगी। यह कह शिवा अंतर्ध्यान हो गई।

नंदीश्वरजी ने सनत्कुमार की जिज्ञासा पर ध्यान रखते हुए उन्हें अपने जन्म का वृत्तांत सुनाया। वे बोले, मेरे पिता शिलाद ऋषि ने पुत्र की कामना से बहुत दिनों तक तप किया। उनके तप से प्रसन्न होकर इन्द्र ने उनसे वर मांगने के लिए कहा। इन्द्र के कहने पर मेरे पिता शिलाद ने अयोनिज और मृत्युहीन पुत्र देने का वरदान मांगा। इस पर इन्द्र ने कहा कि ऐसा वर देने की क्षमता केवल शिवजी में है। इन्द्र की बात सुनकर शिलाद जी ने शिवजी की पूजा शुरू कर दी। इस पर भगवान शिव ने उन्हें अयोनिज और मृत्युहीन पुत्र प्राप्त करने का वरदान प्रसन्नतापूर्वक दे दिया। शिलाद मुनि घर आए और उनकी यज्ञ की अग्नि से मैं प्रकट हुआ। मुझ त्रिनेत्रधारी, चतुर्भुज और जटा-मुकुटधारी को पुत्र रूप में पाकर मेरे पिता बहुत प्रसन्न हुए। मेरे पैदा होने से आनंदित होकर उन्होंने मेरा नाम नंदी रख दिया। अपने पिता की कुटिया में जाकर मैंने साधारण बालक का रूप धारण किया। जब मैं सात वर्ष का हो गया तब मित्रावरुण मुझे देखने के लिए आए और इस बात पर आश्चर्य प्रकट करने लगे कि मैंने इतनी छोटी आयु में -इतना ज्ञान प्राप्त कर लिया। उन्होंने मेरे पिता को बताया कि मेरी एक वर्ष की आयु शेष बची है। इससे मेरे पिता बहुत दुःखी और चिंतित हुए। किंतु मैंने अपने पिता को आश्वासन दिया कि मैं भगवान शंकर की स्तुति से मृत्यु जीत लूंगा और यह कहकर मैंने तप करने के लिए महावन की ओर प्रयाण किया।

महावन में जाकर मैंने भगवान शिव को प्रसन्न करने के लिए अत्यंत कठोर तप किया और उस तप से प्रसन्न होकर पार्वती सहित भगवान शंकर मेरे सामने प्रकट हुए। मैंने उन्हें प्रणाम करके फिर से उनकी स्तुति प्रारंभ की और वे मेरी स्तुति से प्रसन्न हुए। तब उन्होंने बताया कि मित्रावरुण को तो स्वयं भगवान शंकर ने भेजा था। नहीं तो मैं उनका अजर-अमर पुत्र हूं। भगवान शंकर ने मुझे अपने गणों का अधिपति बनाया। जैसे ही शिवजी ने कृपापूर्वक अपने गले से एक माला निकालकर मेरे गले में डाल दी, मैं तत्काल रुद्र रूप शिव बन गया। शिवजी ने मुझे अपने साथ चिरकाल तक रखने का वर प्रदान किया। समय आने पर मरुत की अत्यंत रूपवती सुयशा नाम की कन्या से मेरा विवाह करा दिया। हम दोनों पति-पत्नी को भगवती पार्वती ने अपने चरणों की भक्ति प्रदान की और हम उन्हीं के पास रहकर उनका गुणगान करने लगे।

नंदीश्वरजी ने भगवान शंकर के संपूर्ण रूप भैरवजी की उत्पत्ति की कथा सुनाई। वे सनत्कुमारजी से बोले कि अनेक लोग ऐसे हैं जो शंकरजी की महिमा को नहीं समझते और भैरव को उनका प्रतिरूप नहीं मानते। वास्तव में भैरव भगवान शंकर के ही प्रतिरूप हैं। शिवजी की माया अगम्य है। इस अगम्य माया के संबंध में उसकी वास्तविकता का परिचय कराते हुए मैं तुम्हें एक पुराना कथानक सुनाता हूं।

एक बार ब्रह्माजी सुमेरु पर्वत पर बैठे हुए थे। देवता लोग उनके पास आए और उनसे अनुरोध किया कि वे अविनाशी तत्त्व के विषय में कुछ बताएं। ब्रह्माजी उस समय शिवजी की माया से मोहित थे इस कारण उस तत्त्व को न जानते हुए भी वे कहने लगे कि-एकमात्र मैं ही संसार को उत्पन्न करने वाला हूं। मैं अनादि भोक्ता हूं अज, एकमात्र ईश्वर निरंजन और ब्रह्म हूं। मैं ही सर्वातीत पूर्ण ब्रह्म हूं। वहां विष्णु भी मुनियों की मंडली में विद्यमान थे। उन्होंने ब्रह्माजी को समझाया कि तुम मेरी आज्ञा से ही सृष्टि के रचयिता बने हो। मेरा अनादर करके तुम किस प्रकार अपने आप को प्रभु सिद्ध कर सकते हो। तब ब्रह्मा और विष्णु अलग-अलग रूप से अपना प्रभुत्व स्थापित करने लगे।

जब विष्णु और ब्रह्मा अपना-अपना प्रभुत्व स्थापित करने लगे तो यह निर्णय हुआ कि वेदों से पूछा जाए। चारों वेद मूर्ति धारण करके अपना-अपना मत प्रकट करने के लिए आए। ऋग्वेद ने अपना मत प्रकट करते हुए कहा कि जिसके भीतर संपूर्ण भूत निहित है और जिससे सब कुछ संचालित होता है, यह परम तत्त्व रुद्र ही है। यजुर्वेद ने कहा कि हम वेद भी जिसके द्वारा प्रमाणित होते हैं और जो ईश्वर के संपूर्ण यज्ञों तथा योगों से भजन किया जाता है, वह शिव ही है। सामवेद ने कहा कि जो सारे सांसारिकों को आकर्षित करता है, जिसे योगी खोजते हैं और जिसकी शोभा से सारा संसार प्रकाशित होता है वह त्रयंबक शिव ही है। अथर्ववेद ने कहा कि जिसका साक्षात्कार भक्ति से होता है और जो सुख-दुःखातीत परब्रह्म है, वह केवल शंकर है।

विष्णुजी ने वेदों के इस कथन के बाद भी कहा कि नित्य शिवा से रमण करने वाले धूलधूसरित वेषधारी, पीतवर्ण सर्पों से घिरे हुए, बैल पर चढ़ने वाले शिवजी को परब्रह्म नहीं माना जा सकता। ओंकारजी ने इस विवाद को सुनकर शिव को ही नित्य और सनातन ज्योतिस्वरूप, परब्रह्म बताया किंतु विष्णु और ब्रह्मा शिवजी की माया से विमोहित थे। अतः उनका मत नहीं बदला।

उसी समय दोनों के बीच एक ऐसी विशाल ज्योति प्रकट हुई जिससे ब्रह्मा का पंचम सिर जलने लगा। थोड़ी देर में ही त्रिशूल धारण करने वाले नीललोहित वहां प्रकट हुए और ब्रह्मा अज्ञान के वशीभूत होकर उन्हें अपना पुत्र बताकर अपनी शरण में आने के लिए कहने लगे। ब्रह्माजी की गर्व पूर्ण बातों को सुनकर शिवजी क्रोधित हुए और उन्होंने उसी समय भैरव को उत्पन्न किया तथा उसे ब्रह्मा पर शासन करने का आदेश दिया। शिवजी ने भैरव के भीषण होने के कारण तथा काल को भी भयभीत करने वाले उस कालभैरव को जो भक्तों के पापों का नाश करने वाला था उसे पाप भक्षक नाम देकर काशी का राजा बना दिया। इसके बाद कालभैरव ने

ब्रह्मा का पंचम सिर अपनी उंगलियों के नाखूनों के अग्र भाग से काट दिया। इस पर ब्रह्मा शतरुद्री पाठ करने लगे। ब्रह्मा और विष्णु को सत्य का ज्ञान हो गया और वे शिवजी की महिमा का गान करने लगे। इससे प्रसन्न होकर शिवजी ने उन दोनों को अभयदान दिया और भैरव से कहा कि तुम ब्रह्मा के कपाल को धारण करके भिक्षा मांगते हुए वाराणसी चले जाओ, वहां के प्रभाव से तुम ब्रह्महत्या के पाप से मुक्त हो जाओगे।

भैरवजी शिवजी की आज्ञा से हाथ में कपाल लेकर काशी की ओर चलने लगे तो ब्रह्महत्या भी उनके पीछे-पीछे गई। विष्णुजी ने उनकी स्तुति की और माया से मोहित न होने का वरदान मांगा। जब विष्णु ने ब्रह्महत्या को भैरव का पीछा न करने के लिए कहा तो उसने बताया कि वह तो अपने को पवित्र और मुक्त करने के लिए उनके पीछे जा रही है। जैसे ही भैरव काशी पहुंचे तो उनके हाथ से चिपटा कपाल पृथ्वी पर गिर पड़ा और तब से उस स्थान का नाम कपालमोचन तीर्थ पड़ा। इस तीर्थ में आकर जो व्यक्ति विधिपूर्वक पिंडदान और देवों का तर्पण करता है, वह ब्रह्महत्या के पाप से मुक्त हो जाता है।

शिवजी के चरित्र को सुनते हुए और सनत्कुमारजी की श्रद्धाभावना को देखते हुए नंदीश्वरजी ने उनके और कई अवतारों के विषय में बताया। इन अवतारों की संख्या अनेक हैं किन्तु 21 प्रमुख हैं।

शरभ अवतार : विष्णुजी का क्रोध नृसिंह रूप धारण कर हिरण्यकशिपु का वध करने के बाद भी जब शांत नहीं हुआ, तो देवों के अनुरोध पर प्रहलाद ने नृसिंह भगवान की स्तुति करके उनको शांत करने की कोशिश की। फिर भी उन्हें सफलता नहीं मिली। तब देवता लोग भगवान शंकर की शरण में आए और भगवान शंकर ने वह दायित्व अपने ऊपर लिया कि वे नृसिंह की ज्वाला को शांत कर देंगे।

शिवजी ने प्रलयंकारी भैरव रूप वीरभद्र का शांत वेष धारण कर नृसिंहजी के पास जाकर उन्हें समझाने का प्रयास किया। वीरभद्र ने जाकर उनसे कहा कि वह आदि देव भगवान शंकर के अनुरोध पर उनका क्रोध शांत करने के उद्देश्य से यह रूप धारण करके आया है। उसने कहा कि आपने जिस काम के लिए यह रूप धारण किया था वह संपन्न हो गया अतः अब आप सामान्य हो जाइए। नृसिंह ने यह सुनकर भी अपने को समस्त शक्तियों का प्रवर्तक बताया और वीरभद्र के वचनों की उपेक्षा की। वीरभद्र के बार-बार समझाने पर भी विष्णु ने अपना क्रोध नहीं छोड़ा। इस पर शिवजी के कठिन तेज से शरभ रूप प्रकट हुआ और उसने नृसिंह को अपनी भुजाओं में इस प्रकार जकड़ लिया कि वह व्याकुल हो गए। शरभ नृसिंह को उठाकर कैलाश पर ले आया और वृषभ के नीचे डाल दिया। उसने नृसिंह के सारे अवयवों को अपने में लय कर लिया। इससे देवताओं का भय दूर हुआ और वे शंकर की स्तुति करने लगे।

गृहपति अवतार : नर्वपुर नाम का एक स्मरणीय नगर नर्वदा नदी के किनारे स्थित था। उसमें शिवजी का भक्त वैश्वानर मुनि रहता था। उसने अपनी पतिव्रता स्त्री की सेवा से प्रसन्न

होकर एक वरदान मांगने के लिए कहा। तब उसने कहा था कि मै महादेव को पुत्र रूप में चाहती हूं। यह सुनकर विश्वानर मुनि ने पत्नी की इच्छा पूरी करने के लिए वीरेश्वर लिंग की काशी में आकर विधिपूर्वक पूजा की। शिवजी प्रसन्न हुए और उन्होंने मुनि को दर्शन दिए तथा उसकी प्रार्थना स्वीकार कर लीं। मुनि प्रसन्न होकर अपने घर आया। थोड़े समय बाद उसकी पत्नी ने एक पुत्र रत्न को जन्म दिया। उसका नाम गृहपति रखा गया। वह इतना तेजस्वी था कि तीनों लोकों में उसका नाम हो गया। नारदजी ने एक बार आकर उस दिव्य बालक के उज्ज्वल भविष्य की घोषणा की और बताया कि बारह वर्ष की आयु होने पर इस बालक को आग और बिजली का भय रहेगा। इससे माता-पिता चिंतित हुए लेकिन शिवजी की महिमा के कारण वे आश्वस्त हो गए। इधर गृहपति ने काशी में जाकर विश्वेश्वर लिंग की पूजा की। इन्द्र उसके तप से प्रसन्न हुए और उससे वर मांगने के लिए कहा। लेकिन बालक ने शिवजी के अलावा और किसी से कुछ भी न मांगने की इच्छा व्यक्त की। तब क्रोधित होकर इन्द्र ने उस पर वज्र से प्रहार किया। बालक मूर्च्छित हो गया। शिवजी ने अपने हाथ के स्पर्श से उसको सचेत किया और कहा कि उसे कोई चिंता नहीं करनी चाहिए। क्योंकि शिवजी ने ही उसकी परीक्षा के लिए इन्द्र को भेजा था। बालक शिवजी के दर्शन करके प्रसन्न हो गया और शिवजी ने उसे अजर-अमर करके दिशाओं का अधिपति बना दिया।

यक्षेश्वर अवतार : देवताओं के मिथ्या अभिमान और औद्धत्य को दूर करने के लिए शिवजी ने यक्षेश्वर अवतार धारण किया। पुराने समय की बात है कि देवों और दैत्यों ने मिलकर समुद्र का मंथन किया। उसमें से जब विष निकला तो ब्रह्मा आदि के साथ सभी देवता बहुत चिंतित हुए और शिवजी की सेवा में उपस्थिति हुए। भगवान शंकर ने देवताओं पर कृपा की और विषपान करना स्वीकार किया। विषपान से उनका गला नीला पड़ा गया और वे नीलकंठ महादेव कहे जाने लगे। समुद्र-मंथन में और रत्नों के साथ अमृत का आविर्भाव भी हुआ जिसके लिए देवताओं और दैत्यों में बहुत संघर्ष हुआ। राहु के भय से पीड़ित होकर चंद्रमा भागे और तब शिवजी ने उन्हें अपने सिर पर धारण किया इससे उनका नाम **चन्द्रशेखर** पड़ा। अमृत पान करने से देवताओं को मद हो आया और वे अपने-आपको अजेय समझने लगे तथा अपने बल की प्रशंसा करने लगे। उनके घमंड को नष्ट करने के लिए शिवजी ने यक्ष का रूप धारण किया और उनके सामने आकर उनसे बात करने लगे। जब देवताओं ने उनके सामने अपने बल की प्रशंसा की तो शिवजी ने एक तिनका उनके आगे रख दिया और कहा कि तुम इस तिनके को काटो। देवताओं ने अपनी पूरी शक्ति से तिनके को काटना चाहा किंतु उन्हें सफलता नहीं मिली। उन्हें बहुत आश्चर्य हुआ किंतु तभी आकाशवाणी हुई जिसमें कहा गया कि यह यक्ष भगवान शंकर ही हैं। देवताओं ने यह सुना तो वह सचेत हो गए और अपने अपराध की क्षमा मांगते हुए उन्होंने शिवजी की आराधना की। तब महादेवजी ने देवताओं को ज्ञान दिया और अंतर्ध्यान हो गए।

एकादश रुद्र अवतार : पुराने समय में जब इन्द्र अमरावती छोड़कर भाग गए तब उनके शिवभक्त पिया कश्यप को बड़ा दुःख हुआ। उन्होंने काशीपुरी में जाकर शिवलिंग की स्थापना की और विश्वेश्वर महादेव का विधिपूर्वक पूजन करके अपने तप से प्रसन्न किया। शिवजी उन पर प्रसन्न हो गए और उन्होंने कश्यपजी को विश्वास दिलाया कि वे देवताओं की दैत्य-संबंधी बाधा को दूर करने का प्रयास करेंगे। अपने बचन के अनुसार शिवजी ने अपनी गंध से 11 रुद्रों को उत्पन्न किया। इनके नाम इस प्रकार हैं-कपाली, पिंगल, भीम, विरुपाक्ष, शास्त्र, विलोहित, अधिपाद्य, अर्हिबुध्न्य, शंभु, चंड तथा भव। इनके जन्म लेने के बाद इनके द्वारा शिवजी ने दैत्यों का विनाश करवाया और देवताओं को उनकी अलकापुरी वापिस दिला दी।

दुर्वासा अवतार : एक समय ऋक्ष नामक पर्वत पर ऋषि अत्रि ने अपनी पत्नी अनसूया के साथ कठोर तप किया। उनके तप से ब्रह्मा, विष्णु और महेश तीनों प्रसन्न हुए और उन्हें एक-एक पुत्र उत्पन्न होने का वर दिया। इस वर के अनुसार ब्रह्मा के अंश से चंद्रमा, विष्णु के अंश से दुर्वासा को अनसूया ने अपने उदर से उत्पन्न किया। यही दुर्वासा एक बार अंबरीष की परीक्षा लेने गए। अंबरीष ने द्वादशी तिथि के आने पर अतिथि के रूप में आए और नहाने गये हुए दुर्वासा के लौटने की प्रतीक्षा किए बिना पारायण कर लिया। यह जानकर दुर्वासा क्रोध से पागल हो गए। उनके अकारण क्रोध पर राजा की रक्षा के लिए जैसे ही सुदर्शन चक्र दुर्वासा की ओर बढ़ा वैसे ही आकाशवाणी के द्वारा दुर्वासा के वास्तविक रूप को जानकर वह रुक गया और फिर उसने शिव रूप दुर्वासा की स्तुति की। अंबरीष ने भी दुर्वासा की वास्तविकता को जान लिया था। इसलिए उसने दुर्वासा की पूजा की और दुर्वासा ने प्रेमपूर्वक अंबरीष के यहां भोजन किया।

एक समय की बात है कि दुर्वासाजी ने रामचंद्रजी की परीक्षा ली। वे नियम के अनुसार रामचंद्र से एकांत में वार्तालाप कर रहे थे। राम और दुर्वासा के बीच लक्ष्मण आ पहुंचे। बीच में आने के कारण राम ने लक्ष्मण को त्याग दिया। रामचंद्र के इस नियम से प्रसन्न होकर दुर्वासा ने उन्हें वरदान दिया।

इसी तरह एक बार कृष्ण की भी दुर्वासा ने परीक्षा ली थी और उनकी ब्राह्मण भक्ति पर प्रसन्न होकर उन्हें वज्र के समान दृढ़ तथा शक्तिशाली अंग वाला होने का वरदान दिया। इसी रूप में द्रौपदी ने जब एक बार नग्न स्नान करते हुए दुर्वासा को अपनी साड़ी का एक टुकड़ा दिया था जिसको पहनकर वह जल से बाहर निकले थे तब उन्होंने संकट के समय द्रौपदी को वस्त्र बढ़ने का वरदान दिया था। इस प्रकार शिवजी का दुर्वासा रूप अवतार अनेक अद्भुत कार्य करता रहा।

महेश अवतार : एक बार शिवजी भैरव को द्वारपाल के रूप में नियुक्त करके स्वयं विहार करने के लिए पार्वती के साथ अंदर चले गए। शिवजी को प्रसन्न करके उन्मत्त रूप में पार्वती जब दरवाजे के बाहर आईं तो भैरव ने उनके अनुपम रूप-सौंदर्य पर मुग्ध होकर आसक्ति भाव

अनुभव किया। पार्वती ने भैरव के मन की विकृति जान ली और उसे मनुष्य योनि में पृथ्वी पर पैदा होने का शाप दे दिया। जब भैरव को आत्मज्ञान हुआ तो उसे बड़ा पश्चात्ताप हुआ और वह पार्वती की वंदना करने लगा। उसकी वंदना से प्रसन्न होकर भगवती के अमिट शाप के होते हुए भी उनकी इच्छा से उसे मनुष्य योनि में वैताल बनना पड़ा। इधर शिवजी ने भी उसके स्नेह से मुग्ध होकर पार्वती सहित लौकिक गति के रूप में पृथ्वी पर अवतार लिया। यहां पृथ्वी पर पार्वती का नाम शारदा और शिवजी का नाम महेश पड़ा।

हनुमान अवतार : जब शिवजी ने विष्णु के मोहिनी रूप को देखा तो अपनी लीलावश अपना वीर्यपात कर दिया। तब सप्त ऋषियों ने उसे कुछ पत्तों पर स्थापित कर गौतम की पुत्री अंजनी के गर्भ में प्रवेश कराया। इससे प्रवर पराक्रमी और तेजस्वी हनुमानजी उत्पन्न हुए। बचपन में सूर्य को छोटा-सा फल समझकर जैसे ही हनुमानजी उसे अपने मुंह में डालने लगे तो देवताओं की प्रार्थना पर उसे छोड़ दिया।

हनुमानजी ने सारी विद्याओं का अध्ययन किया और सुग्रीव के मंत्री बन गए जो अपनी पत्नी के वियोग से व्याकुल होकर ऋष्यमूक पर्वत पर रहता था। इन्हीं हनुमानजी ने पत्नी के वियोग में भटकते हुए श्री रामचंद्रजी की सुग्रीव से मित्रता कराई और वह सती सीता की खोज में समुद्र पार कर लंका गए। वहां उन्होंने अद्भुत पराक्रम दिखाया। उन्होंने राक्षसों का वध किया, लंका को जला दिया और सीताजी को सुरक्षा का दृढ़ आश्वासन देकर राम के पास लौट आए। रामचंद्रजी ने शिवजी का पूजन करके समुद्र पार किया और रावण से युद्ध किया। इस युद्ध में हनुमान ने राम की बहुत सहायता की। जब लक्ष्मण मूर्च्छित हो गए तो हनुमान ने ही संजीवनी बूटी लाकर उन्हें सचेत किया और अहिरावण को मारकर लक्ष्मण सहित राम को बंधन से मुक्त किया। हनुमान ने ही राम का संकट नष्ट करके राम और सीता का मिलन कराया।

वृषभ अवतार : पुरा काल में देवता और दैत्य मृत्यु, बुढ़ापा और रोग से चिंतित होकर शिवजी की शरण में आए। तब उन्होंने देवता और दैत्यों को यह परामर्श दिया कि वासुकि को रस्सी बनाकर क्षीरसागर का मंथन करें और मंदराचल पर्वत को मथानी बनाएं। शिवजी की सहायता से देवता और दैत्य दोनों अपने इस काम में सफल हुए। समुद्र मंथन में 14 रत्न प्राप्त हुए-लक्ष्मी, चंद्रमा, पारिजात, शंख, कामधेनु, कौत्सुभ मणि, अमृत, धनवंतरि, उच्चैश्रवा, मदिरा, विष, शार्ग, कल्पवृक्ष और ऐरावत। इन रत्नों का देवता और दैत्यों ने यथारूप वरण किया। दैत्यों ने बलपूर्वक देवताओं से अमृतकलश छीन लिया और अपने अधिकार में कर लिया। जब देवता पराजित हो गए तो उन्होंने शिवजी से प्रार्थना की। तब शिवजी की आज्ञा से विष्णु ने मोहिनी का रूप धारण करके दैत्यों से अमृत छीनकर देवताओं को पिलाया। इस पर दैत्यों ने बहुत उत्पात मचाया किंतु विष्णु के द्वारा देवताओं की रक्षा हुई। कुछ दैत्य अपनी रक्षा के लिए पाताल लोक में चले गए। विष्णु ने वहां भी उनका पीछा किया। वहां उन्होंने देखा अनेक

चंद्रमुखी स्त्रियां विद्यमान है। विष्णुजी ने उन सबके साथ रमण करके युद्ध में कुशल अनेक पुत्र उत्पन्न किए। इन पुत्रों ने पृथ्वी पर बहुत उत्पात मचाया। इनके उत्पात से परेशान होकर मुनि लोग ब्रह्माजी को साथ लेकर शिवजी के पास गए और उनसे प्रार्थना की।

ब्रह्मा और मुनियों की प्रार्थना पर शिवजी ने वृषभ का रूप धारण करके पाताल के विवर में प्रवेश किया। वहां उन्होंने भीषण गर्जन किया। विष्णु के पुत्रों ने शिवजी पर आक्रमण किया। इस पर वृषभ वेषधारी शिवजी ने अनेक विष्णु पुत्रों को नष्ट कर दिया। अनेक को पराजित करते हुए बहुतों को मार डाला। विष्णु भी शिवजी की वास्तविकता न समझने के कारण उन पर आक्रमण करने लगे। इस पर शिवजी ने अपने को न पहचानने वाले विष्णु पर भीषण आक्रमण किया और अपने सींगों से उन्हें विदीर्ण कर दिया। जब विष्णु ने वृषभ की वास्तविकता को पहचान लिया तो उन्होंने शिवजी की स्तुति की और उन्हें प्रसन्न किया। विष्णु ने कहा कि हे प्रभु! मैं आपकी माया से विमोहित होकर आपसे युद्ध कर बैठा हूं। किंतु सेवक और स्वामी का युद्ध नहीं होता है। शिवजी ने विष्णु के अज्ञान के कारण उन पर क्रोध व्यक्त किया और विष्णु लज्जित हुए तथा अपमानित होकर वहां से जाने लगे। शिवजी ने उन्हें रोका और उनका चक्र वहां पर रखवा लिया किंतु उन्हें दूसरा चक्र प्रदान क्रिया। इसके बाद विष्णुजी ने शिवजी से कहा कि इन रमणियों से जो चाहे रमण करे तो शिवजी ने इसका विरोध किया तब उन्होंने स्वयं उन पर शासन किया और विष्णु के दर्प का दलन करके वे वापस लौट आए।

पिप्पलाद अवतार : एक समय देवताओं को वृत्रासुर ने पराजित कर दिया था तो देवता लोग ब्रह्माजी के परामर्श से दधीचि के आश्रम में आए और उनकी सेवा की। दधीचि ने अपनी पत्नी सुर्वचा को घर भेजकर देवताओं से उनके आने का कारण पूछा। देवताओं ने बताया कि वे उनकी अस्थियां मांगने आए हैं। दधीचि ने शिवजी का ध्यान करके अपना शरीर त्याग दिया और इन्द्र जल्दी ही कामधेनु से उनकी अस्थियां निकलवाकर और त्वष्टा के निरीक्षण में विश्वकर्मा को वज्र रूप अस्त्र बनाने का आदेश दिया। बाद में इन्द्र ने इस वज्र से वृत्रासुर का वध किया था।

जब दधीचि की पतिव्रता पत्नी घर से बाहर आई और उसने अपने पति को नहीं देखा तथा सारे वृत्तांत का उसे पता चला तो वह अग्नि में जलने के लिए तैयार हो गई। इसी समय आकाशवाणी हुई जिसमें कहा गया कि मुनीश्वर का तेज तुम्हारे गर्भ में विद्यमान है। इसलिए तुम आत्मदाह का विचार छोड़ दो। सुर्वचा ने दुःखी होकर देवताओं को पशु होने का शाप दिया और अपने गर्भ को पत्थर से तोड़ डाला। उसके गर्भ से दिव्य कांति वाला बालक उत्पन्न हुआ। सुर्वचा ने उसे साक्षात् शिव समझा और प्रणाम किया। सुर्वचा ने बालक रूप शिव से प्रार्थना की कि वे पीपल के मूल में निवास करें और उसे पति लोक में जाने की आज्ञा दें। इतना कहकर वह समाधिस्थ हो गई और अपने पाते के पास चली गई। इधर ब्रह्मा आदि सभी देवताओं ने शंकरजी

के नये अवतार को जानकर प्रसन्नता प्रकट की। ब्रह्मा ने उसका नाम पिप्पलाद रखा और अपने लोक को चले गए। पिप्पलाद मुनि के रूप में शिवजी ने अनेक लीलाएं की और फिर अपने लोक लौट आए।

वैश्यनाथ अवतार : पुराने समय की बात है कि सुनंदा नाम की एक रूपवती वेश्या नंदीग्राम में रहती थी। वह अपने व्यवसाय को जीते हुए भी शिवजी की भक्त थी और रुद्राक्ष तथा विभूति धारण करके शिव के नाम जपने में हमेशा तन्मय रहती थी। एक दिन शिवजी एक वैश्य का रूप धारण कर उसकी परीक्षा लेने गए। उनके पास एक सुंदर कंगन था जिसको प्राप्त करने के लिए वेश्या पागल हो गई। उसने उस कंगन को लेना चाहा और अपने धर्म के अनुसार उसने यह प्रस्ताव किया कि वह कंगन के मूल्य के रूप में तीन दिन और तीन रात उस वैश्य की पत्नी बनकर उसके साथ रमण करेगी। वैश्य रूपधारी शिवजी ने इस बात को स्वीकार कर लिया। सुनंदा ने कंगन लेकर अतिथि वैश्य को एक बहुत सुंदर सेज पर सुला दिया। इतने में ही घर में आग लग गई। इसकी सूचना पाकर वह व्याकुल हो गई। उसने यह जाना कि उस आग में कंगन जल गया। उस कंगन के कारण वैश्य ने चिता बनवाकर आत्मदाह कर लिया। वैश्य के जलने के कारण सुनंदा अपनी प्रतिज्ञा पूरी नहीं कर पाई। इस कारण वह भी व्याकुल हो उठी और अपने प्राणों का विसर्जन करने को आतुर हो गई। उसकी इस निष्ठा को देखकर शिवजी अपने रूप में प्रकट हुए और अपने दिव्य दर्शनों से उसे कृतार्थ कर वर मांगने के लिए कहा। सुनंदा ने उनके चरणों में गिरकर उनसे नित्यप्रति भक्ति का वरदान मांगा, शिवजी ने तथास्तु कहकर वह वर दिया।

द्विजेश्वर अवतार : पुराने समय की बात है कि भद्रायु अपनी पत्नी सीमंती के साथ वन-विहार के लिए गया। उसी वन में शंकर और पार्वती भी द्विज दंपति के रूप में वन-विहार के लिए पहुंच गए। वहां एक मृगराज अचानक प्रकट हुआ। उससे शिवजी डर गए और अपनी रक्षा के लिए उस राजा की शरण में गए। राजा ने अपने भयंकर अस्त्रों से उस मृगराज पर आक्रमण किया, लेकिन उसका आक्रमण निरर्थक सिद्ध हुआ और वह ब्राह्मण की स्त्री को मुंह में दबाकर भाग गया। यह देखकर ब्राह्मण ने राजा को बहुत बुरा-भला कहा और अपनी पत्नी के वियोग में जल मरने के लिए तैयार हो गया। राजा ने उससे प्रार्थना की कि ऐसा न करें। तब ब्राह्मण ने राजा के सामने एक शर्त रखी कि वह उसकी पत्नी के बदले अपनी प्रधान रानी को ब्राह्मण को दान में दे। राजा ने शरणागत की रक्षा न करने की पाप भावना से मुक्ति पाने के लिए अपनी पत्नी को ब्राह्मण को देने का निश्चय किया। लेकिन इस दान का संकल्प करके भद्रायु स्वयं चिता में जलने के लिए तैयार हो गया। तब शिवजी ने अकस्मात प्रकट होकर उसे वास्तविकता का ज्ञान कराया तथा बताया कि उसकी पत्नी वस्तुतः पार्वती हैं और सिंह माया निर्मित है।

यतिनाथ अवतार : आहुका नामक एक शिवभक्त भील दंपति अबुंदाचल पर्वत के पास रहते थे। एक समय खाने की खोज में आहुक बहुत दूर निकल गया। जब वह थककर घर आया तो यति के रूप में शिवजी उसके घर आए हुए थे। उसने उनका पूजन किया और यति ने रात

उसके यहां व्यतीत करने की इच्छा प्रकट की तो भील संकोच में पड़ गया। आहुका ने गृहस्थ की मर्यादा का स्मरण कराते हुए यह प्रस्ताव रखा कि यति घर में विश्राम करे और आहुक बाहर रहकर देखभाल करे। आहुक ने यह बात मान ली और यति को घर में रहने की अनुमति दे दी। वह धनुष-बाण लेकर बाहर रक्षा करने लगा। प्रातःकाल आहुका और यति ने देखा कि आहुक को पशु खा गए। आहुका ने कहा कि मैं चिता में जलकर अपने पति के पास पहुंच जाऊंगी। जब आहुका चिता में जलने लगी तो शिवजी ने प्रकट होकर उसे दर्शन दिए और वरदान दिया। इस वरदान से ही अगले जन्म में आहुक राजा नल बना और आहुका दमयंती।

अवधूतेश्वर अवतार : एक समय अन्य देवताओं को साथ लेकर बृहस्पति और इन्द्र शंकरजी के पास आए। शिवजी ने इन्द्र की परीक्षा लेने के लिए अवधूत का रूप धारण कर लिया और उसका मार्ग रोका। जब इन्द्र ने उसका परिचय पूछा तो भी वह चुप रहा। इस पर इन्द्र ने अवधूत पर प्रहार किया। वह अपना वज्र छोड़ना ही चाहता था कि वह जड़ हो गया। तब बृहस्पति ने शिवजी को पहचान लिया और उनकी आराधना की। शिवजी ने प्रसन्न होकर इन्द्र को क्षमा कर दिया।

सुरेश्वर अवतार : व्याघ्रपाद का पुत्र उपमनु अपने मामा के यहां रहता था। वह हमेशा से पीड़ित रहता था और उसको दूध आदि भी ठीक तरह से नहीं मिलते थे। उसकी माता ने अभाव की पूर्ति के लिए पुत्र को शिवजी की शरण में जाने के लिए कहा। उपमन्यु ने **'ऊं नमः शिवाय'** का जप किया और शिवजी को प्रसन्न किया। शिवजी ने इन्द्र का रूप धारण कर उसे दर्शन दिए और शिवजी की बुराई करते हुए अपने से वर मांगने के लिए कहा। लेकिन उपमन्यु इस पर क्रोधित हो उठा और इन्द्र को मारने दौड़ा। इस प्रकार शिवजी ने उपमन्यु के मन में अपने लिए अटूट भक्ति और श्रद्धा देखकर उसे अपने रूप के दर्शन कराए और क्षीरसागर के समान एक अनश्वर सागर प्रदान किया।

कृष्णदर्शन अवतार : एक समय इक्ष्वाकु वंश में श्राद्ध देव की नौवीं पीढ़ी में राजा नभग का जन्म हुआ। नभग विद्याध्यन के लिए गए और गुरुकुल से बहुत देर तक वापस नहीं आए, तब छोटे भाइयों ने राज्य का आपस में विभाजन कर लिया और नभग का किसी को भी ध्यान नहीं रहा। जब वह लौटकर आए तब उन्हें कहा गया कि उनका भाग तो पिता के पास है, किंतु पिता ने भी इस बात को असत्य बताया तथा उन्हें कहा गया कि यदि उन्हें समृद्ध होना है, तो वह यज्ञ को संपन्न करें और ब्राह्मणों के मोह को दूर करके उससे समृद्धि मांगें। नभग ने यज्ञभूमि में पहुंचकर विश्व देव सूक्त से भगवान शंकर की आराधना और पूजन किया। उसने यज्ञ संपन्न कराया। आंगिरस ब्राह्मण यज्ञ का शेष धन नभग को देकर स्वर्ग चले गए। इसी समय शिवजी ने कृष्ण रूप में दर्शन देकर नभग की परीक्षा ली और कहा कि शेष धन पर इनका अधिकार है। जब विवाद बढ़ा तब शिवजी ने उसके पिता से निर्णय कराने के लिए कहा। श्राद्ध देव ने कहा कि

यह पुरुष भगवान शंकर हैं और यज्ञ में शेष वस्तु उन्हीं की है। यदि वे चाहें तो तुम इसे पा सकते हो। पिता के वचनों को सुनकर नभग ने अनेक प्रकार से शिवजी की पूजा की और उनके दिए हुए ज्ञान से उनकी सद्गति हुई।

भिक्षुवर्य अवतार : एक समय की बात है कि विदर्भ के नरेश सत्यरथ को शत्रुओं ने मार डाला और उनकी गर्भवती पत्नी ने कठिनता से अपने प्राण बचाए। समय पर उसके पुत्र उत्पन्न हुआ और जब रानी तालाब के किनारे पानी पीने गई तो वहां एक घड़ियाल के द्वारा निगल ली गई। उसका पुत्र भूख-प्यास से चिल्लाने लगा तब वहां शिवजी की माया से विमोहित एक भिखारिन पहुंची और उसे बालक पर दया आ गई। शिवजी ने भिक्षुक रूप धारण कर उसे बालक के विषय में बताया और कहा कि वह इसका पालन-पोषण करे। यह बालक शिवभक्त विदर्भ नरेश सत्यरथ का पुत्र है। शिवजी ने भिक्षुणी को अपने योग के दर्शन कराए। भिक्षुणी ने उनकी आज्ञा से बालक का पालन-पोषण किया जो बड़ा होकर शिवजी की कृपा का पात्र बना।

ब्रह्मचारी अवतार : यह अवतार भगवान शंकर ने पार्वती की परीक्षा लेने के लिए लिया था। जब सती ने हिमालयराज के यहां जन्म लिया और शिवजी को पाने के लिए तपस्या की तब पहले तो शिवजी ने सप्तर्षियों को परीक्षा के लिए भेजा और बाद में ब्रह्मचारी के रूप में स्वयं गए। ब्रह्मचारी के रूप में उन्होंने शिवजी की बुराई की, जिसे सुनकर पार्वती ने ब्रह्मचारी को बहुत बुरा-भला कहा। शिव ने प्रसन्न होकर अपने दर्शन दिए और फिर पार्वती से विवाह कर लिया।

किरात अवतार : अर्जुन ने शिव को प्रसन्न करने के लिए घोर तप किया। जब दुर्योधन को पता चला तो उसने मूक दैत्य को बाधा डालने के लिए भेजा। उसने सुअर का वेष धारण करके अर्जुन पर आक्रमण किया। दूसरी तरफ भगवान शंकर ने अपने भक्त की रक्षा के लिए सुअर पर बाण चलाया। इस समय शंकर किरात का वेष धारण किए हुए थे। अर्जुन ने शिव को न पहचान कर कहा कि यह सुअर मेरे द्वारा मारा गया है जबकि किरात वेषधारी शिव ने उस पर अपना अधिकार जमाया। इस बात पर दोनों में भयंकर युद्ध छिड़ गया। अर्जुन के सारे शस्त्र बेकार हो गए, निराश होकर वह फिर शिव की आराधना में लग गया। जब उसने देखा कि उसके द्वारा डाली गई शिवजी की मूर्ति की माला किरात के गले में पड़ी है तो उसे वास्तविकता का ज्ञान हो गया। और इतने में ही शिवजी ने उसे अपने दिव्य रूप के दर्शन कराए और पाशुपत अस्त्र दिया।

नटनर्तक अवतार : जिस समय तप में लीन पार्वती को शिवजी ने दर्शन दिए और उसके पिता से विधिवत उसे मांगने की प्रार्थना स्वीकार की तो भगवान शंकर ने नटनर्तक का रूप धारण किया। उन्होंने बायें हाथ में त्रिशूल धारण किया और दायें हाथ में डमरू लिया और बहुत सुंदर नृत्य किया। उनके नृत्य से वहां पर उपस्थित सभी लोग बहुत प्रसन्न हुए। तब मैना स्वयं रत्न का थाल भरकर वहां उसे देने के लिए आई। परंतु शिवजी ने भिक्षा में पार्वती को मांगा तो मैना बहुत क्रुद्ध हुई। इतने में ही वहां पर हिमाचल राज आ गए और वह भी नर्तक की मांग पर

बहुत क्रोधित हुए। उन्होंने अपने नौकरों को उसे निकाल देने के लिए आज्ञा दी किंतु नौकर ऐसा नहीं कर पाए। कुछ देर बाद नर्तक वेषधारी शिवजी ने पार्वती को अपना रूप दिखाकर अपने आप चले गए। उनके चले जाने के बाद मैना और हिमाचल को वास्तविकता का ज्ञान हुआ और उन्होंने पार्वती को शिवजी को देने का निर्णय किया।

विभु अश्वत्थामा अवतार : बृहस्पति के पौत्र और भारद्वाज के अयोनिज पुत्र द्रोणाचार्य ने शिवजी को अपने तप से प्रसन्न किया और उनसे तेजस्वी पुत्र मांगा। फलस्वरूप यथासमय अश्वत्थामा का जन्म हुआ जिसके बल पर कौरवों को बहुत गर्व हुआ। अश्वत्थामा ने कृष्ण अर्जुन आदि के देखते-देखते पांडवों को परास्त किया। जब उसने ब्रह्मास्त्र का प्रयोग किया तो अर्जुन ने शैवास्त्र का प्रयोग करके उसे शांत कर दिया। अश्वत्थामा ने शिवजी के अस्त्र से उत्तर के गर्भस्थ शिशु को निर्जीव कर दिया लेकिन फिर भगवान श्रीकृष्ण ने शिवजी की कृपा से उसे पुनर्जीवित किया। इसके उपरांत श्रीकृष्ण और सभी पांडवों ने अश्वत्थामा का पूजन किया।

साधु अवतार : जब हिमाचल राज ने अपनी पुत्री पार्वती को शिवजी को देने का निश्चय कर लिया, तब देवताओं को ईर्ष्या होने लगी और उन्होंने यह सोचा कि कहीं पर्वतराज शिवजी की कृपा से निर्वाण पथ का अधिकारी न हो जाए। यदि उसे शिवजी की कृपा से सारे रत्न मिल गए तो पृथ्वी की रत्नगर्भा संज्ञा व्यर्थ हो जाएगी। इस पर उन्होंने बृहस्पति से मंत्रणा करके ब्रह्माजी के पास जाने का निश्चय किया और वहां शिवजी की निंदा करके हिमाचल को अपने निश्चय से अलग होने का अनुरोध करने लगे। ब्रह्माजी ने शिवजी की निंदा करने से मना कर दिया। लेकिन देवताओं के बहुत प्रार्थना करने पर ब्रह्माजी ने कहा कि कोई भी देवता ऐसा नहीं कर सकता। तुम स्वयं शिवजी के पास जाओ और उनसे अपनी निंदा करने के लिए प्रार्थना करो। इस पर शिवजी ने साधु का वेष धारण किया और हिमालयराज के पास जाकर अपनी निंदा की। हिमाचल ने पहले तो साधु का स्वागत किया लेकिन बाद में उसने अपने को ज्योतिषी बताकर शिवजी का विरूप वर्णन किया और यह भी कहा कि पार्वती ऐसे व्यक्ति के साथ कैसे सुख से रहेगी। लेकिन पर्वतराज उस बात से विचलित नहीं हुए। उन्होंने अपनी पुत्री का विवाह शिवजी से किया।

इस प्रकार नंदीशूवर के पूछने पर सनत्कुमारजी ने शिवजी के कुछ अवतारों का संक्षिप्त वर्णन किया और उनके पूछने पर सनत्कुमारजी से नंदीश्वरजी ने बताया सर्वव्यापक भगवान शंकर के बारह ज्योतिर्लिंग कहे जाते हैं। इनमें नौ बहुत प्रमुख हैं : बारह ज्योतिर्लिंग इस प्रकार हैं :

1. सौराष्ट्र में सोमनाथ।
2. श्री शैल में मल्लिकार्जुन। यह भृगु कक्ष स्थान पर विद्यमान है और उपलिंग के रूप में इसे रुद्रेश्वर कहते हैं।

3. उज्जयिनी में महाकालेश्वर। यह नर्मदा तट पर स्थित है और इसका उपलिंग दुग्धेश कहा जाता है।
4. विंध्याचल में ओंकारेश्वर। यह बिंदु सरोवर पर स्थित है और कर्दमेष इसका उपलिंग है।
5. हिमालय पर्वत पर केदारनाथ। यह यमुना तट पर स्थित है और इसका उपलिंग भूतेश कहलाता है।
6. डाकिनी में भीम शंकर-यह सह्यादि्र में स्थित है और इसका उपलिंग भीमेश्वर कहलाता है।
7. काशी में विश्वनाथ।
8. अंबिकेश्वर। यह गौतम-तट पर स्थित है।
9. अयोध्यापुरी में नागेश्वर-यह सरस्वती तट पर स्थित है और भूतेश्वर इसका उपलिंग है।
10. चिता भूमि में वैद्यनाथ।
11. सेतुबंध में रामेश्वर।
12. देवसरोवर में घुश्मेश्वर। इसका स्थान शिवालय है और व्याघ्रेश्वर इसका उपलिंग है।

नंदीश्वरजी ने इन ज्योतिर्लिंगों की पूजा का फल बताते हुए कहा कि सोमनाथ का पूजन करने से क्षय और कुष्ठ आदि रोग दूर होते हैं। मल्लिकार्जुन के दर्शन से मनवांछित फल मिलते हैं। महाकालेश्वर के दर्शन से सभी कामनाओं की पूर्ति होती है और उत्तम गति प्राप्त होती है। ओंकार लिंग भक्तों को वांछित फल देता है। केदारेश्वर ज्योतिर्लिंग नर-नारायण भूत हैं और अभीष्ट फल देने वाला है। भीमशंकर भक्तों को सभी कुछ देने वाले हैं और विश्वेश्वर लिंग भक्ति और मुक्ति प्रदान करता है। काशी विश्वनाथ के पूजक कर्म-बंधन से मुक्त होकर मोक्ष के भागी बनते हैं और इसी प्रकार अंबिकेश्वर के दर्शन से कामनाओं की पूर्ति होती है। वैद्यनाथ के पूजन से रोग की निवृत्ति होती है और सुखों में वृद्धि होती है। नागेश ज्योतिर्लिंग से पाप नष्ट होते हैं। रामेश्वर मुक्ति के प्रदाता हैं। वे सभी भक्तों की कामनाओं को पूरा करते हैं और घुश्मेश्वर इस संसार के सुखों को प्राप्त कराते हैं।

कोटिरुद्र संहिता

ऋषियों ने सूतजी से पूछा कि हे सूतजी! आप कृपा करके हमें ज्योतिर्लिंग संबंधी वृतांतों को फिर से विस्तार से सुनाइए। सूतजी बोले-ज्योतिर्लिंग प्रधान रूप में 12 हैं। लेकिन इनमें नौ बहुत प्रमुख हैं। उनका मैं विस्तार से वर्णन करता हूं।

अत्रीश्वर महादेव : पुराने समय की बात है कि निरंतर सौ वर्षों तक अनावृष्टि के कारण कामद वन अत्यंत उष्ण और शुष्क हो गया। वह निवास के लिए अनुपयुक्त हो गया तब उसमें अत्रिजी ने अपनी पत्नी अनसूया के साथ कठोर तप किया। शिवजी का जाप करते-करते ऋषि अचेत हो गए। पति-पत्नी का दर्शन करने के लिए देवता, गंगा आदि नदियां और अनेक ऋषि वहां आए। किंतु शिवजी और गंगा अनसूया का उपकार करने के लिए वहां रुक गए। 54 वर्ष

तक समाधिस्थ रहने के बाद अत्रिजी ने अनसूया से जल मांगा तो वह कमण्डलु लेकर जल की खोज में निकलीं। गंगा भी उनके पीछे-पीछे चलीं और उनकी सत्यनिष्ठा तथा सेवा भाव से प्रसन्न होकर बोलीं कि मैं गंगा हूं तुम जो चाहो वर मांगो। अनसूया ने जल मांगा। गंगा के कहने के अनुसार जब अनसूया ने गड्ढा खोदा तो गंगा उसमें प्रवेश कर गईं और अनसूया ने जल लिया तथा गंगा से प्रार्थना की कि वे उनके पति तक पहुंचने और उनके आने तक वही पर रहें। अनसूया के द्वारा लाये हुए जल का आचमन करके ऋषि ने आश्चर्य प्रकट किया और पूछा कि वर्षा न होने पर भी यह जल कहां से आया। अनसूया ने बताया कि भगवान शंकर की कृपा से गंगाजी यहां आई हैं और यह गंगाजल है। जब अत्रि ने इस आश्चर्यजनक बात को अपनी आंखों से देखना चाहा तो अनसूया ने उन्हें वह गड्ढा दिखा दिया। अत्रि ने अपने तप को सफल मानते हुए बार-बार उस जल का आचमन किया और हाथ जोड़कर गंगा से सदा के लिए उस स्थान पर निवास करने की प्रार्थना की। तब गंगा ने कहा कि यदि अनसूया अपने शिव पूजक पति की एक वर्ष की सेवा का पुण्य मुझे दे दें तो मैं यहां रह सकती हूं। अनसूया ने वह पुण्य दे दिया। उसी समय महादेवजी पार्थिव लिंग के रूप में वहां प्रकट हुए और ऋषि दंपति ने पंचमुख शंकर को देखकर उनकी स्तुति की तथा उनसे वहां रहने की भी प्रार्थना की। अनसूया के द्वारा खोदा गया गड्ढा मंदाकिनी कहलाया। और शिवजी का पार्थिव लिंग अत्रीश्वर ज्योतिर्लिंग कहलाया।

महाबलेश्वर महादेव : सोमनी नामक ब्राह्मण की कन्या के विवाह के कुछ वर्षों के बाद उसके पति की मृत्यु हो गई। कुछ समय उसने सदाचार एवं पवित्रता का जीवन जिया लेकिन बाद में काम पीड़ित होकर वह व्यभिचारिणी बन गई। इस पर उसके घरवालों ने घर से निकाल दिया। सोमनी ने एक शूद्र को अपना लिया जिससे वह मांसाहार और मद्यपान भी करने लगी। एक दिन उसने एक बछड़े को मारकर उसका मांस खा लिया। उसके मरने के बाद यमराज ने उसे नरकवास से निवृत्त कर अंधी बालिका के रूप में एक चांडाल के रूप में जन्म दिया। वह अंधी बालिका कुष्ठ रोग की शिकार हो गई।

कुछ समय बाद गोकर्ण की यात्रा करते हुए वह भी भिक्षा के लालच में शिव भक्तों के पीछे-पीछे चली। किसी ने उसकी हथेली पर विल्व मंजरी रखी तो उसने उसे अभक्ष समझकर फेंक दिया। संयोग से वह विल्व मंजरी रात में किसी शिवलिंग के मस्तक पर जा पड़ी। इधर चतुर्दशी की उस रात को कुछ न मिलने के कारण उसका व्रत निराहार हो गया और रात का जागरण भी हो गया। प्रातःकाल घर लौटने पर वह भूख से व्याकुल होकर मर गई। शिव गणों ने उसे अपने विमान पर उठाकर शिव के परमपद को प्राप्त कराया। शिवजी की अज्ञान से भी की गई पूजा का फल उसे मिला और उसका उद्धार हो गया।

एक और कथा के अनुसार एक बार कल्माषपाद ने एक मुनि और उसके एक पुत्र को पकड़कर फाड़ डाला। मुनि पत्नी ने जब अपने पति और पुत्र को छोड़ने की प्रार्थना की और कल्माषपाद नहीं माना तो मुनि पत्नी ने उसे स्त्री समागम करने पर मृत्यु प्राप्त होने का श्राप दे दिया।

इससे पूर्व उसे वसिष्ठ के द्वारा 12 वर्ष तक राक्षस होने का श्राप मिला था। बारह वर्ष के बाद जब वह श्राप मुक्त हो गया तो वह अपनी पत्नी दमयंती से समागम करने लगा। तब उस पतिव्रता को वह श्राप याद आ गया और उसने अपने पति को समागम से विरत कर दिया। तब वह उदास होकर वन में चला गया। उसने जप, तप, दान-व्रत किए किंतु ब्रह्महत्या से मुक्ति नहीं मिली। अंत में वह शिव भक्त गौतम की शरण में आया और उसने उन्हें गोकर्ण नामक शिव क्षेत्र में जाकर महाबलेश्वर लिंग की पूजा करने का परामर्श दिया। वहां उसने पूजा की और अंततः ब्रह्महत्या से मुक्त होकर शिवपद को प्राप्त किया।

नन्धिकेश्वर महादेव : कर्णिका नाम की एक नगरी रेवा नदी के पश्चिमी तट पर स्थित थी। वहां एक कुलीन ब्राह्मण ने अपने पुत्रों को सारा धन सौंपकर काशी को प्रस्थान किया और वहीं स्वर्गवासी हो गया। उसकी पत्नी ने कुछ धन अपनी अंतिम क्रिया के लिए रखकर शेष अपने पुत्रों में बांट दिया। कुछ समय के बाद ब्राह्मणी का मृत्युकाल निकट आया तो बहुत दान-पूजा करने पर भी उसके प्राण नहीं निकल रहे थे। उसकी अंतिम इच्छा पूछी गई तो उसने कहा कि उसकी अस्थियां काशी में गंगा में विसर्जित की जाए। पुत्रों के द्वारा आश्वासन पाने पर उसके प्राण निकल गए।

उसका सुषाद नाम का बड़ा पुत्र अस्थियां लेकर काशी गया तो एक ब्राह्मण के यहां ठहरा। वहां उसने देखा कि जब रात को ब्राह्मण लौटा और उसने बछड़े को चुसवाकर खूंटे से बांध दिया और गाय दोहने लगा तो बछड़े ने उसका पैर कुचल दिया। ब्राह्मण ने बछड़े को पीटा तो उसने उछल-कूद बंद कर दी पर गाय दोह लेने के बाद उसने निर्दयता से बछड़े को पीटा। बछड़े की वेदना से दुःखी उसकी मां ने बछड़े को बताया कि वह प्रातःकाल प्रतिकार लेने के लिए ब्राह्मण को मार गिराएगी। तब बछड़े ने अपनी माता को मना किया और कहा कि हम न जाने किस पाप का फल भोग रहे हैं और अब ऐसा कोई दुष्कर्म नहीं करना चाहिए जिससे आगे भी कष्ट हो और मुक्ति का मार्ग समाप्त हो जाए। गाय का क्रोध बहुत बढ़ा हुआ था और उसे अपने बछड़े की चेतावनी भी ध्यान नहीं रही। उसने सोचा कि मैं प्रातःकाल होते ही अपने सींगों से दुष्ट ब्राह्मण को मारकर उसे विदीर्ण कर दूंगी और वह वही मर जाएगा। सुषाद ने गाय और बछड़े का यह संवाद सुना और इस घटना को देखने के लिए पीड़ा का बहाना बनाकर वहीं लेटा रहा।

दूसरे दिन ब्राह्मण अपने पुत्र को गाय दुहने के लिए कहकर चला गया और ब्राह्मण का पुत्र अपनी मां के साथ जैसे ही गाय दुहने लगा तो गाय ने कठोर प्रहार से उसे मार डाला। घर में हाहाकार मच गया और ब्राह्मणी ने गाय को खूंटे से छोड़ दिया। ब्रह्महत्या के पाप के कारण गाय का सफेद शरीर काला पड़ गया था। गाय अपने लक्ष्य की ओर चलने लगी और सुषाद भी उसके पीछे चला। गाय नर्मदा के तट पर नंदीश्वर महादेव के स्थान पर पहुंची और वहां उसने तीन गोते लगाए। उसका शरीर पुनः सफेद हो गया। नंदीश्वर के अनुग्रह और नर्मदा के महात्म्य से उसका पाप दूर हो गया।

उसी समय सुषाद के सामने गंगा ने एक स्त्री का रूप धारण करके अपनी माता की अस्थियों के विसर्जन के लिए कहा। उसने बताया कि आज का दिन वैशाख शुक्ल सप्तमी है और गंगा नर्मदा में निवास करती है। सुषाद ने वैसा ही किया तो उसकी माता ने दिव्य शरीर धारण कर उसे आशीर्वाद दिया।

ऋषिका नामक एक विधवा कन्या ने शिवजी का पार्थिव पूजन किया तो एक मायावी दैत्य आकर उससे रति दान मांगने लगा। वह कन्या शिवभक्त थी और उसकी काम-भावना नष्ट हो चुकी थी। वह एकाग्र चित्त से शिवजी के नाम का ही जाप करती रही। दैत्य ने इसे अपना अपमान समझा और दानव का रूप दिखाकर डराना चाहा तो कन्या ने शिवजी को पुकारा। शिवजी ने दुष्ट दैत्य का विनाश किया और कन्या से वर मांगने के लिए कहा। उस ब्राह्मण कन्या ने शिवजी की अचल भक्ति का वर मांगा और शिवजी से पार्थिव रूप में वहीं रहने के प्रार्थना की। शिवजी ने अपना पार्थिव शरीर वहीं छोड़ दिया तथा अन्तर्ध्यान हो गए। उसी दिन से यह स्थान नंदीकेश्वर महादेव के नाम से जाना जाने लगा।

अंधकेश्वर महादेव : समुद्र में निवास करने वाला अंधकासुर को अपने वश में करने के बाद देवताओं को बहुत कष्ट देने लगा। तब देवताओं ने शिवजी की स्तुति की और उनकी शरण में आए। शिवजी ने देवताओं को उस पर चढ़ाई करने का आदेश दे दिया। शिवजी स्वयं अपने गणों को साथ लेकर अंधक के गर्त पर आए। अंधक भी भीषण युद्ध करते जैसे ही अपने गर्त पर आया वैसे ही शिवजी ने त्रिशूल से उसका विच्छेद कर दिया। अंधक ने भगवान शंकर की स्तुति की तो प्रसन्न होकर शंकर ने वर मांगने के लिए कहा। तब अंधक ने उनसे वही स्थित रहने के लिए वर मांगा और तभी से वहां का नाम अंधकेश्वर महादेव पड़ा।

हाटकेश्वर महादेव : एक समय दारुक वन के निवासी ऋषियों की परीक्षा के लिए शंकर अपने विकट रूप के साथ हाथ में ज्योतिर्लिंग धारण करके ऋषि पत्नियों पास पहुंचे और कामुक चेष्टाएं करने लगे। जब ऋषि लोग लौटे तो इस अवधूत को बहुत बुरा- भला कहा। महादेव शांत रहे किंतु ऋषि उनकी वास्तविकता को नहीं समझ सके और उन्होंने लिंग के पृथ्वी पर गिरने का श्राप दे दिया। पृथ्वी पर गिरकर लिंग आग के समान जलने लगा और इधर -उधर घूमने लगा। सारा लोक व्याकुल हो गया। ऋषि लोग ब्रह्माजी के पास गए और उनसे उपाय पूछा। ब्रह्माजी ने कहा कि तुम देवी पार्वती की आराधना करो। ऋषियों ने शास्त्र-विधि से शिव- पार्वती की भी पूजा की। शिवजी ने बताया कि यदि पार्वती उसे धारण करें तो आप लोगों का दुःख दूर हो सकता है। यही इस रूप में स्थापित हाटकेश्वर महादेव कहलाया।

बटुकेश्वर महादेव : दधीचि ब्राह्मण की पुत्रवधू बुरे स्वभाव की थी। इस कारण वह कहीं पर भी नहीं रुक पाते थे। एक समय दधीचि के बेटे सुदर्शन ने अपनी पत्नी दुकूला के साथ शिवरात्रि के दिन सहवास किया और बिना स्नान किए ही शिवपूजा की। शिवजी ने उसे जड़ होने का श्राप दे दिया। इस बात पर दुःखी होकर दधीचि ने पार्वती से प्रार्थना की जिससे प्रसन्न

होकर भगवती ने उसे अपना बना दिया। पार्वती के कहने पर शिवजी ने अपने चारों पुत्रों को बटुक के रूप में चारों दिशाओं में अभिषिक्त कर दिया और यह कहा कि बिना बटुक की पूजा के शिव - भक्ति पूरी नहीं होगी।

मल्लिकार्जुन महादेव : अपने विवाह के लिए कार्तिकेय जब पृथ्वी की परिक्रमा करके कैलाश लौटे तो उन्हें नारदजी के द्वारा गणेश के विवाह का पता चला। इस पर वे नाराज होकर और माता- पिता की बात न मानकर क्रौंच पर्वत पर चले गए। शंकर ने देवर्षियों को कुमार को समझाने के लिए भेजा, उस पर भी कुमार नहीं माने तब पार्वती के साथ स्वयं शिव यहां पर गए। किंतु अपने माता-पिता का आगमन सुनकर कुमार वहां से तीन योजन दूर चले गए। शिव-पार्वती को कुमार जब वहां नहीं मिले तो उन्होंने अन्य स्थानों पर जाने का विचार किया लेकिन वहां पहले एक ज्योति स्थापित कर दी। उसी दिन से मल्लिकार्जुन क्षेत्र के नाम वह मल्लिकार्जुन महादेव कहलाता है।

सोमेश्वर महादेव : दक्ष ने अपनी सत्ताईस पुत्रियों का चंद्रमा से विवाह कर दिया था। लेकिन चंद्रमा ने उनकी पुत्री रोहिणी के प्रति अधिक आसक्ति दिखाई। इस पर शेष छब्बीस स्वयं को अपमानित अनुभव करने लगी। उन्होंने अपने पिता से पति की शिकायत की तो दक्ष ने अपने दामाद को समझाया लेकिन उसका प्रयास विफल हो गया। चन्द्रमा रोहिणी में ही अनुरक्त रहा। तब दक्ष ने चंद्रमा को क्षयी होने का श्राप दे दिया।

देवता लोग चंद्रमा के दुःख से दुखी हुए और ब्रह्माजी से श्राप को समाप्त करने का उपाय पूछा। ब्रह्माजी ने महाशंकर की उपासना करना ही एकमात्र उपाय बताया। इस पर चंद्रमा ने छह महीने तक शिवजी की पूजा की और शिवजी जब उसके सामने प्रकट हुए तो उन्होंने चंद्रमा को वरदान दिया कि वह प्रतिदिन एक पक्ष में एक-एक कला का हास भोगेगा और फिर दूसरे पक्ष में प्रतिदिन बढ़ता जाएगा। देवताओं पर प्रसन्न होकर उस क्षेत्र में उसकी महिमा को बढ़ाने के लिए सोमेश्वर नाम से चंद्रमा ने सोमेश्वर शिव की स्थापना की और शिवजी भी वहां सोमेश्वर नाम से स्थापित हुए।

ओंकारेश्वर महादेव : एक बार नारदजी ने गोकर्ण तीर्थ में शिवजी की पूजा की और फिर विंध्याचल पर्वत पर आकर भी श्रद्धापूर्वक शिवजी की आराधना करने लगे। इस पर गर्व से भरकर विंध्याचल नारदजी के पास आया और अपने को सर्वश्रेष्ठ कहने लगा। नारदजी ने कहा कि सुमेरु के सामने कोई गणना नहीं। सुमेरु को गिनती देवताओं में की जाती है। यह सुनकर विंध भगवान शिवजी की शरण में गया और उसने ओंकार नामक शिव की पार्थिव मूर्ति बनाई तथा उसकी पूजा की। शिवजी प्रसन्न हो गए और वर मांगने के लिए कहा। विंध्य ने अपनी बुद्धि से मनोकामनाओं को पूरा करने का वर मांगा तो शिवजी ने सोचा कि यह दूसरों के लिए दुःखद भी हो सकता है। तब उन्होंने विचार किया कि यह वरदान दूसरों के लिए भी सुखद हो। यह सोचकर वे स्वयं वहां ओंकारेश्वर के रूप में स्थित हो गए।

केदारेश्वर महादेव : बद्रिका गांव मे जब नर-नारायण पार्थिव पूजा करने लगे तो शिवजी वहां प्रकट हुए। कुछ समय के बाद शिवजी ने प्रसन्न होकर उनसे वर मांगने के लिए कहा तो नर-नारायण ने लोक-कल्याण की भावना से उनसे स्वयं अपने रूप से पूजा के कारण उस स्थान पर हमेशा रहने की प्रार्थना की। इन दोनों की इस प्रार्थना पर हिमाश्रित केदार नामक स्थान में साक्षात् महेश्वर ज्योति रूप से स्थित हो गए और वहां का नाम केदारेश्वर पड़ा।

महाकालेश्वर महादेव : महाकालेश्वर की महिमा अधिक है। अवंति वासी एक ब्राह्मण के चार पुत्र शिव के उपासक थे। ब्रह्मा से दैत्यराज दूषण ने वर प्राप्त करके अवंति में जाकर वहां के ब्राह्मणों को बहुत दुःख दिया। लेकिन शिवजी की उपासना में लीन इस ब्राह्मण ने जरा भी दुःख नहीं माना। तब दैत्यराज ने अपने चार अनुचर भेजकर नगरी को घिरवा दिया और धर्मानुष्ठान न करने का आदेश दिया अत्याचार से पीड़ित होकर प्रजा ब्राह्मणों के पास आई। ब्राह्मणों ने प्रजा को तो धैर्य बंधाया और स्वयं शिवजी की उपासना में लीन हो गए। इसी समय जब दूषण दैत्य उन ब्राह्मणों पर आक्रमण करने के लिए तत्पर हुआ तो वैसे ही पार्थिव मूर्ति के स्थान पर एक भयानक शब्द हुआ और साथ ही धरती फटी। शिवजी ने विराट् महाकाल के रूप में स्वयं को प्रकट करके उस दुष्ट दैत्य को ब्राह्मणों के पास न आने का आदेश दिया। पर उसने वह आज्ञा नहीं मानी। फलस्वरूप शिवजी ने उसे वहीं भस्म कर दिया। शिवजी के इस रूप को देखकर ब्रह्मा, विष्णु और इन्द्र आदि देवताओं ने उनकी स्तुति की।

इस संदर्भ में एक कथा और भी है - उज्जयिनी नरेश चंद्रसेन शस्त्र का ज्ञाता होने के साथ-साथ शिवभक्त भी था। उसके मित्र महेश्वरजी के गण मणिभद्र ने उसे एक चिंतामणि प्रदान की थी। जब चन्द्रसेन उस मणि को धारण करता तो अत्यंत तेजस्वी हो जाता। कुछ राजाओं ने उससे यह मणि मांगी और न देने पर उस पर चढ़ाई कर दी। अपनी रक्षा का कोई और उपाय न देखकर वह महाकाल की शरण में गया। शिवजी ने प्रसन्न होकर उसकी रक्षा का उपाय किया। तभी अपने बालक को गोद में लिए हुए एक ब्राह्मणी घूमती हुई महाकाल के पास पहुंची तो वह विधवा हो गई। अनजान बालक ने महाकालेश्वर मंदिर में राजा को शिव की पूजा करते हुए देखा तो उसमें भी भक्ति-भाव जागृत हो गया। उसने एक रमणीय पत्थर घर लाकर शिव रूप में स्थापित किया और उसकी पूजा करने लगा। वह ध्यान में इतना लीन हो गया कि माता के बार-बार बुलाने पर भी उसका ध्यान नहीं टूटा। इस पर शिव माया में विमोहित माता ने शिवलिंग को उठाकर दूर फेंक दिया। पुत्र माता के इस कर्म पर भी शिवजी का स्मरण करता रहा। शिवजी की कृपा से गोपी पुत्र पूजित वह पत्थर ज्योतिर्लिंग के रूप में आविर्भूत हुआ। शिवजी की पूजा करके जब वह बालक अपने घर गया तो उसने देखा उसकी कुटिया के स्थान पर एक विशाल

भवन खड़ा है। इस तरह वह शिवजी की कृपा से धनधान्य से संपन्न हो गया। दूसरी ओर चंद्रसेन के विरोधी राजाओं ने अभियान प्रारंभ करते हुए यह जान लिया था कि उज्जयिनी महाकाल की नगरी है और चंद्रसेन शिवभक्त है, तो उसको जीतने का विचार छोड़कर सबने मिलकर महाकाल की पूजा की। वहीं पर हनुमानजी भी प्रकट हुए और उन्होंने बताया कि शिवजी तो बिना मंत्र के भी प्रसन्न हा जाते हैं।

भीमेश्वर महादेव : भीम नाम का एक बड़ा ही भयंकर राक्षस था। उसके माता -पिता का नाम कर्कटी और कुंभकर्ण था। उसका पिता रावण का भाई था, यह बात भीम को अपनी माता से ज्ञात हुई। और यह भी मालूम हुआ कि उसे रामचंद्रजी ने मार दिया था। माता ने यह भी बताया कि मैंने अभी लंका नहीं देखी, तुम्हारा पिता मुझे यही मिला था और जब से तुम पैदा हुए हो तब से मैं यही रह रही हूं। यह मेरा घर ही मेरा सहारा है क्योंकि मेरे माता- पिता भी अगस्त्य मुनि के क्रोध से भस्म हो गए। यह सुनकर वह देवताओं से बदला लेने के लिए तत्पर हुआ और कठोर तप करके ब्रह्माजी को प्रसन्न किया। ब्रह्माजी ने उसे अतुल बलशाली होने का वरदान दिया। भीम ने इन्द्र आदि देवताओं को जीतकर अपने वश में कर लिया। इसके बाद उसने शिवजी के महान् भक्त कामरूपेश्वर का सब कुछ हरकर उसे जेल में डाल दिया। कामरूपेश्वर यहां भी शिवजी की पूजा किया करता था। उसकी पत्नी भी शिव की आराधना में लगी रहती थी।

इधर ब्रह्मा, विष्णु आदि भीम से छुटकारा पाने के लिए भगवान शंकर की सेवा में गए। दूसरी ओर किसी ने भीम से कहा कि कामरूपेश्वर उसके मरण का अनुष्ठान कर रहा है। तब राजा जेल में गया और पूछताछ की। राजा कामरूपेश्वर ने सब कुछ सच-सच बताया। यह सुनकर भीम ने उससे अपनी पूजा करने के लिए कहा तथा उसने अपनी तलवार से शिवजी के पार्थिव लिंग पर प्रहार करना चाहा। तभी शिवजी प्रकट हो गए। फिर दोनों में युद्ध हुआ। अंत में वहां नारदजी आए जिनके कहने पर शिवजी ने फूंक मारकर उस दैत्य को भस्म कर दिया। देवताओं ने शिवजी से वहीं पर निवास करने की प्रार्थना की और शिवजी भीमेश्वर नामक ज्योतिर्लिंग के रूप में वहां स्थित हो गए।

वैद्यनाथ महादेव : रावण ने कैलाश पर्वत पर घोर तप करके शिवजी को प्रसन्न करने के लिए सभी प्रकार की प्राकृतिक आपदाओं को सहा। लेकिन जब शिवजी प्रसन्न नहीं हुए तो रावण ने अपने सिर काट-काटकर शिवलिंग पर चढ़ाने आरम्भ कर दिए। जब वह अपने नौ सिर चढ़ा चुका और दसवां काटने लगा तब शिवजी प्रकट हुए और उसके सारे सिरों को पूर्ववत् करके वर मांगने के लिए कहा। रावण ने उनसे लंका चलने के लिए कहा। शंकर ने अनिच्छा से भी इसे स्वीकार कर लिया। शंकर ने कहा कि तुम मेरे लिंग को भक्ति सहित घर ले जाओ, लेकिन यदि बीच में कहीं भी रखोगे तो यह स्थिर हो जाएगा। रावण शिवलिंग को लेकर चला और मार्ग में लघुशंका के कारण उसने एक गोप को वह लिंग दे दिया। गोप उसके भार को न संभाल सका, वह वहीं गिर गया। तब से शिवजी वैद्यनाथ महादेव के रूप में वहीं स्थित हैं।

नागेश्वर महादेव : पश्चिमी समुद्र तट पर लगभग सोलह योजन के विस्तार में एक वन था। इसमें दारुक और दारुका रहते थे। उन्होंने बहुत उत्पात मचाया हुआ था जिससे तंग आकर मुनि लोग औौर्व मुनि की शरण में आए। उन्होंने दैत्यों को नष्ट हो जाने का श्राप दिया। देवताओं ने दैत्यों पर आक्रमण किया। दैत्य घबराए तो लेकिन दारुका के पास पार्वती के द्वारा दी गई शक्ति थी जिसके बल पर वह उस वन को आकाश मार्ग से उड़ाकर समुद्र के बीच में ले आया और वहां निश्चित होकर रहने लगा। वे नौका से समुद्र के चारों तरफ जाकर लोगों को बंदी बनाकर ले आते थे। एक बार इनमें एक सुप्रिय नाम का शिवभक्त भी था। वह शिव-पूजन के बिना अन्न-जल ग्रहण नहीं करता था। उसने जेल में भी शिवजी की पूजा प्रारंभ की। जब उसके इस कार्य का पता राक्षस को चला तो उसने उसे मारने की धमकी दी। सुप्रिय ने भगवान शिव की प्रार्थना की और शिवजी ने एक क्षण में प्रकट होकर राक्षसों को मार डाला। और तब उस वन को चारों लोक वर्णों के लिए खोल दिया। लेकिन दारुका को पार्वती ने जो वरदान दे रक्खा था उसके कारण उस युग के अंत में राक्षसी सृष्टि होने और दारुका के शासिका बनने की बात स्वीकार की। और नागेश्वर ज्योतिर्लिंग के रूप में शिवजी वहां पर स्थापित हुए।

रामेश्वर महादेव: एक बार भगवान राम सीताजी को खोजते-खोजते सुग्रीव से मित्रता के सूत्र में बंध गए और हनुमानजी के द्वारा उन्हें सीताजी का पता चल गया। राम ने रावण पर आक्रमण करने के लिए वानर सेना को संगठित किया और दक्षिण के समुद्र तट पर पहुंचे। उनके सामने समुद्र को पार करने की समस्या थी। शिवभक्त रामचंद्र को सुग्रीव आदि ने बहुत समझाया किंतु वे रावण की शिवभक्ति को जानते थे। इसी बीच में उन्हें प्यास लगी और जैसे ही उन्होंने जल मांगा और पीने लगे वैसे ही उन्हें शिव की पूजा न करने की याद हो आई। तब उन्होंने शिवजी का पार्थिव लिंग बनाकर षोडशोपचार से उसकी पूजा प्रारंभ की। शिवजी प्रसन्न हो गए और प्रकट होकर वर मांगने के लिए कहा। तब राम ने उनसे वहीं स्थित होने का वर मांगा। शिवजी ने 'एवमस्तु' कहा और वहीं रामेश्वर महादेव के रूप में स्थित हो गए।

घूश्मेश्वर महादेव : अपनी सुंदर पत्नी सुदेहा के साथ भरद्वाज गोत्र वाला सुधर्मा नाम का एक वेदज्ञ ब्राह्मण दक्षिण दिशा में स्थित देव पर्वत पर रहता था। उसके कोई संतान नहीं थी, इस कारण अपने पड़ोसियों से व्यंग्य-वाक्य सुनने पड़ते थे। लेकिन सुधर्मा उस पर ध्यान नहीं देता था। पर सुदेहा ने उसे दूसरे विवाह के लिए विवश कर दिया और अपनी बहन घूष्मा को बुलाकर अपने पति से विवाह करा दिया और यह भी कहा कि वह किसी प्रकार का द्वेष नहीं रखेगी।

समय आने पर घूष्मा के पुत्र उत्पन्न हुआ और उसका विवाह हुआ। यद्यपि सुधर्मा और घूष्मा दोनों ही सुदेहा का बहुत ध्यान रखते थे। फिर भी उसके मन में ईर्ष्या का भाव यहां तक पैदा हो गया उसने एक दिन उस युवक की हत्या करके पास के तालाब में फेंक दिया। सुधर्मा के बुढ़ापे पर वज्र गिर पड़ा। लेकिन घूष्मा ने शिवजी का पूजन नहीं छोड़ा। उसने तालाब पर जाकर

सौ शिवलिंग बनाए और उनकी पूजा करने लगी। जब वह उनका विसर्जन करके घर की ओर चलने लगी तो उसे अपना पुत्र तालाब पर खड़ा मिला। और शिवजी ने प्रकट होकर सुदेहा के पाप की बात बताई। तथा उसे मारने के लिए उद्यत हुए घूष्मा ने शिवजी की स्तुति करके उन्हें इस कर्म से रोका और उनसे प्रार्थना की कि यदि वे उससे प्रसन्न हैं तो वे यहीं रहें। शिवजी ने उसकी प्रार्थना स्वीकार की और भूश्मेश्वर नाम से यहां स्थित हो गए।

विश्वेश्वर महादेव : पुरातन काल में निर्विकार तथा चैतन्य ब्रह्म ने सबसे पहले निर्गुण से सगुण शिव रूप धारण किए। प्रकृति और पुरुष (शक्ति और शिव) को शिव ने उत्तम सृष्टि के लिए तप का आदेश दिया। जब उन्होंने एक अच्छे स्थान के विषय में पूछा तो शिव ने अपनी प्रेरणा से संपूर्ण तेज से संपन्न पंचक्रोशी नाम की नगरी का निर्माण किया। वहां विष्णुजी ने बहुत काल तक शिवजी की आराधना की। इससे वहां अनेक जलधाराएं प्रकट हो गई। इस अद्भुत दृश्य को देखकर जब विष्णुजी आश्चर्यचकित हुए तो उनके कान से एक मणि वहां गिर गई जिससे उस जगह का नाम मणिकर्णिका तीर्थ पड़ गया। मणिकर्णिका के पांच कोस के विस्तार तक सारे जल को शिवजी ने अपने त्रिशूल पर धारण किया और उसमें विष्णु अपनी पत्नी सहित सो गए। तब शिवजी की आज्ञा से इस सृष्टि का निर्माण किया। शिव ने पंचक्रोशी नगरी को सबसे अलग रखा और अपने ज्योतिर्लिंग को स्वयं स्थापित किया। फिर शिवजी ने उसे वहां से उतारकर मृत्युलोक में स्थापित कर दिया जो ब्रह्मा का पूरा दिन होने पर भी नष्ट नहीं होता। यह स्थापना काशी में हुई। प्रलय काल में शिवजी उसे फिर अपने त्रिशूल पर धारण कर लेते हैं। इस प्रकार काशी में अविमुक्तेश्वर लिंग सदा स्थिर रहता है और महा पुण्य देने वाली पंचक्रोशी नगरी घोरतम पापों को भी नष्ट करने वाली है। भगवान शंकर ने पार्वती सहित भीतर से सत्वगुणी और बाहर से तमोगुणी इस नगरी को अपना स्थायी निवास बनाया।

तीन प्रकार के कर्म कहे गये हैं जो कर्मकांड के बंधन में डालने वाले हैं।

1. संचित- पहले जन्म में किए गए शुभ और अशुभ कर्म।

2. क्रियमाण- वर्तमान जन्म में किए जा रहे कर्म।

3. प्रारब्ध- शरीर के फलस्वरूप भोगे जाने वाले कर्म।

प्रारब्ध कर्म का विनाश एकमात्र भोग से और संचित तथा क्रियमाण का विलोम पूजन से होता है। काशी में जाकर स्नान करने से और प्राण त्यागने से मोक्ष की प्राप्ति होती है।

त्र्यम्बकेश्वर महादेव : दक्षिण ब्रह्म पर्वत पर अहिल्या के पति गौतम तप करते थे। सौ वर्ष तक वहां पर पानी नहीं बरसा तो पृथ्वी का नीलापन समाप्त हो गया। वहां के प्राणी सूख से परेशान होकर इधर- उधर जाने लगे। इतनी घोर अनावृष्टि हुई कि गौतम जी ने छः महीने तक प्राणायाम के द्वारा मांगलिक तप किया। इससे वरुण देवता प्रसन्न हुए और गौतम ने जल का वरदान मांगा। वरुण देव के कहने पर गौतम ने एक गड्ढा खोदा और वहां पानी भर आया। वरुण

ने कहा कि हे गौतम! तुम्हारे प्रताप से यह गड्ढा हमेशा जल से भरा रहेगा तथा तुम्हारे नाम से इसकी प्रसिद्धि होगी। यही स्थान हवन, तप, यज्ञ, दान करने वाले लोगों को फल देगा। इस जल के कारण ऋषियों का आनंद हुआ और पृथ्वी हरी-भरी हो गई।

इस बार गौतम के शिष्य वहां जल लेने के लिए गए तो अन्य मुनियों की पत्नियां भी जल लेने के लिए आयी हुई थी और वे पहले जल लेने का हठ करने लगी। गौतम के शिष्य गौतम की पत्नी को बुलाकर लाए और उन्होंने शिष्यों को ही पहले जल लेने की व्यवस्था की। मुनि - पत्नियों ने इस बात को अपने पतियों से बढ़ा-चढ़ा कर कहा। तब मुनियों ने गौतम से बदला लेने के लिए गणेशजी की पूजा की। गणेशजी के प्रकट पर उन्होंने वर देने के लिए कहा। इस पर ऋषियों ने वर मांगा कि गौतम को अपमानित करके यहां से निकालने की शक्ति प्रदान की जाए। इस पर गणेशजी ने अनुरोध किया कि ऐसे मुनि के साथ द्वेष रखना ठीक नहीं है, जिसने अपनी तपस्या से इस प्रदेश में जल की व्यवस्था की। लेकिन जब मुनियों ने बहुत हठ किया तो गणेशजी ने उनकी बात मान ली लेकिन उन्हें चेतावनी दी कि इसके परिणाम ठीक नहीं होंगे। इसके कुछ दिन बाद जब गौतम जी उधर गए तो उन्होंने एक दुबली-पतली गाय देखी। और जैसे ही उसे हटाने के लिए एक पतली छड़ी उस पर मारी, वह वहीं मर गई। मुनियों ने गौतम पर गौहत्या का पाप चढ़ाकर उन्हें अपमानित किया और उन्हें वहां से जाने के लिए कहा। गौतम दुखी होकर वहां से चले गए।

गौतम ने गौहत्या के पाप से मुक्ति पाने के लिए तप किया, गंगाजी में स्नान किया और करोड़ों की संख्या में लिंग बनाकर शिवजी की पूजा की। शिवजी ने प्रसन्न होकर दर्शन दिए और कहा कि तुम तो शुद्ध आत्मा से ऋषि हो तुमने कोई पाप नहीं किया। जब शिवजी ने गौतम से वर मांगने के लिए कहा तो गौतम ने शिवजी से उन्हें गंगा देकर संसार का उपकार करने का वर मांगा। शिव ने गंगा का तत्त्व रूप जल मुनि को दिया। गौतम ने गंगा से अपने को गौहत्या से मुक्त कराने की प्रार्थना की। गंगा ने सोचा कि वह गौतम को पवित्र करके स्वर्गलोक को चली जाएगी। लेकिन शिवजी ने उनसे कहा कि जब तक कलियुग है, तब तक तुम धरती पर ही निवास करो। इस पर गंगा ने भी उनसे कहा कि फिर आप भी पार्वती सहित पृथ्वी पर रहो। गंगाजी ने शिवजी से पूछा कि संसार को उसकी महत्ता का पता कैसे चलेगा। इस पर मुनियों ने कहा कि जब तक बृहस्पति सिंह राशि में स्थित रहेंगे तब तक हम तुम्हारे किनारे रहकर और स्नान करके शिवजी के दर्शन करते रहेंगे और हमारे पाप छूट जाएंगे।

इस बात को सुनकर गंगा गोमती नाम से और शिवलिंग त्रयंबक नाम से वहीं पर स्थित हुए।

गंगा-द्वारका का नाम इसलिए पड़ा कि गौतम जी ने यहां सबसे पहले स्नान किया और जब दूसरे स्नान करने के लिए आए तो गंगा अदृश्य हो गई। गौतम ने उनसे प्रार्थना लेकिन उन्होंने कृतघ्न ऋषियों को दर्शन देने से इनकार कर दिया। गौतम ने फिर प्रार्थना की तब उन्होंने कहा कि इस पर्वत की सौ बार परिक्रमा करने पर ही दर्शन देंगी। मुनियों ने वैसा किया और गौतम से भी क्षमा-याचना की।

(पुराकथाओं में यह भी वर्णन मिलता है कि गौतम ने उन ऋषियों को शाप दिया था और वे कांचीपुरी में जाकर रहने लगे तथा शिवभक्त नहीं रहे। उनकी संतान भी शिवभक्ति से रहित हो गई। और वे दानव जैसा व्यवहार करने लगे। किंतु फिर गंगाजी इस स्थान पर आईं और उसमें स्नान करके ही उनका कल्याण हुआ।)

हरीश्वर महादेव : पुराने समय में जब राक्षस लोग देवताओं को कष्ट देने लगे और धर्म का ह्रास हुआ तो देवता विष्णुजी के पास गए। विष्णुजी ने देवताओं से कहा कि शिवजी की आराधना करने से प्राप्त शक्ति से ही दैत्यों का संहार हो सकता है। विष्णुजी कैलाश पर जाकर शिवजी की भक्ति करने लगे। उन्होंने मानसरोवर से उत्पन्न कमलों से शिव की पूजा की और सहस्रनामों से पाठ करते हुए एक-एक नाम मंत्र का उच्चारण करके एक- एक कमल शिवजी पर चढ़ाने लगे। विष्णु की परीक्षा लेने के लिए शिवजी ने सहस्र कमलों में से एक कमल को छिपा लिया। विष्णु ने उसे सब जगह ढूंढ़ा और अंत में हारकर अपना एक नेत्र कमल के रूप में चढ़ाने लगे। तत्काल ही शिवजी प्रकट हुए और विष्णुजी ने यह वरदान मांगा कि शिव दैत्यों की शक्ति का ह्रास करें। इस पर महादेव ने विष्णु को अपना सुदर्शन चक्र दिया, जिसके प्रभाव से बिना किसी परिश्रम के विष्णुजी ने दैत्यों को पराजित कर दिया।

व्याघ्रेश्वर महादेव : शिवजी को प्रसन्न करने वाले अनेक वृत्तों में शिवरात्रि का व्रत सबसे महत्त्वपूर्ण है। इस व्रत को संपन्न करने के लिए सबेरे उठकर अपने नित्य-कर्म से निवृत्त होकर शिवालय में जाकर शिवजी की पूजा करनी चाहिए। इसके साथ ज्योतिर्लिंग को सुंदर स्थान पर स्थापित करके सभी सामग्री सहित पूजा करनी चाहिए। **'ॐ नमः शिवाय'** का जाप कर गीत-संगीत के साथ तीन बार आचमन करना चाहिए। रात्रि जागरण, प्रार्थना करते हुए व्रत समाप्त करना चाहिए। शिवजी की उपासना करते हुए कहना चाहिए कि हे महाशंकर! आप इस व्रत से संतुष्ट हों और हम पर कृपा करें। फिर अपनी शक्ति अनुसार दान आदि करके शिवलिंग का विसर्जन करने के बाद भोजन करना चाहिए।

इसके लिए एक कथा इस प्रकार है कि गुरुदुह्य नाम का एक पापी निषाद नित्य वन में जाकर चोरी आदि करता हुआ अनेक दुष्कर्म करता था। एक बार शिवरात्रि के दिन वह अपनी गर्भवती पत्नी के साथ भोजन की खोज में निकला किंतु उसे कुछ नहीं मिला। वह निराश होकर एक तालाब के पास बेल के पेड़ की आड़ में इस आशा में बैठ गया कि यदि कोई पशु पानी पीने के लिए आए तो वह उसे मारकर खा जाए। रात्रि के पहले प्रहर में एक हिरणी पानी पीने आई तो उस भील ने अपने धनुष पर बाण चढ़ाया और जैसे ही उसने ऐसा किया, उस बेल के पेड़ से कुछ फल और जल के कण नीचे शिवजी के ज्योतिर्लिंग पर गिर गए और उससे शिव का पूजन हो गया। मृगी ने दुःखी वाणी में कहा कि मुझे थोड़ी देर के लिए बच्चों की व्यवस्था करने के लिए जाने दो। मैं फिर आ जाऊंगी। निषाद ने उसे जाने दिया और उसकी प्रतीक्षा में उसका एक पहर जागते हुए बीत गया। दूसरे पहर में उस मृगी को ढूंढ़ती हुई उसकी बहन उसी तालाब पर आई

तो निषाद ने फिर वैसा ही किया और उससे फिर फूल तथा जल ज्योतिर्लिंग पर गिरे और शिवजी की पूजा हो गई। मृगी की बहन भी कुछ समय मांगकर चली गई। निषाद ने उसे भी जाने दिया। तीसरे पहर उन दोनों को ढूंढ़ता हुआ एक हृष्ट-पुष्ट मृग वहां आया और फिर उसको मारने की कोशिश में उसी तरह से फूल और जल गिरे और शिवजी का तीसरे पहर का पूजन हो गया। मृग ने भी बहुत करुण वाणी में निषाद से अपने बच्चों की व्यवस्था करने के लिए समय मांगा और लौट आने का विश्वास दिलाया। उसकी प्रतीक्षा में निषाद का चौथे पहर का जागरण भी हो गया।

घर पहुंचकर तीनों ने एक-दूसरे को अपनी कहानी सुनाई और मृगी को बच्चों का भार सौंपकर स्वयं मृग ने निषाद के पास आने का विचार किया। मृगियों ने वैधव्य को बहुत बुरा बताते हुए साथ चलने का आग्रह किया और इसके बाद बच्चे भी माता-पिता के साथ वहां आ गए। चौथे पहर में जब निषाद ने धनुष पर बाण चढ़ाया तो उसी प्रकार जल और पत्र-पुष्य शिवजी पर चढ़ने से चतुर्थ पहर की पूजा हो गई। इससे निषाद का पाप नष्ट हो गया और उसने ज्ञान का अनुभव किया। उसने मृग-मृगियों को वचनबद्धता की भावना के कारण मुक्त कर दिया। निषाद के इस कर्म से प्रसन्न होकर शिवजी प्रकट हुए और उससे वर मांगने के लिए कहा। निषाद ने उनसे वर मांगा कि वह वहीं पर निवास करें। शिवजी ने 'तथास्तु' कहा और व्याघ्रेश्वर नाम से वहां स्थिर हो गए।

इस प्रकार शिवजी के ये ज्योतिर्लिंग विभिन्न रूपों में विभिन्न स्थानों में विद्यमान हैं। शिवरात्रि का अनुपम महत्त्व है। यह श्रद्धालु भक्त को मनवांछित फल देता है। इस कथा से यह स्पष्ट होता है कि शिवरात्रि के सारे दिन और सारी रात जागकर शिव पूजन करना चाहिए।

सूतजी ने बतलाया कि इस दिव्य चरित्र को सुनकर सारी व्याधियां दूर हो जाती हैं और सिद्धियां प्राप्त होती हैं।

उमा संहिता

महात्मा सूतजी से ऋषि बोले कि आप हमें शिवजी और पार्वती के अन्य गुप्त चरित्रों को सुनाने की कृपा करें। सूतजी ने कहा, हे मुनियों! शिवजी का यह चरित्र उपमन्यु ने श्रीकृष्ण को बताया था। और यही चरित्र मैं अब, आप लोगों को बताता हूं।

एक बार श्रीकृष्ण कैलाश पर्वत पर शिवजी को प्रसन्न करने के लिए तप करने के लिए गये। वहां उन्होंने उपमन्यु को तप करते हुए देखा और उससे प्रार्थना की कि वह उन्हें शिव-चरित्र सुनाए। श्रीकृष्ण की बात सुनकर उपमन्यु बोले कि शिवजी को प्रसन्न करने के लिए ब्रह्मा, विष्णु आदि अनेक देवताओं को मैंने तपस्या करते हुए देखा है। शिवजी का रूप अनुपम है और उनका महात्म्य भी अलौकिक है। शंकरजी के दिव्य रूप को देखकर मैंने जब उनकी पूजा-अर्चना की तब उन्होंने वर मांगने के लिए कहा। मैंने वर में उनसे मांगा कि मुझे तीनों कुलों का ज्ञान हो जाए। आपमें प्रगाढ़ भक्ति रहे और परिवार को नित्य प्रति दूध-भात मिलता रहे। शिवजी से मेरा मांगा हुआ मुझे सब-कुछ सहज उपलब्ध हो गया है।

श्रीकृष्ण के पूछने पर उपमन्यु ने कहा कि मैं कुछ अविशिष्ट शिव-भक्तों का वर्णन करते हुए शिव और शिवभक्ति के महात्म्य को बताता हूं।

हिरण्यकशिपु ने एक बार महादेव की आराधना करके देवों के समान ऐश्वर्य प्राप्त किया था। इस कारण उन्होंने अनेक देवताओं को भी पराजित किया। यहां तक कि प्रह्लाद ने इन्द्र को पराजित किया और तीनों लोकों पर अधिकार जमा लिया। महादेवजी की पूजा से ही याज्ञवल्क्य को ज्ञान और व्यासजी को दिव्य यश प्राप्त हुआ। इसके साथ इन्द्र से पराभूत बालखिल्य ऋषियों ने शिवजी की कृपा से ही सोमरस को हरण करने वाले गरुड़जी को सहायक के रूप में प्राप्त किया। दत्तात्रेय, दुर्वासा, अनसूया, चंद्रमा आदि ने शिवजी की कृपा से ही पुत्रों को प्राप्त किया। चित्रसेन और गोपिकापुत्र ने महादेव की पूजा से ही परमसिद्धि को प्राप्त किया। राजा चित्रांगद को शिवजी ने यमुना से बचाया और चंचुका को परम गति प्रदान की। शिवजी ने ही मंदर ब्राह्मण और पिंगला वेश्या का उद्धार किया। शिवजी ने अनेक लोगों का उद्धार किया।

श्रीकृष्ण ने शिवजी में अपनी पूरी निष्ठा दिखाते हुए कहा कि मुझे उनके मन्त्र से परिचित कराइए। श्रीकृष्ण ने **'ऊं नमः शिवाय'** का जाप करना प्रारंभ कर दिया। सोलह महीने तक दक्षिण चरण के अंगूठे पर स्थित रहकर उन्होंने तप किया और तब श्रीकृष्ण के सामने शिव और पार्वती प्रकट हुए और उन्होंने वर मांगने के लिए कहा। यह सुनकर श्रीकृष्ण जी ने आठ वर मांगे - 1. शिवजी में नित्य प्रेम, 2. स्थिर अनुराग, 3. दस पुत्र, 4. अटल यश, 5. सामीप्य, 6. शत्रुनाश, 7. अतिरस्कृत रहना, 8. योगियों से सम्मानित होना। इसके बाद श्रीकृष्ण ने पार्वतीजी से भी वर मांगे- 1. ब्राह्मण पूजा, 2. देवी, संन्यासियों और गृहस्थियों को सम्मान, 3. सहस्रों स्त्रियों का प्राणप्रिय होना।

शिव और पार्वती श्रीकृष्ण को वर देकर अंतर्ध्यान हो गए और श्रीकृष्ण भी उपमन्यु के प्रति अपनी कृतज्ञता अर्पित कर अपने धाम चले आए। शिवजी की कृपा से ही श्री राम ने लंका को जीतने के लिए समुद्र पार किया और लंकेश का वध किया। शिवजी के द्वारा प्राप्त शक्ति से ही परशुराम पृथ्वी को क्षत्रिय विहीन करने में सफल हुए और पाराशर मुनि को बुढ़ापे तथा रोग से रहित वेदव्यास जैसा पुत्र मिला।

ऋषियों ने सूतजी से कहा कि वे नरक के अधिकारी पापी जीवों से परिचित कराएं जो बात व्यासजी को सनत्कुमारजी ने कही थी।

सूतजी बोले -चार प्रकार के मानसिक पाप हैं - 1. दूसरों के धन की इच्छा, 2. दूसरे की स्त्री की इच्छा, 3. दुर्भावना पूर्ण दूसरे का अनिष्ट की भावना, 4. अपने में भक्ति-भाव रखना। इसके साथ चार वाचिक कर्म हैं जिन्हें पाप के अंतर्गत माना जाता है- 1. असंगत भाषण, 2. असत्य बोलना, 3. अप्रिय बोलना, 4. चुगलखोरी करना। और चार प्रकार के शारीरिक कर्म हैं- 1. अभक्ष्य भक्षण, 2. हिंसा, 3. परद्रव्य लेना, 4. बुरा कार्य करना। इन बारह प्रकार के पापों को करने वाले नरकगामी हो जाते हैं।

महादेवजी की शिवगाथा में प्रवृत्त तपस्वियों की और गुरु की तथा पितरों की निंदा करने वाला, अन्याय से दान करने वाला, लोभ के वश दुराचार में प्रवृत्त होने वाला, शिवजी की कथा में बाधा उत्पन्न करने वाला, ब्रह्म का हत्यारा, निर्दोष को दंड देने वाला और ब्राह्मण का धन हरण करने वाला नरकगामी होता है। इसके अतिरिक्त माता-पिता का त्याग, डरपोक से लाभ कमाने वाला, रास्ते में आग लगाने वाला भी नरकगामी होता है। स्त्री का व्यापार करने वाला, पाखंडी, कृतघ्नी, सार्वजनिक स्थानों को अपवित्र करने वाला, आश्रितों को पीड़ा देने वाला, घूसखोरी, पशुहिंसा, व्यापार में कपट, क्रूरता, करने वाला नरकगामी होता है।

हे ऋषियों, मनुष्य अपने कर्म का फल अवश्य भोगता है। बुरा काम करने वाला कोई भी ऐसा नहीं है, जो यमलोक से बच सके। धर्मात्मा लोग सौम्य मार्ग से पूर्व द्वार जाते हैं और पापी दक्षिण मार्ग से यमलोक जाते हैं। यह रास्ता कठोर पत्थरों से छुरे की धार के समान बना हुआ है। इसमें कहीं अंधकार, दलदल, तपी बालू, शेर, भेड़िये आदि भयंकर पशु हैं। अजगर, जोंक आदि भी हैं। और यहां पर यमलोक में पापी प्राणी को उसके कर्मों का फल देने के लिए लाते हैं। किसी को उलटा लटकाते हैं, और किसी के कानों, गालों, नाक में कील ठोकते हैं और किन्हीं को बहुत घसीटते हैं। इसके विपरीत शुभ आचरण करने वाले व्यक्तियों का स्वागत किया जाता है।

सनत्कुमारजी ने इसके बाद भिन्न प्रकार के पापों की भिन्न यातना का परिचय दिया। उन्होंने कहा कि असत्य शास्त्र में प्रवृत्त करने वाला द्विजिहारव्य नरक में जाता है और वहां उस तेज हल से पीड़ित किया जाता है। माता-पिता तथा गुरु को भय दिखाने वाले के मुंह में विष्ठा डाली जाती है जो मंदिर, कुंए आदि को तोड़ता है उसे कोल्हू में पेरा जाता है। सज्जनों की निंदा सुनने वाले के कानों में कील ठोंक दी जाती है। धर्मग्रंथों, शिवलिंगों, ब्राह्मणों को पैर लगाने वाले के पैर काट दिए जाते हैं। पिता का तर्पण न करने वाले तामिस्र नरक में जाते हैं। इन सबके विपरीत उत्तम कर्म करने वाले लोग यमलोक में सुख पाते हैं। जो ब्राह्मण को खड़ाऊं आदि देता है, वह घोड़े पर चढ़कर यमलोक जाता है। पुष्पवाटिका लगाने वाले पुष्पक विमान से और दान करने वाले सुखद यान से ले जाए जाते हैं और वहां भी सुखपूर्वक रहते हैं। अन्न दान सबसे महत्त्वपूर्ण दान है। क्योंकि भूख के समान कोई रोग नहीं इसलिए अन्नदान के समान कोई पुण्य नहीं। अन्न को प्राण कहा गया है इसलिए अन्नदान प्राणदान है। ऐसे व्यक्ति को कोई असुविधा नहीं होती। जलदान भी महिमावान है, जलदान इस लोक और परलोक में आनंद देने वाला है। इसलिए मनुष्य को तालाब, कुएं आदि खुदवाने चाहिए। क्योंकि देव, पितर, नाग, राक्षस, गन्धर्व, स्थावर, शूलादिक सभी जल का सहारा लेते हैं। इसी प्रकार वन तथा उपवन में वृक्ष लगाना भी उत्तम फल देता है। इससे पितृवंश तक का उद्धार हो जाता है। एक जन्म में लगाए गए वृक्ष दूसरे में पुत्र-प्राप्ति करते हैं। सत्य वचन, परम कल्याणकारी है, तप से स्वर्ग, यश, काम, मोक्ष, ज्ञान-विज्ञान, सौभाग्य तथा रूप प्राप्त होते हैं। तप से ब्रह्मा, विष्णु और रुद्र सृष्टि की रचना, पालन और संहार करने में समर्थ होते हैं। विश्वामित्र तप से ही क्षत्रिय से ब्राह्मण बन गए।

सनत्कुमारजी कहते हैं कि जिस प्रकार सूर्य-चंद्रमा के बिना संसार अंधकारमय हैं, उसी प्रकार पुराणों के बिना संसार में अज्ञान का ही साम्राज्य है। पुराण द्वारा ही अज्ञान दूर होता है। पुराण कहने वाले भी दूसरे को पतन से बचाते हैं। ब्रह्मा, विष्णु और शिव पुराण वक्ता होने के कारण परमपूजनीय हैं। पुराणों के ज्ञाता विद्वान् को संतुष्ट करने वाला मनुष्य सौभाग्य की गति को प्राप्त होता है। और इससे शिवलोक की प्राप्ति होती है। शिव की कथा श्रवण करने वाला साक्षात् रुद्र हो जाता है। कलियुग में शिव पुराण के कहने और सुनने से बड़ा और कोई पुण्य नहीं।

सूतजी कहते हैं कि ब्रह्मांड के कारणभूत अनाम, एवं कालभूत व्यक्त और अव्यक्त शिवजी से दो प्रकार के ब्रह्मा पैदा होते हैं जो चौदह भुवन वाले ब्रह्मांड की रचना करते हैं। ब्रह्मांड में सात पाताल और सात भूतल हैं। सौ योजन विस्तार वाले सात पातालों के नाम-अतल, वितल, सुतल, रसातल, तल, तलातल और पाताल। ये सातों पृथ्वी के नीचे हैं और इन लोकों के बड़े-बड़े महल सोने और रत्नों से जड़े हुए हैं। इनमें दानव, दैत्य, और नाग तथा राक्षस जातियां रहती हैं। यहां की प्रकृति अत्यंत सुंदर है। इन्हीं लोकों के ऊपर रौरव, कताल, रोध, रवण, विलोहित कृमि, बिवसन आदि अनेक प्रकार के नरक हैं। इनके ऊपर पृथ्वी मंडल है जिसमें जंबू, प्लवक्ष, क्रौंच, पुष्कर, शाक, शाल्मलि आदि द्वीप हैं और लवण, इक्षुरस, घृत, मधु, दुग्ध, दधि और जल के सात समुद्र हैं। इन सबके बीच में जंबूद्वीप है जिसके बीच में सोलह योजन गहरा, चौरासी योजन ऊंचा और बत्तीस योजन चौड़ा एक स्वर्णमय कैलाश पर्वत है। इसके दक्षिण में हेमकूट और हिमालय तथा उत्तर में श्वेत और श्रृंगों वाले अन्य पर्वत हैं। इसमें भारतवर्ष नाम का सहस्र योजन विस्तृत तथा बड़ा देश है। इसके आगे सुमेरु, दक्षिण में हरिवंश, उत्तर में रम्यक तथा समानांतर हिरण्यमय पर्वत है। इसके भी उत्तर में कुरु, बीच में इलावृत्त और मेरु पर्वत हैं। सुमेरु से मिले हुए-पूर्व में मंदराचल, पश्चिम में विपुल, दक्षिण में गंधमादन और उत्तर में सुपार्श्व चार पर्वत हैं। जामुन के फल के कारण इसका नाम जंबूद्वीप पड़ा क्योंकि उनके पत्थरों पर गिरने से निकले रस से जंबू रस की नदी के किनारे रहने वाले प्राणी पीड़ामुक्त होते हैं। सुमेरु के पूर्व में भद्राश्च, पश्चिम में केतुमाल और इनके बीच में इलावृत्त वन है। इसके पूर्व में चैत्ररथ, पश्चिम में विभ्राज और उत्तर में नंदन वन तथा दक्षिण में गंधमादन है।

भारतवर्ष सागर से उत्पन्न नवम द्वीप है। दक्षिण की ओर हजारों योजन फैले हुए इस द्वीप के पूर्व में किरात, उत्तर में तपस्वी तथा दक्षिण में यवन निवास करते हैं। मध्य में ब्राह्मण, क्षत्रिय, वैश्य, शूद्र अपने-अपने कार्य करते हैं। यहां मलय, महेन्द्र, सुदामा, विंध्य, अक्षय और परियात्र तथा सह, नामक सात पर्वत हैं। परियात्र से वेद, स्मृति और पुराण आदि उत्पन्न हुए हैं। नर्मदा, सुरसा आदि सात महा नदियों के अतिरिक्त अनेक नदियां विंध्याचल से निकलकर बहती हैं। भारतवर्ष जंबूद्वीप में श्रेष्ठ और कर्मभूमि है। बड़े पुण्यों से यहां मनुष्य जन्म मिलता है। स्वयं भगवान अवतार धारण करके यहां विचरण करते हैं।

चंद्रमा और सूर्य की किरणों के प्रसार तक पृथ्वी को भूलोक कहा गया है। पृथ्वी से एक लाख योजन के घेरे मे सूर्य मंडल है जिसमें एक हजार योजन के घेरे में सूर्य स्थित है। चंद्रमा, सूर्य से एक लाख योजन ऊपर है। चंद्रमा के ऊपर दस-दस हजार योजन चारों ओर ग्रहों का मंडल है। फिर इसके आगे बुध, उसके आगे शुक्र, फिर मंगल और फिर बृहस्पति और सबके ऊपर शनैश्चर स्थित है। इससे एक लाख योजन ऊपर सप्त-ऋषियों का मंडल है। और उससे सात सहस्र योजन ऊपर ध्रुव के बीच भूलोक, भुवःलोक, और स्वर्ग लोक है। ध्रवु लोक के ऊपर महलोक है और उससे 26 लाख योजन तक तप लोक है और वहां से छह गुना दूर सत्यलोक है।

ज्ञान और ब्रह्मचारी भूलोक में, सिद्धि और देवता तथा मुनि भुवलोक में, आदित्य पवन, बसु आदि स्वर्गलोक में रहते हैं। ब्रह्मांड चारों तरफ से अंडकटाह से लिपटा हुआ है। और जल से दस गुणा अग्नि, पवन, आकाश, अंधेरा आदि से व्याप्त है। इसके ऊपर महाभूतों का डेरा है, उसके बाद इस ब्रह्मांड को प्रधान महातत्त्वों से लपेटे हुए परम पुरुष स्थित है।

सनत्कुमारजी ने फिर ब्रह्मांड के ऊपर के लोकों का परिचय देते हुए कहा कि ब्रह्मांड के ऊपर बैकुंठ है, यह विष्णुजी का निवास स्थल है। उसके ऊपर कोमार लोक में कार्तिकेय रहते हैं। इसके बाद उमा लोक है, जिसमें शिव शक्ति सुशोभित हैं। इसके ऊपर सनातन शिव लोक है इसमें महेश्वर, त्रिगुणातीत परब्रह्म रूप में सीमित हैं। इसके पास ही गोलोक है जहां गोमाता निवास करती हैं और कृष्णजी गौ सेवा करते हैं। मनुष्य ही नहीं बल्कि देव, गंधर्व आदि जातियों का भी परम लक्ष्य शिवलोक की प्राप्ति है परन्तु इस पद को केवल मनुष्य ही पाता है क्योंकि वही एक कर्म योनि है। अन्य तो भोग योनियां हैं। कर्म ही मनुष्य की विशिष्टता है। मनुष्य चाहे तो तप से शिवजी को प्राप्त कर सकता है। ब्रह्मा, विष्णु आदि भी तप में ही स्थित हैं। तप के तीन प्रकार हैं- सात्विक, राजसिक और तामसिक। निष्काम भाव और हित से किया गया तप सात्विक होता है। सात्विक के अंतर्गत ही पूजा, व्रत, दया, कूप, वापी बनवाना है। इससे संपूर्ण फलों की प्राप्ति होती है। कामना के उद्देश्य से किया गया तप राजसिक है। अभीष्ट सिद्धि का प्रदाता है। किंतु दूसरों के अनिष्ट के लिए किया गया तप तामसिक होता है। यह अवांछनीय होते हुए भी सिद्धि देता है क्योंकि अंततः है तो तप ही। प्राणायाम को सर्वोत्तम सात्विक तप कहा गया है।

सनत्कुमारजी कहते हैं कि भगवान शंकर के अंश से ब्राह्मण, क्षत्रिय आदि चारों वर्ण उत्पन्न हुए हैं। और उनकी उत्कृष्टता का स्तर तप के द्वारा ही सिद्ध होता है। ब्राह्मण सर्वश्रेष्ठ है किंतु क्षत्रिय का संग्राम भी तप के ही समान होता है।

व्यासजी ने कहा कि हे मुनि, अब आप जीवों के जन्म, गर्भस्थित और वैराग्य के संबंध में विस्तार से बताएं। यह सुनकर सनत्कुमारजी बोले कि जिस तरह जल और अन्न पाक पात्र में अलग रहते हैं और फिर आग में गर्म जल बनकर रस और मल दो में विभक्त हो जाते हैं उसी प्रकार भोजन भी रस और मल के रूप में विभाजित होता है। रस सारे शरीर में व्याप्त हो जाता है और मल बारह स्थानों से बाहर निकलता है। ये बारह स्थान हैं -कान, नाक, जीभ, दांत, आंख,

लिंग, गुदा, मलाशय, कफ, स्वेद, मूत्र और विष्ठा। हृदय कमल से युक्त नाड़ियों के द्वारा रस शरीर में पहुंचता है और जब आत्मा उसे पचा लेती है तो वह पहले त्वचा और बाद में रक्त बनता है। उसके बाद रोम, केश, नख आदि उत्पन्न होते हैं और उनके बाद मज्जा से विकृत होकर प्रसव के हेतु शुक्र अर्थात् वीर्य उत्पन्न होता है। जीव की प्रवृत्ति गर्भ में तभी होती है जब वीर्य स्त्री के रक्त में मिल जाता है। वह एक दिन में कलिल और पांच रात में बुलबुले के समान होता है। सात रातों में मांसपिंड बन जाता है। और दो महीने के भीतर गर्दन, कंधा, पीठ, छाती, उदर, हाथ और पैर बनते हैं, तीसरे महीने में अंकुर संधि और चौथे में उंगलियां, पांचवे में मुंह, नाक और कान, छठे में दांत, कान छिद्र आदि, सातवें में गुदा, नाभि आदि बनते हैं, इस तरह माता के गर्भ में जीव सात महीने में अंग-प्रत्यंगों से पूर्ण हो जाता है। और फिर माता के भोजन के रस से पुष्ट होता रहता है। माता के गर्भ में ही जीव को अपने अनेक जन्मों के स्मरण से सुख-दुःख होता रहता है। और बाहर आने पर भी वह इस दुःख और सुख से भरा होता है और इस संसार में रमण करता है।

माता के गर्भ से बाहर आकर वह गर्भ-यंत्र की पीड़ा से तो मुक्त हो जाता है लेकिन संसार के मोह में पड़ जाता है। उसकी पूर्व स्मृति नष्ट हो जाती है। जीव बचपन में सबकुछ कर सकता है लेकिन कर नहीं पाता। बाद में धीरे- धीरे बढ़ने पर वह संसार में आसक्त हो जाता है और दुःख को ही सुख समझने लगता है। उसका सबसे बड़ा अज्ञानपूर्ण प्रसंग स्त्री का संग है। और स्त्री सारे दोषों का घर है। कई बार कुलीन और सुशिक्षित पुरुष के द्वारा सुरक्षित होने पर भी स्त्रियां मर्यादा में नहीं रहती। स्त्री का एक दोष यह भी है कि वह दूसरे पुरुष में आसक्त हो जाती है और अधम स्त्रियों में आसक्त होकर मनुष्य अपना अनिष्ट करता है। इसके बाद सनत्कुमारजी ने मृत्यु सूचक चक्र अथवा लक्षणों का उल्लेख किया। उनके अनुसार जब शरीर चारों तरफ से पीला और ऊपर से लाल हो जाए और मुख, कान, आंख, जीभ आदि बंधने लगें तो समझना चाहिए कि छह महीने के भीतर ही मृत्यु होने वाली है।

यदि मनुष्य को सूर्य, चंद्रमा आदि का प्रकाश दिखाई न दे और सारे पदार्थ काले दिखाई दें तो भी छह महीने के अंदर मृत्यु हो सकती है।

काल वंचन की विधि बताते हुए शिवजी ने पार्वती से कहा कि आकाश पंच भौतिक शरीर में व्यापक है और शेष सारे तत्त्व आकाश से उत्पन्न होते हैं और लीन होते हैं। काल को कोई भी वंचित नहीं कर सकता लेकिन ध्यान में लीन योगी काल को नष्ट कर सकता है। जो भी इस बात पर विचार करता है कि पंचभूत जब गुण ग्रहण करते हैं तो जन्म होता है और जब गुणों का त्याग करते हैं तो मृत्यु होती है। योगी जब अपनी तर्जनियों से अपने दोनों कान बंद करते हैं तो उन्हें एक अग्नि प्रेरित तुंकार शब्द सुनाई देता है, यह शब्द सुनकर योगी मृत्यु को जीत लेता है।

वायु को भीतर रोकने का नाम प्राणायाम है और यह बहुत शक्तिमान प्रक्रिया है। जब मनुष्य वायु को भीतर रोकता है, वह दीपक की तरह बाहर और भीतर प्रकाश करती है। ध्यान में तत्पर योगी परम धाम को पहुंचकर वहां से लौटता नहीं।

प्राणायाम का दूसरा रूप एकांत में चंद्रमा अथवा सूर्य से प्रकाशित प्रदेश को निरालस्य होकर भृकुटियों के बीच देखना और हाथ की उंगलियों से नेत्रों को बंद कर पलभर ध्यान में तत्पर रहना है। इस रूप को अपनाने वाला योगी ईश्वरीय ज्योति का अनुभव करता है और वह मृत्यु से छूट जाता है।

तीसरा रूप है जीभ को तालु में सिकोड़कर लगाने का अभ्यास करना। इससे जीभ लंबी हो जाती है और उससे अमृत टपकता है, जो अमर कर देता है। चौथा प्रकार वह है, जिसमें योगी ऊंचा होकर अंजलि बांधकर चोंच के आकार वाले मुख में वायु पान करता है। इनमें से किसी भी एक को अपनाकर अमृत तत्व को पाया जा सकता है।

शंकरजी ने पार्वती को काल जप का एक अन्य उपाय बताया। उन्होंने कहा कि सूर्य अथवा सोम को पीछे करके सफेद कपड़े पहनकर धूपादि से सुगंधित होकर, 'ऊं नमो भगवते रुद्राय' का जाप कर ब्रह्म की प्राप्ति होती है। छाया पुरुष को देखकर एक वर्ष तक इस मंत्र का जाप करने वाले को सारी सिद्धियां मिलती हैं।

शौनक आदि ऋषि पुनः सृष्टि का रहस्य पूछने लगे और तब सूतजी ने उनसे कहा कि प्रत्येक समय ब्रह्माजी पर सृष्टि को उत्पन्न करने का भार होता है, विष्णु पालन करते हैं और शिव संहार। सृष्टि-रचना की इच्छा पर स्वयंभू पहले जल को उत्पन्न करते हैं और फिर उसमें बीज डालते हैं, जिससे जल, नर और वही नर का पुत्र नार कहलाता है। और फिर जल में निवेशित अंड के दो भाग करते हैं, एक खंड आकाश और एक खंड भूमि कहलाता है। भूमि के आधे भाग में प्रभु चौदह भुवन बनाते हैं फिर जल के ऊपर स्थित पृथ्वी और आकाश दस दिशाओं को मन, वाणी, काम, क्रोध, रति आदि को बनाते हैं फिर मरीचि, अंगिरा, आदि सात ऋषियों को और फिर अपने क्रोध से 11 रुद्रों को तथा सनत्कुमारों को उत्पन्न करते हैं। यज्ञ की विधि के लिए ब्रह्माजी चारों वेदों का निर्माण करते हैं। और फिर अपने मुख से देवताओं को, वक्ष स्थल से पितरों को, जंघा से मनुष्यों को और नीचे के भाग से दैत्यों को उत्पन्न करते हैं। इस पर भी ब्रह्माजी की प्रजा नहीं बढ़ती तो वे अपने ही शरीर के दो भाग स्त्री और पुरुष करते हैं। स्त्री भाग शतरूपा और पुरुष भाग मनु कहलाता है।

मनु-शतरूप से उत्पन्न प्रियव्रत और उत्तानपाद अत्यंत तेजस्वी पुत्र ध्रुव को जन्म देते हैं। इसके बाद ध्रुव के दो पुत्र होते हैं, पुष्टि तथा धान्य। पुष्टि के पांच पुत्र-वृष, पुंजय, वित्र, बृकल और तत्रसू होते हैं। इसके साथ ही चाक्षुष नाम का एक पुत्र पैदा होता है और वह मनु के नाम से विख्यात होता है। वह नवला पत्नी से दस तेजस्वी पुत्र उत्पन्न करता है -पुरु, मास, शतद्युम्न,

तपस्वी, सत्यजीत, कवि, अग्निष्टोम, अतिरात्र, मन्यु और सुयश। पुरुष के छः पुत्र अंग, सुमनस्, ख्याति, स्मृति, अंगिरस और गय उत्पन्न होते है। अंग का बेन नामक एक पापी पुत्र उत्पन्न होता है जिसे ऋषि अपने हुंकार से मार देते हैं। फिर बेन की पत्नी सुनीषा की प्रार्थना पर बेन के दक्षिण हाथ को मथकर ऋषि पृथु को उत्पन्न करते है। सूर्य के ही समान तेजस्वी और साक्षात विष्णु का अवतार पृथु प्रजा के लिए गऊ रूपी पृथ्वी को दोहन करता है और एक सौ यज्ञ करता है। पृथु के सूत, मागध, विजिताश्व, हर्यश्व और बर्हि आदि पुत्र उत्पन्न होते हैं। बर्हि के ही पुत्र प्रजापति उत्पन्न होते हैं। वे मन से चर, अचर, द्विपाद और चतुष्पाद जीव उत्पन्न करते हैं। इसके उपरांत वे मैथुनी सृष्टि रचने में प्रवृत्त होते हैं वे हर्यश्व आदि दस सहस्र पुत्र उत्पन्न करते हैं, जो नारद के उपदेश से विरक्त हो जाते है। दक्ष पुनः शवलाश्व नामक एक सहस्र पुत्र उत्पन्न करता है। वे भी नारदजी की प्रेरणा से पूर्वजों के अनुगत हो जाते हैं।

इस पर क्रुद्ध दक्ष नारद को कहीं स्थिर होकर रहने का स्थान उपलब्ध न होने तथा भटकते रहने का शाप देता है। इसके पश्चात् दक्ष अनेक कन्याएं उत्पन्न करके धर्म को, कश्यप को, अंगिरा को तथा सोम को ब्याह देता है, जिनसे देव, दैत्य आदि बहुत से पुत्र उत्पन्न होते हैं और इनसे सारा जगत भर जाता है।

वैवस्वत मन्वंतर की सृष्टि का वर्णन करते हुए सूतजी कहते हैं- प्रथम सृष्टि में उत्पन्न सप्तर्षियों के चले जाने पर दिति कश्यपजी को प्रसन्न करके उनसे इंद्रहंता पुत्र मांगती है, जिसे कश्यपजी स्वीकार करते हैं। एक दिन उच्छिष्ट मुख और बिना पैर धोए गर्भवती दिति के सो जाने पर इन्द्र उसके गर्भ में प्रविष्ट हो जाता है और वह अपने वज्र से गर्भ के सात भाग कर देता है और पुनः एक-एक भाग के सात-सात, इस प्रकार कुल उनचास खंड कर देता है। इंद्र से भ्रातत्व घोषित किए जाने पर इन्द्र इनसे द्वेष त्याग देता है और वही उनचास मरुत नामक देवता कहलाते हैं। इनके लिए प्रजापति पृथक-पृथक राज्यों की कल्पना करता है। इसके उपरांत ब्रह्माजी राज्यों का विभाग करके बेन पुत्र पृथु, सोम, वरुण, विष्णु, पावक, शूलपाणि, महादेव आदि को उन राज्यों पर प्रतिष्ठित करते हैं। वे पूर्व दिशा में विराज के पुत्र को, दक्षिण दिशा में कर्दम के पुत्र को, पश्चिम दिशा में रजसु के पुत्र को और उत्तर दिशा में दुर्धर्ष के पुत्र को अभिषिक्त करते हैं।

सूतजी बोले मुनीश्वरों! भूत, भविष्य और वर्तमान में कुल चौदह मनु स्वायंभुव, स्वारोचिष्, उत्तम, तामस, रैवत, चाक्षुष, वैवस्वत, सावर्णि, रौच्च सावर्णि, धन सावर्णि, रुद्र सावर्णि, देव सावर्णि, अग्नि सावर्णि और इन्द्र सावर्णि हुए हैं। इनका समय चौदह हजार कल्प निश्चित किया जाता है। इनकी संततियों की रूपरेखा इस प्रकार है-

स्वायंभुव मनु के दस पुत्र थे, जिनमें से इन्द्र का नाम यज्ञ था। यह प्रथम मन्वंतर बड़ा ही दिव्य था। द्वितीय मन्वंतर में स्वारोचिष् मनु के भी दस वीर्यवान और पराक्रमी पुत्र पैदा हुए, जिनमें इन्द्र का नाम रोचन था। तृतीय मन्वंतर मे उत्तम मनु के दस पुत्र हुए, जिनके सत्यजीत नाम का इन्द्र था। इस प्रकार चौदह मन्वंतरों में मनुओं की सन्तानों में पृथक-पृथक इन्द्र, ऋषि और देवता आदि होते आए हैं जो सहस्र युगों तक सृष्टि का पालन करने के पश्चात् ब्रह्मलोक को जाते

हैं। सूर्य की किरणों से प्राणी जलने लगते हैं, तब ब्रह्माजी नारायण हरि में प्रवेश करते हैं और कल्पांत में अनेक भूतों को उत्पन्न करते हैं जबकि शिवजी उनका संहार करते है। मन्वंतरों की उत्पत्ति का यही क्रम है।

महर्षि कश्यप के पुत्र विवस्वान सूर्य ने अपनी पत्नी संज्ञा से तीन संतानें श्राद्धदेव, मनु और यम-यमी (युग्म) उत्पन्न कीं। अपने पति के तेज को न सह पाने के कारण संज्ञा अपनी सन्तानें छाया को सौंपकर अपने पिता के घर चली गई। पिता द्वारा अवहेलित संज्ञा वहां न रह पाने क कारण अश्वी का रूप धारण कर कुरुदेश में भ्रमण करने लगी।

इधर छाया को ही संज्ञा समझकर विवस्वान ने उससे सावर्णि मनु नामक पुत्र उत्पन्न किया। छाया के इस शिशु के सर्वाधिक स्नेह एवं पक्षपात को देखकर यम ने छाया पर चरण प्रहार किया तो छाया ने उसे चरणहीन हो जाने का शाप दे दिया। यम ने अपने पिता सूर्य को सारा वृतान्त बताया तो सूर्य ने शाप को अन्यथा करने में अपनी असमर्थता प्रकट की।

सूर्य ने अपनी पत्नी पर क्रोध करते हुए उसकी इस चेष्टा के लिए जब स्पष्टीकरण मांगा तो उसने संज्ञा के छाया होने का रहस्य बताया और सूर्य के प्रचंड तेज को शांत करके उसे सुंदर रूप भी दिया। रहस्य का पता चलते ही सूर्य ने अश्व रूप धारण कर संज्ञा से भोग करने का प्रयास किया परंतु संज्ञा द्वारा इनकार करने पर सूर्य का वीर्य उसकी नासिका के दो नथुनों पर ही गिर पड़ा, जिससे ही अश्विनीकुमार उत्पन्न हुए। उसके पश्चात् संज्ञा अपने पति के सुंदर, मोहक रूप को देखकर उसके साथ घर लौट आई।

सूतजी बोले-ऋषियों! वैसे तो मनु के इक्ष्वाकु, शिवि आदि नौ पुत्र थे, परंतु एक समय संतान न होने पर मनु ने पुत्रेष्टि यज्ञ द्वारा इला अथवा इड़ा नामक कन्या को उत्पन्न किया। इला ने मित्रावरुण के पास जाकर कहा कि वह उनके अंश से ही उत्पन्न हुई है अतः उनसे कर्तव्य का निर्देश चाहती है। मित्रावरुण ने प्रसन्न होकर उसे सुद्युम्न के नाम से पुरुष हो जाने का वर दिया परंतु घर लौटते समय मार्ग में उसे बुध मिला जिसकी प्रार्थना पर उससे मैथुन करके इला ने पुरुरवा नामक सुंदर पुत्र उत्पन्न किया। पुनः उसने सुद्युम्न बनकर तीन पुत्र उत्कल, गय और विनताश्व उत्पन्न किए।

मनु के एक पुत्र नरिष्यंत ने तीन पुत्र और एक पुत्री को जन्म दिया। राजपुत्री सुकन्या ने च्यवन ऋषि से सौ पुत्र उत्पन्न किए। इनमें सबसे बड़े कुकुघ्नी की कन्या रेवती थी। जिसका विवाह ब्रह्माजी की अनुमति से बलराम से हुआ। मनु के एक दानी पुत्र नग के गोदान के व्यतिक्रम, दुर्बुद्धि एवं पाप के फलस्वरूप योनि में गिरने पर श्रीकृष्ण ने उसका उद्धार किया। उसका पुत्र प्रवृत्ति भी बड़ा धर्मात्मा था। मनु का आठवां पुत्र वृषघ्न अपने कर्मों से शूद्र बना और नवम पुत्र कवि बड़ा बुद्धिमान हुआ, जिसने इस लोक में सुख भोगकर दुर्लभ मुक्ति को प्राप्त किया।

मनु की वंशावली का परिचय देते हुए सूतजी कहते हैं-मनुजी के नासिका से उत्पन्न इक्ष्वाकु के सौ पुत्रों में विकुक्षि सबसे बड़ा था। एक बार उसने शशक का मांस खा लिया, जिससे वसिष्ठजी की आज्ञा से इश्वाकु ने उसे राज्य से च्युत कर दिया। इक्ष्वाकु ने शकुनि आदि अन्य पंद्रह पुत्र उत्पन्न किए। इनमें अबोध की वंशपरंपरा इस प्रकार चली-अबोध-कुकुत्स्थ-आदिनाम-पृथु-विष्टराश्व-इन्द्र युवनाश्रव-श्राव श्रावस्तक-वृहदाश्व-कुवलाश्व-वृशास्व-हर्यश्व-निकुंभ-महंताश्व -अक्षाश्व-हेमवती कन्या-प्रसेनजित-युवनाश्व-मंधाता- मुचकुंद-कवीश्वर- सत्यव्रत। एक बार विश्वामित्र अपनी पत्नी को त्यागकर समुद्र तट पर तपस्या कर रहे थे। भूख से व्याकुल बच्चों को बचाने के लिए विश्वामित्र की पत्नी जब अपने सुपुत्र को अपने गले में बांधकर उसके साथ अपने को भी बेचने लगी तो सत्यव्रत ने उसे खरीद लिया। गले में बंधने के कारण उस बालक का नाम गालब पड़ा। उस बालक, उसकी मां और उसके भाइयों का सत्यव्रत ने (विश्वामित्र की प्रसन्नता के लिए) बड़े ही प्रेमपूर्वक पालन - पोषण किया।

एक बार दुष्ट सत्यव्रत ने वसिष्ठजी की कामधेनु को मार डाला और उसका मांस स्वयं खाया तथा विश्वामित्र के पुत्रों को खिलाया। पिता का अपमान करने, विश्वामित्र के आश्रम पर मृत पशु फेंकने और कामधेनु का वध करने के रूप में तीन-तीन महापातक करने वाले सत्यव्रत को वसिष्ठजी ने त्रिशंकु होने का शाप दिया।

विश्वामित्र ने तप से लौटने पर जब सत्यव्रत द्वारा अपनी पत्नी और पुत्री की रक्षा किए जाने की बात सुनी तो कृतज्ञतावश विश्वामित्र ने अपने तपोबल से उसे सशरीर स्वर्ग भेज दिया। सत्यव्रत की वंश परंपरा आगे इस प्रकार चली -

सत्यव्रत -हरिश्चन्द्र -रोहित- व्रक-बाहु-सगर- साठ हजार पुत्र (कपिल मुनि के शाप से भस्मीभूत) और पंचजन- अंशुमान-दिलीप-भगीरथ स्वर्ग से गंगा लाकर पूर्वजों का उद्धर्ता - श्रुतसेन- नाभाग- अंबरीष- अयुताजित- कृतपर्ण - अनुपर्ण- कल्मषपाद - सर्वकर्मा - अनरण्य - कुडिदुह - निषिरतिशद्वांग - दीर्धबाहु - रघु - अज - दशरथ - रामचन्द्र - कुश - अतिथि - विषय - नल - पुण्डरीक - क्षेत्रधन्वा - देवानीक - अहिनग - रायाद - सहस्वान - वीरसेन - परियात्र - बलारथ - स्थल - सूर्य- यक्ष- अगुण-विरध्र-हिरण्यनाभ - योगाचार्य-याज्ञवल्क्य-पुष्प- ध्रुव-अग्निवर्ण- शीघ्र -मरुत। मरुत का पुत्र योगसिद्ध हुआ जो कलाप ग्राम में अब तक स्थित है। कलियुग में उसके नष्ट होने पर कलाप ग्रामवासी फिर से सूर्यवंश का उद्धार करेंगे। उनकी वंशावली इस प्रकार से आगे चलेगी- योगसिद्ध- पृथुद्युत- संधि- आमर्षण- महत्व - विश्व - प्रसेनजित - तक्षक - वृहद्व - बृहद्रण - उरूकिय - वत्सबद्ध - प्रतिव्योम - भानुदिवाकर - सहदेव - वृहदश्व - भानुमान् - प्रतिकश्व - सुप्रतीक - मरुदेव - सुनक्षत्र - पुष्कर - अंतरिक्ष- सुत - संजय - शाक्य- सुद्धोदलांगन- शूद्रक - सुरथ-सुमित्र-विचित्रवीर्य। विचित्रवीर्य के साथ इक्ष्वाकु वंश की समाप्ति हो जाएगी। श्राद्ध के माहात्म्य और उसके फल का वर्णन करते हुए सूतजी शौनकादि ऋषियों को बताते हैं -अपने पिता, पितामह तथा प्रपितामह का श्राद्ध करने वाले पुरुष सत् धर्म तथा अच्छी संतान अवश्य प्राप्त करते हैं।

भारद्वाज ऋषि के सात दुष्टबुद्धि पुत्र थे। उन्होंने एक दिन ऋषि विश्वामित्र की गाय को मारकर खा लिया और आकर कह दिया कि वन में सिंह ने गाय को पकड़ लिया है। उन्होंने एक अच्छा काम यह किया था कि उस गाय के मांस से अपने पितरों का श्राद्ध कर दिया।

सातों भाई इस मिथ्या भाषण और गौहत्या के पाप से दूषित होकर क्रमशः व्याघ्रपुत्र, मृग, चक्रवाक जलचर तथा नभचर बने। इन सब योनियों में पितरों के प्रसाद से ही उन्हें उत्तम ज्ञान बना रहा और क्रमशः उनका शाप दूर हो गया।

इसका एकमात्र कारण उनका गाय का प्रोक्षण करके धर्म से पितरों के तर्पण करना ही था। इस प्रकार पितृ तर्पण, श्राद्ध एव पूजन अति पुण्यदायक है।

सूतजी व्यासजी की उत्पत्ति का वर्णन करते हुए कहते हैं कि एक दिन ऋषि पराशर यमुना के किनारे तीर्थयात्रा करते हुए आए और निषाद से बहुत जल्दी नदी पार कराने को कहने लगे। इस पर निषाद ने अपनी पुत्री मत्स्यगंधा को पराशर का परिचय देकर उन्हें नदी पार कराने के लिए कहा। जब पराशर नाव में बैठकर नदी के बीच पहुंचे तो आश्चर्य की बात यह हुई कि अनेक अप्सराओं के प्रणय को ठुकराने वाले पराशर निषाद बाला पर मुग्ध हो गए और उसका हाथ पकड़कर प्रणय- निवेदन करने लगे। उसके मना करने पर उन्होंने छोड़ दिया। लेकिन किनारे तक पहुंचते-पहुंचते ये फिर काम पीड़ित हो गए, तब निषाद कन्या ने उनसे कहा कि आप कहां इतने उच्च कुल के ऋषि और कहां मैं निषाद बाला। इस पर ऋषि ने निषाद बाला को अपने तपोबल से अत्यंत रूपवती बना दिया और जब वह उससे समागम के लिए तत्पर हुए तो उसने कहा कि दिन का समय है और प्रकाश में उसके पिता आदि देख सकते हैं तब पराशर ने अपने तपोबल से रात के समान घना अंधकार उत्पन्न करके निषाद बाला के साथ सहवास किया। इस पर उसने पूछा कि आपके इस संसर्ग से यदि मैं गर्भवती हो गई तो आपके चले जाने पर मेरी क्या दशा होगी। तब पराशर बोले कि हे बाला, मेरी आज्ञा का पालन करने से तू सत्यवती के नाम से प्रसिद्ध होगी और तुम्हारे गर्भ से एक अद्भुत शक्ति वाला पुत्र उत्पन्न होगा और इस पर भी तुम्हारा कन्यात्व नष्ट नहीं होगा। पराशर चले गए और इधर यथासमय सत्यवती ने व्यास नामक एक सुंदर पुत्र को उत्पन्न किया। उत्पन्न होने के बाद पुत्र ने माता को प्रणाम किया और कहा कि जब भी अवसर पड़े मुझे स्मरण करना, मैं आ जाऊंगा।

अनेक तीर्थों का भ्रमण करते हुए जब व्यासजी काशी आए तो उन्हें इस बात पर चिंता हुई कि शिवलिंग में से कौन जल्दी सिद्धिदायक है। यह बात ध्यान में आते ही वे शिवजी का ध्यान करने लगे और समाधि टूटने पर उन्होंने यह अनुभव किया कि अतिमुक्तेश्वर क्षेत्र में मध्यमेश्वर लिंग के समान कोई अधिक महत्त्वपूर्ण नहीं है। और तब उन्होंने गंगा में स्नान करके व्रत का आरंभ किया। उन्होंने विधिवत् कभी अल्प भोजन से और कभी निराहार रहकर मध्यमेश्वर की पूजा की। उनकी पूजा से शंकरजी ने पार्वती के साथ उन्हें अपने दर्शन दिए। उनके दर्शन पाकर व्यासजी बहुत प्रसन्न हुए और उनकी तरह-तरह से स्तुति करने लगे। जब शंकरजी ने व्यासजी

से वर मांगने के लिए कहा तब व्यासजी अपने मन की इच्छा बताई और यह कहा कि मेरी इच्छापूर्ति के लिए वर दीजिए। तब शिवजी ने कहा कि तुम्हारी इच्छा पूरी हो और उन्होंने यह भी कहा कि मैं तुम्हारे में विराजमान होकर इतिहास पुराणों की रचना करूंगा। व्यासजी ने इस प्रकार अठारह पुराणों की रचना की। इन पुराणों के नाम इस प्रकार हैं विष्णु पद्म, ब्रह्म, शिव, भगवान, नारद, मार्कंडेय, अग्नि, ब्रह्मवैवर्त, लिंग, वराह, स्कंद, वामन, कर्म, गरुड़, मत्स्य, ब्रह्मांड और भविष्य।

व्यासजी की उत्पत्ति और शिवजी की आराधना के विषय में सुनकर ऋषि बोले कि अब हमें आप भगवती जगदम्बा का चरित्र सुनाइए। इस पर सूतजी बोले कि स्वारोचिष मन्वंतर में विरथ का सत्यवादी पुत्र सुरथ हुआ है। जब नौ राजाओं ने उसका राज्य छीन लिया तो वह वन में चला गया और ऋषियों के साथ रहने लगा लेकिन यह अपने दुर्भाग्य पर हमेशा शोकमना रहता था। एक दिन समाधि नाम के एक वैश्य ने सुरथ को बताया कि उसे उसके पुत्रों ने घर से निकाल दिया है। लेकिन वह इसके बाद भी अपने पुत्रों की कुशल जानना चाहता है। राजा ने इस बात पर आश्चर्य अनुभव किया कि यह व्यक्ति अपमान करने वालों के प्रति भी स्नेह का भाव रखता है। और मेधा नाम के ऋषि के पास जाकर इस भावना का कारण पूछा। तब ऋषि ने उसे बताया कि यह मन मोहित करने वाली माया रूपी शक्ति के कारण होता है। इस पर उन्होंने महामाया का परिचय दिया। उन्होंने कहा कि विष्णुजी जब योगनिद्रा में सो गए तब उनके कान के मैल से उत्पन्न दो दैत्यों ने ब्रह्माजी को मारने की कोशिश की। ब्रह्मा अपनी रक्षा के लिए विष्णु तथा परमेश्वरी देवी की स्तुति करने लगे। ब्रह्माजी की स्तुति सुनकर फाल्गुन शुदि द्वादशी के दिन महामाया, महाकाली के रूप में प्रकट हुई और उन दैत्यों को मारने का आश्वासन दिया। इसी समय विष्णुजी भी जाग गए। विष्णुजी ने क्रोधित होकर मधु कैटभ दैत्यों से युद्ध किया और अंत में भगवान शिव ने उन्हें मार डाला।

इधर रंभासुर का पुत्र देवताओं को जीतकर स्वर्ग में राज्य करने लगा था और देवता लोग ब्रह्मा, विष्णु को साथ लेकर शिवजी के पास आए। देवताओं की पीड़ा से शिव को बड़ा क्रोध आया और उस समय उनके मुख से और देवताओं के शरीर से जो शक्ति निकली वह एक शक्तिस्वरूपा देवी के रूप में परिवर्तित हो गई। देवताओं ने प्रसन्न होकर उस शक्ति को अपने-अपने शस्त्र दे दिये। उन शस्त्रों से युक्त होकर यह देवी गरजने लगी। महिषासुर शक्ति से लड़ने के लिए आया और घमासान युद्ध हुआ। देवी ने महिषासुर की माया को छिन्न-भिन्न कर दिया। और अंततः अपने त्रिशूल से उसकी गर्दन काट दी। तब देवताओं ने देवी की स्तुति की। दूसरी ओर शुंभ और निशुंभ दैत्यों के उत्पात से पीड़ित देवता पार्वती के पास अपनी पीड़ा हरण के लिए प्रार्थना करने लगे। पार्वती ने उन्हें आश्वासन दिया और अंतर्ध्यान हो गई। वह सुंदर रूप बनाकर शुंभ और निशुंभ के सामने आई। उनका मनोहर रूप देखकर सेवकों ने अपने स्वामियों से उस स्त्री रत्न को पाने के लिए निवेदन किया। और तब सुग्रीव नामक दूत ने जाकर जगदम्बा

से कहा कि तुम शुंभ-निशुंभ में से किसी एक का वरण करो। तब देवी ने कहा कि जो मुझे संग्राम में जीतेगा मैं उसे अपना पति बनाऊंगी। यह सुनकर शुंभ ने अपने सेनापति को आज्ञा दी तो धूम्राक्ष देवी से लड़ने के लिए चला। देवी ने उसे हुंकार से ही नष्ट कर दिया। शुंभ ने जब इस बात को सुना तो अपने अनेक पराक्रमी चंड-मुंड आदि को भेजा। लेकिन देवी ने सबको मार गिराया। इसके बाद शुंभ-निशुंभ, कालकेय, मौर्य तथा दुर्धर्ष आदि वीरों को साथ लेकर स्वयं युद्ध करने आए। तब देवी ने घंटानाद करके धनुष पर प्रत्यंचा चढ़ाई और आक्रमण किया। जब सैकड़ों दैत्य मर गए तब निशुंभ स्वयं देवी के सामने आया और देवी ने अपने विष बुझे बाणों से उसका सिर काट डाला। अपने बड़े भाई को मारा गया जानकर शुंभ बहुत दुःखी और क्षुब्ध हुआ और भयंकर शस्त्रों से देवी पर आक्रमण करने लगा। भगवती ने अपने त्रिशूल से उसका भी सिर काट डाला। शुंभ और निशुंभ के मरने पर दैत्य लोग डरकर भाग गए तो देवों ने देवी के प्रति कृतज्ञता प्रकट की।

दानवों पर इस तरह विजय पाकर देवों में गर्व हो आया और वे आत्मप्रशंसा करने लगे। तब देवों का गर्व हरण करने के लिए देवी से एक अत्यंत दिव्य रूप धारी कूट तेज निकला जिसे देखकर देवता घबरा गए और उन्होंने सारा वृत्तांत इन्द्र से जाकर कहा। इन्द्र ने वायु को पता लगाने के लिए भेजा तो उस दिव्य तेज ने वायु की परीक्षा लेने के लिए उसके सामने एक तिनका रखकर उसे उठाने के लिए कहा। वायु अपनी पूरी शक्ति के उपरांत भी उसे उठा नहीं पाया। इसके बाद इन्द्र ने अग्नि को भेजा। लेकिन अग्नि भी उसे जला नहीं पाया और वर्षा उसे भिगो नहीं पाई। इन सब स्थितियों से इन्द्र स्वयं घबरा गए और जब उस तेज को ढूंढ़ने लगे तो वह तेज अंतरनिहित हो गया। तब कोई और उपाय न देखकर इन्द्र उस तेज का स्तवन करने लगे। तब उस देवी ने प्रकट होकर कहा कि-मैं परब्रह्म प्रणवरूपिणी हूं और मैंने ही दैत्यों से तुम्हारी विजय कराई है अतः तुम गर्व छोड़कर मेरी पूजा करो। इस पर देवताओं का गर्व नष्ट हो गया और वे सामान्य रूप से रहने लगे।

सूतजी ने देवताओं से वेद के छीने जाने पर हुए परिणामों की चर्चा करते हुए कहा कि बहुत समय पहले की बात है कि एक बार महाबली रुद्र के पुत्र दुर्गम ने देवताओं से वेदों को छीन लिया। वेदों के अभाव में यज्ञ-कर्म बंद हो गए और दुर्गम भयंकर उत्पात करने लगा। ब्राह्मण भी आचारभ्रष्ट हो गए। इस पर देवता महामाया की शरण में जाकर अपना दुःख सुनाने लगे और रक्षा की प्रार्थना करने लगे। देवताओं को आश्वासन देकर देवी ने दुर्गम पर आक्रमण कर दिया। दोनों ओर से युद्ध होने लगा। देवी ने अपने शरीर से दस देवियां निकालीं, काली, तारा, श्रीविद्या, भुवनेश्वरी, भैरवी, छिन्नमस्ता, बगुला, मातंगी, धूम्रा और त्रिपुरसुंदरी। इन सबने मिलकर दैत्यों के दल को नष्ट कर दिया। तब देवताओं ने देवी की पुनः आराधना की और अपने को हमेशा बाधा मुक्त रखने की प्रार्थना की। इस प्रार्थना से देवी ने आश्वासन दिया कि वे समय-समय पर देवताओं के भले के लिए अवतार धारण करती रहेंगी।

सूतजी बोले कि देवों में पराम्बा का सर्वोच्च स्थान है, ज्ञान, कर्म और भक्ति ये तीन इस शक्ति को पाने के मार्ग हैं। चित्त का आत्मा से संयोग ज्ञान है। बाह्य अर्थ का संयोग कर्म और देवी तथा आत्मा की एकता की अनुभूति भक्ति है। इन तीनों का संयोग क्रियायोग कहलाता है। और यही परम साधन है।

कैलाश संहिता

पुराने समय की बात है कि हिमालय के निवासी अनेक मुनियों ने काशी में गंगा-स्नान किया और शतरुद्रीय मंत्रों से महादेव का पूजन किया। उसी समय पंचक्रोशी के दर्शन की इच्छा से सूतजी भी वहां पहुंच गए और मुनियों के साथ सत्संग हुआ। सूतजी के आने पर मुनियों ने कहा कि आप महेश्वर का परम ज्ञान बताने की कृपा करें। तब सूतजी ने मुनियों से कहा कि हे ऋषियों, एक बार भगवान व्यास नैमिषारण्य में एक महान यज्ञ के अनुष्ठान के अवसर पर पधारे। वहां के निवासियों ने व्यासजी से ओंकार का अर्थ और उसका महत्त्व बताने का अनुरोध किया। व्यासजी ने जो ओंकार का महत्त्व बताया वह मैं तुम्हें बताता हूं।

एक बार पार्वती ने शिवजी से पूछा था कि वेद के मंत्रों में सबसे पहले ओंकार का उच्चारण क्यों किया जाता है? महादेव ने बताया कि प्रणव मंत्र मेरा स्वस्थ रूप और संपूर्ण विद्याओं का आदि मूल है। इसको जान लेना ही परम विज्ञान है। जिस तरह छोटे से बीज में विशाल बरगद का पेड़ निहित रहता है, उसी तरह इस ओंकार में सारे वेद निहित हैं। एक श्रुति वाक्य है 'ईशानम् सर्व विद्यानम्' इसके अनुसार शंकर समस्त विद्याओं के आदि रूप हैं।

इस ओंकार में तीन मात्रात्मक रूप हैं और बिंदु नादात्मक है। इसके आकार के रजोगुण से सृष्टि रचयिता ब्रह्मा और उकार के सतोगुण से विष्णु और मकार के तमोगुण से सृष्टि का संहार करने वाले शिव उत्पन्न होते हैं। जब साक्षात् रूप महेश्वर देव का तिरोभाव होता है, तो वे बिंदु रूप रह जाते हैं। और सब पर कृपा करने के लिए नाद रूप में परिणत हो जाते हैं। शिव को इस प्रकार समझकर ही अकारादि पांच वर्णों में ब्रह्मा को जानना चाहिए। इन पांच वर्णों में ही ईशान, पुरुष, भोर, सद् और वामदेव ये पांच मेरी ही मूर्तियां हैं। वैसे परमात्मा शंकरजी के संसार वैद्य, परमात्मा, सर्वज्ञ, पितामह, विष्णु, रुद्र, महेश्वर और ये आठ मुख्य नाम हैं। लेकिन शिव, महेश्वर और रुद्र ये तीन उपाधि निवृत्त होने पर शिव रूप नाम रह जाते हैं। शिव नाम समस्त देवताओं में महान् है अतः वह शिव है। प्रकृति और तेईस तत्त्वों से परे ये पच्चीसवां पुरुष ही वेद आदि ग्रंथों में ओंकार कहा गया है।

जब पार्वतीजी ने प्रणव के इस रहस्यमय अर्थ को सुना तो उन्होंने शिवजी की उपासना की और वेदव्यास ने मुनियों को यह संवाद सुनाकर वहां से प्रस्थान किया। यह दिव्य ज्ञान ऐसा है जिसे देवी से स्कन्द ने, स्कन्द से नंदी ने, नंदी से सनत्कुमार ने, सनत्कुमार से व्यास ने और व्यासजी से सूतजी ने प्राप्त करके मुनियों को बताया। इसके बाद सूतजी भी शिव और पार्वती के पूजन के लिए कालरहित पर्वत पर चले गए। कुछ समय बीतने के बाद सूतजी फिर से काशी आए और मुनियों न उनसे वामदेवजी का मत जानना चाहा। मुनियों के पूछने पर सूतजी ने

बताया- बहुत पहले रथांतर कल्प में वामदेव नाम के एक मुनि हुए थे। वह बचपन में ही वेद और पुराणों के ज्ञाता हो गए थे। उन्होंने मेरु के दक्षिण कुमार शिखर पर स्कन्ध कार्तिकेय को आराधना करके प्रसन्न किया। प्रसन्न होने के बाद स्कन्द जी ने वामदेवजी से पूछा कि तुम्हारा अभीष्ट क्या है। इस पर वामदेव ने प्रणव का अर्थ जानने की प्रार्थना की। स्कन्दजी ने तब उन्हें प्रणव का अर्थ समझाया। उनके अनुसार साक्षात् महेश्वर ही प्रणव हैं। इस प्रणव के छः प्रकार के अर्थ है, मंत्ररूप, मंत्रभाव, प्रपंचा, वेदार्थ, रूप तथा शिष्य के अनुरूप। और ये सब एक महेश्वरी माने जाते हैं। शिवजी की पांच मूर्तियां इसी से निर्दिष्ट होती हैं, जो पंचमुख शिव की होती है। यही प्रणव आकाश का अधिपति सदाशिव समष्टि रूप और सर्व सामर्थ्यवान है। ब्रह्मा, विष्णु, रुद्र और महेश्वर ये चारों भिन्न-भिन्न रूप इसी प्रणव की समष्टि है। महेश्वर के सहस्र अंश से रुद्र मूर्ति उत्पन्न हुई है और जैसा कि अनेक प्रसंगों में बताया गया है यही सृष्टि जन्म के रूप में ब्रह्मा, पालन कर्ता के रूप में विष्णु और विनाश के समय रुद्र होते हैं। वासुदेव, संकर्षण, प्रद्युम्न और अनिरुद्ध ये चार विख्यात नाम भी व्यूह रूप ही हैं।

यह सुनकर वामदेवजी बोले कि हे महाप्रभु स्कंद आप मुझे संसार-चक्र का निर्वतन और अद्वैत ज्ञान बताने की कृपा कीजिए। यह सुनकर स्कंद ने कहा कि यह तत्त्व ज्ञान भगवान शंकर ने भगवती पार्वती को बताया। यह उस समय बताया गया जब मैं बहुत छोटा था लेकिन अपने पूर्व संस्कारों के कारण मैंने इस सारे तत्त्व ज्ञान को कंठस्थ कर लिया। वही ज्ञान मैं तुम्हें बताता हूं। सृष्टि का मूल भाव यह है कि जैसे चेतन कुम्हार के बिना अचेतन घट नहीं बन सकता उसी प्रकार चेतन परमात्मा के अभाव में अचेतन प्रकृति के कार्य नहीं हो सकते। हमारे शरीर में जीव रूप चेतना के बिना जड़ देह और अचेतन इंद्रियों में कार्य की क्षमता नहीं आ सकती।

शिवोहम कहने से जीवन अपने में शिवत्व का अनुभव करता है और उसे अखंड आनंद की प्राप्ति होती है।

परब्रह्म का स्वरूप प्रतिपादित करने के लिए श्रुति वाक्यों में कहा गया है कि **'तस्य कार्य कारणं च विद्यते'** अर्थात् वह ब्रह्म कार्य-कारण से अतीत स्वयंभू एवं सर्वतंत्र है। उस पर किसी का शासन नहीं है। इसके अतिरिक्त यह भी कहा गया है कि स्वाभाविकी ज्ञान बल क्रिया अर्थात् परमेश्वर की ज्ञान क्रिया सहज रूप में ही है। उसकी पराशक्ति अनेक प्रकार की है। इस ओंकार परब्रह्म में संपूर्ण ब्रह्मांड समाया हुआ है। और यही ब्रह्मा, विष्णु तथा रुद्र रूप धारण करके सृष्टि का सृजन, पालन और विनाश करते हैं।

शिव शक्ति योग ही परमात्मा रूप है। शिव से ईशान और ईशान से पुरुष की उत्पत्ति हुई है। शिव शक्ति से ही नाद, बिंदु और स्वर, इनसे ही प्रणव मंत्र की उत्पत्ति मानी गई है। पुरुष से अघोर वाम और इससे सद्योजातादि उत्पन्न हुए। मात्राओं से 48 कलाएं और फिर शांति कलाएं तथा शास्त्र उत्पन्न हुए। उसके बाद अनुग्रह, तिरोभाव, विनाश, स्थिति, सृष्टि रूप कृत्यों का हेतु मिथुन पंचक उत्पन्न हुए। फिर पंचभूत और पंचभूतों में आकाश में गुण, वायु में शब्द, स्पर्श, गुण अग्नि

में शब्द स्पर्श रूप गुण, जल में शब्द स्पर्श रूप और रस तथा पृथ्वी में शब्द स्पर्श रूप रस और गंध की व्याप्ति है। ये सभी तत्त्व अपने-अपने भूतों में लीन होकर और आदि क्रम के द्वारा विपरीत होकर व्याप्त रहते हैं और अंत में संपूर्ण तत्त्व शिवजी में विलीन हो जाते है।

द्वैत नश्वर स्वरूप है और अद्वैत अविनाशी सनातन रूप है। एक ही शिव रूप सच्चिदानंद ब्रह्म हैं, सर्वज्ञ है और वेदों के निर्माता हैं। शिवजी ही अपनी माया और इच्छा से पुरुष होते हैं। यही पुरुष रूप में प्रकृति के गुणों के भोक्ता हैं और वे ही समष्टि और चित प्रकृति तत्त्व हैं। प्रकृति के तीन गुणों से बुद्धि, बुद्धि से तीन प्रकार का अहंकार, उससे तेज और तेज से मन, बुद्धि और इंद्रियों की उत्पत्ति हुई है। मन का रूप संकल्प और विकल्पात्मक है, इसी प्रकार इंद्रियां और तन्मात्राएं उत्पन्न हुई। इस तरह सृष्टि के सभी तत्त्व स्थूल और सूक्ष्म सूर्य, चंद्रमा और नक्षत्र, देवता, देव पितर, किन्नर, पशु, पक्षी, कीट- पतंग, समुद्र, नदियां, पर्वत औषधियां, उत्पन्न हुई और यह सारी उत्पत्ति ब्रह्म ज्योति से हुई। सभी कुछ ब्रह्म रूप है उससे भिन्न नहीं है। यही अद्वैत भावना है।

योग पथ को प्राप्त करने के लिए साधक को चाहिए कि वह अगहन और माघ महीनों के शुक्लपक्ष तथा शुभ दिन में पंचमी या पूर्णमासी को आचार्य के चरणों का प्रक्षालन करे। गुरु के निकट ही मृग चर्म के आसन पर बैठे और शंख में फूल रखकर प्रणव मंत्र से गुरु को प्रणाम करे। दीप जलाए और मुद्रा से रक्षा तथा कवच मंत्र से उसे आच्छादित करे। इसके बाद अर्घ्य दे और सुगंधित फूलों का भी अर्पण करें। पृथ्वी के एक भाग में जल छिड़ककर घड़े की स्थापना करे तथा सूत से घड़े को लपेटकर उसमें सुगंधित जल भरे। फिर पीपल, पाकड़, जामुन, आम और बढ़ पांच वृक्षों की छाल तथा पत्ते लेकर गज, घोड़ा, रथ, बांकी और नदी संगम की मिट्टी को लेकर सुगंधित करे। आम के पत्ते, वस्त्र, और कुशाग्र तथा नारिकेल आदि को लेकर घड़े के चारों तरफ रखे और फिर जल में पंचरत्न नील, माणिक्य, स्वर्ण, गंगाजल और गोमेद डाले। यदि पांचों न मिलें तो केवल सोना डाले और पूजन करे। यह गुरु ही शुभ है अर्थात् उसी की पूजा संपूर्ण भक्ति और सिद्धि को देने वाली है। फिर आचार्य को चाहिए कि निम्नलिखित 22 वाक्यों में गुरु भस्म का ज्ञान कराए।

1. मैं ब्रह्मस्वरूप हूं। 2. प्रज्ञान ही साक्षात् ब्रह्म है। 3. यह ब्रह्म तू ही है। 4. आत्मा ब्रह्म रूप है। 5. मैं प्राणरूप हूं। 6. यह आत्मा ज्ञान रूप है। 7. यह सारा जगत ईश्वर से ही प्रतिष्ठित है। 8. जो कर्म करोगे वही मिलेगा जो यहां है वही वहां भी है। 9. ब्रह्म विदित, अविदित दोनों से अतीत हैं। 10. मैं ही ब्रह्म अविनाशी हूं। 11. सूर्य और पुरुष में वह एक ही समा रहा है। 12. आत्मा में ब्रह्म अन्तर्यामी रूप में स्थित अमृत है। 13. मैं ही तत्त्वों का साक्षी और प्राण हूं। 14. मैं ही आकाश और पवन का प्राण हूं। 15. मैं ही समस्त लक्षण सम्पन्न सर्वातीत सर्वज्ञ हूं। 16. यह समस्त चराचर ब्रह्म रूप है। 17. मैं ही तीन गुणों का प्राणस्वरूप हूं। 18. मैं ही जल और आकाश

का प्रकाश दाता हूं। 19. मैं ही सर्वगत और ज्योतिमान तथा अद्वितीय हूं। 20. यह जो कुछ भी है, वह मैं हूं और मेरा ही नाम हंस है। 21. मैं सम्पूर्ण बंधनों से मुक्त सुध और बुध हूं। 22. मैं ही सब प्राणियों का घट-घट वासी तथा पुरुषादित्य का तेज प्रदान करने वाला हूं।

विश्व के कर्ता कार्य और कारण, सदाशिव अनेक नामों से जाने जाते हैं। लेकिन जिस तरह मलिन दर्पण में मुंह नहीं दिखाई देता उसी प्रकार अज्ञान के अंधकार से ढका हुआ मन ब्रह्म को नहीं जान पाता। उन्हें सदाशिव प्रतिभाषित नहीं होते। मन को निर्मल करने के लिए हठयोग तथा साधना करनी चाहिए। इससे अंतःकरण शुद्ध होता है। और भगवान शंकर प्रत्यक्ष ही नहीं होते भक्त पर कृपा भी करते हैं। भक्त चार प्रकार के होते हैं आर्ष, जिज्ञासु, अर्थी और ज्ञानी। इन चारों में ज्ञानी भक्त शिवजी को परम प्रिय है।

स्कंदजी बोले कि हे महामुनि वामदेव, अब स्नान और क्षौर कर्म का विधान सुनिए। इसमें गुरुदेव को प्रणाम करना, उनसे अनुमति लेना और आचमन करना तथा वस्त्र पहनते ही हजामत कराना। इस विधान के साथ नाई के हाथ-पैर धुलवाकर **'नमः शिवाय'** कहते हुए शिवजी का ध्यान करना आवश्यक है। नाई यंत्रों को ओंकार मंत्र से अभिमंत्रित करे और नाई को दक्षिण ओर से क्षौर कर्म करने के लिए कहे। फिर कटे हुए बालों को लेकर नदी तट पर जाकर सोलह बार शुद्ध जल से कुल्ला करें। फिर तुलसी, बेल तथा पीपल के नीचे की मिट्टी लेकर नदी में सात गोते लगाए, और अपने शरीर पर उस मिट्टी का लेपन करे और नदी में नहाए। और फिर संध्या उपासना, प्राणायाम तथा सूर्य नमस्कार करे। पुनः शिव, पार्वती का पूजन करे, इसके बाद साधक को चाहिए कि नित्य कर्म से निवृत्त होकर सदाचारी गृहस्थों के घर भिक्षा मांगने जाए और वापस आश्रम में लौटकर शुद्ध आसन पर बैठकर भिक्षा का सेवन करे। जो भोजन बच जाए उसे पशु-पक्षियों को खिला दे।

दाहकर्म की दृष्टि से यतियों का दाहकर्म नहीं करना चाहिए। उन्हें पृथ्वी के गर्भ में दबाना उचित है। भृकुटी के मध्य शिवजी का ध्यान करने पर संन्यासी साक्षात् शंकर का रूप हो जाता है। स्थिर चित्त से ही समाधि लगाई जाती है। जो अधीर हैं, उन्हें चाहिए कि वे समय और नियम का अभ्यास करके अनेक विधि से शंकरजी का ध्यान करें। संन्यासी को चाहिए कि वह नश्वर शरीर से विरक्त होकर मोहमाया से मुक्त होकर शिवजी का ध्यान करे। इस प्रकार 'ऊं नम: शिवाय' का उच्चारण करते हुए जो संन्यासी प्राण त्यागता है, तो उसे जलाना नहीं चाहिए बल्कि धरती में गड्ढा बनाकर उसे बैठा देना चाहिए। गड्ढे में रखने से पहले संन्यासी के शव को गंगाजल से स्नान कराकर उसके माथे पर भस्मी का त्रिपुंड लगाना चाहिए। इसके पश्चात् उसे रुद्राक्ष आदि आभूषणों से लादकर डोली में बिठाकर ग्राम की परिक्रमा करनी चाहिए और इसके बाद उसे गड्ढे में दबा देना चाहिए। दस दिन तक धूप-दीप आदि से पूजा करनी चाहिए।

ग्यारहवें दिन उसे फिर साफ करके पंच मंडल की रचना करनी चाहिए। पंचदेव पूजन और मुख्य रूप से शिव पूजन करके मृतक के सिर के स्थान पर पुष्प माला रखें और उसकी सद्गति की प्रार्थना करें। इस प्रकार शिष्य अपने गुरु यति का एक आदर्श कर्म संपूर्ण करे।

बारहवें दिन नित्य कर्म से निवृत्त होकर शिष्य शिवभक्त ब्राह्मणों को निमंत्रित करे और दोपहर को भोजन कराए। ब्राह्मणों को संतुष्ट करके उन्हें पहुंचाने के लिए द्वार पर आए अतिथियों का सम्मान करे। उसके बाद शंकर का ध्यान करते हुए यति के निःश्रेयस के लिए शंकर से प्रार्थना करे। और प्रति वर्ष इसी प्रकार पूजा करने का संकल्प करे।

वायवीय संहिता

(पूर्वार्द्ध)

नैमिषारण्य के क्षेत्र में गंगा और यमुना के संगम के स्थल पर एक बहुत बड़े यज्ञ का अनुष्ठान हुआ। उसमें व्यासजी के शिष्य सूतजी भी आए। मुनियों ने सूतजी का स्वागत किया और तत्त्वज्ञान सुनाने की प्रार्थना की। सूतजी ने कहा कि संपूर्ण विद्याओं में चौदह विद्याएं सम्मिलित हैं। ये चौदह-चार वेद, छः शास्त्र और मीमांसा, धर्म शास्त्र, न्याय तथा पुराण मिलकर होते हैं। इनमें जब धनुर्वेद, आयुर्वेद, गंधर्व वेद और अर्थशास्त्र को मिला दिया जाता है तो ये अठारह हो जाते हैं। सूतजी ने बताया कि भगवान शंकर इन अठारह विद्याओं के जन्मदाता हैं और उन्होंने सबसे पहले ब्रह्माजी को यह विद्या दी और फिर विष्णुजी को संसार की रक्षा के लिए शक्ति प्रदान की। ब्रह्माजी ने पुराणों का विस्तार किया और फिर अपने चार मुखों से चार वेदों की रचना की। वेदों के बाद सभी शास्त्रों की उत्पत्ति हुई।

विष्णुजी ने वेदशास्त्र का उचित रूप से विस्तार करने के लिए व्यास रूप में अवतार लिया। उन्होंने वेदों को चार भागों में विभाजित किया और फिर चार लाख श्लोकों की रचना करके पुराणों को सामान्य जनों के लिए सुलभ बनाया। एक समय सभी मुनि ईश्वरीय सत्ता के रहस्य को न जानते हुए, उसे जानने के लिए ब्रह्माजी के पास गए।

ब्रह्माजी ने मुनियों को बताया कि भगवान शंकर ही एकमात्र परमेश्वर हैं और मैंने उनकी इच्छा से ही प्रजापति का पद पाया है। भगवान शंकर के तीन रूप हैं- स्थूल, सूक्ष्म और सूक्ष्मातिसूक्ष्म। स्थूल रूप देवों को, सूक्ष्म रूप योगियों को और सूक्ष्मातिसूक्ष्म रूप भक्तों को दिखाई देता है। गुरु का बहुत महत्त्व है क्योंकि गुरु की कृपा से साधक के मार्ग की बाधाएं दूर हो जाती हैं।

ब्रह्माजी ने ऋषियों से कहा कि ईश्वरीय शिव तत्त्व को जानने के लिए आप लोग यज्ञ का आयोजन कीजिए। यज्ञ की समाप्ति पर आपको शिव तत्त्व का मर्म आवाहित वायु के द्वारा समझाया जाएगा। उसके बाद आप वाराणसी में जाकर शिव-पार्वती की पूजा कर कल्याण के मार्ग को प्राप्त करना। मैं आपको मनोमय चक्र प्रदान करता हू। आप इसके पीछे-पीछे जाओ, जहां इसकी नेमी टूट जाए वहां पर एक बड़े यज्ञ का आयोजन करो। चक्र नैमिषारण्य में गिरा और वहीं पर यज्ञ किया गया।

यज्ञ की समाप्ति पर वायुदेव प्रकट हुए और उनसे मुनियों ने शिवत्व को समझाने का निवेदन किया। तब वायुदेव ने उन्हें बताया कि श्वेत रूप इक्कीसवें कल्प में विश्व के निर्माण के लिए ब्रह्माजी ने घोर तप करके शिवजी को प्रसन्न किया। शिवजी प्रसन्न हुए और उन्होंने ब्रह्माजी को ब्रह्मज्ञान दिए उस ब्रह्मज्ञान को मैंने अपने तप के बल पर ब्रह्माजी से प्राप्त किया। यह ज्ञान पशु,

पाश और गति को संज्ञा वाला है। क्षर प्रकृति और अक्षर पुरुष परमेश्वर के द्वारा प्रेरित होते हैं। प्रकृति माया है और इसके मूल कर्म से योग रखने वाला पुरुष है। वह माया से युक्त है और इन सबके प्रेरक परम शिव हैं। यह माया शिवजी की ही शक्ति है। चिद्रूप माया से आवृत्त होने वाला है और आवृत्त करने वाला है, शिव के द्वारा उत्पन्न मल वह कल्पित है। यह चिद्रूप जीव कर्मफल भोगने के लिए माया से आच्छादित होकर मूल आदि से उत्पन्न होता है और मल का विनाश होने पर मुक्त हो जाता है।

पुरुष को ज्ञान उत्पन्न करने वाली शक्ति एक विद्या है। क्रिया उसकी कला है, काल उसका राग प्रवर्तक और देवशक्ति उसका नियमन करने वाली है। सत, रज और तम रूप प्रकृति ही अव्यक्त का कारण है। कला क्रियात्मक है और ईश्वरीय शक्ति को व्यंजित करने वाली है। इससे सृष्टि के पहले अनभियक्ति थी और सृष्टि की दशा में अभिव्यक्ति हुई और उस अभिव्यक्ति में विमोहित आत्मा तीनों गुणों का भोक्ता है। यह आत्मा बुद्धि, इंद्रिय शरीर से अलग है। कारण सहित उसका ज्ञान बहुत कठिन है। आत्मा सर्वत्र व्याप्त होने पर भी देखा नहीं जा सकता और न ही ग्रहण किया जा सकता है। उसका केवल अनुभव ही किया जा सकता है। यह शरीर दुखों को प्राप्त करते हुए नष्ट हो जाने वाला है। आत्मा अनेक शरीरों में रहती है और एक शरीर के जीर्ण होने पर दूसरे को प्राप्त कर लेती है। यह आत्मा देह से कभी संयुक्त होता है कभी वियुक्त। जो अज्ञानी है वह सुख-दुःख का विषय होने के कारण स्वर्ग- नरक को जाता है। परमात्मा की प्रेरणा से युक्त पशु अर्थात् जीवकर्ता रूप में दिखाई देता है किंतु वह कर्ता होता नहीं। कर्ता तो परमेश्वर है।

परमात्मा क्षर और अक्षर के संयोग से संपूर्ण दृश्य और अदृश्य को प्रकट करते हैं, धारण करते हैं और वे स्वयं में विश्व हैं और विश्व के विनाशक हैं।

ये संसार एक वृक्ष के रूप में है। इसमें समान अवस्था वाले जीवात्मा और परमात्मा निवास करते हैं। जीवात्मा इस वृक्ष के कड़वे-मीठे फल खाता है और सुख-दुःख झेलता है। परमात्मा जीवात्मा के रूप को देखता रहता है और दसों दिशाओं में अपने तेज का प्रकाश करता हुआ साक्षी रूप में स्थिर रहता है। यही परब्रह्म है, इसे ही मुनियों ने जाना है। यही परमेश शंकर हैं।

काल की आयु अथवा अवधि का प्रमाण बहुत कठिन है। इसका प्रथम परिमाण निमेष है। 15 निमेषों की एक काष्ठा, 30 काष्ठाओं की एक कला और 30 कलाओं का एक मुहूर्त और 30 मुहूर्तों का एक दिन-रात तथा 15 दिन-रातों का एक पक्ष होता है। दो पक्षों (शुक्ल और कृष्ण) का एक मास होता है। छः मासों का एक अयन होता है और दो उत्तरायण और दक्षिणायण अयनों का एक वर्ष होता है। मनुष्यों का एक वर्ष देवताओं का एक दिन-रात होता है। इस परिमाण से मनुष्यों के 360 वर्षों के व्यतीत होने पर देवताओं का एक वर्ष होता है। देवताओं के वर्ष के अनुरूप 4000 वर्ष का सतयुग, 3000 वर्ष का त्रेता और 2000 वर्षों का द्वापर और 1000 वर्षों का कलियुग होता है। 1000 बार इन चारों युगों के बीतने पर एक कल्प बीतता है और 1000 कल्पों के बीतने पर एक मन्वंतर होता है। अब तक बीते हुए सहस्रों मन्वंतरों की गणना संभव नहीं। ब्रह्माजी का कल्प एक दिन के बराबर होता है और सहस्र कल्प एक वर्ष के समान। ब्रह्माजी

के लिए आठ सहस्र वर्षों की अवधि एक युग होती है। एक सहस्र युगों का एक सवन होता है और ब्रह्माजी की पूरी आयु 3000 सवन है। ब्रह्माजी के एक दिन में 14 इन्द्र होते हैं और पूर्ण आयु में 5 लाख 40 हजार इन्द्रों का जन्म और विनाश हो जाता है। विष्णु के दिन में ब्रह्माजी की, रुद्रजी के एक दिन में विष्णुजी की तथा ईश्वर के एक दिन से रुद्र की आयु समाप्त होती है।

सृष्टि से प्रलय तक ब्रह्माजी की पूर्वार्द्ध और परार्द्ध वाली पूरी आयु पूर्ण हो जाती है। जब अव्यक्तात्मा विकार युक्त हो जाता है, तब वह प्रधान और पुरुष धर्मी हो जाता है। उसमें तमोगुण और सतोगुण समान मात्रा में रहते हैं लेकिन गुणों की यह समानता उसे तपोमय कर देती है। और उसका विभाग नहीं होता। उस समय शांत वायु से निश्चल जल में कुछ भी पता नहीं होता और इस अज्ञात जगत के बीच महेश्वर परम महेश्वरी निशा का सेवन करते हैं। प्रातःकाल होते ही प्रकृति के पुरुष के मध्य प्रविष्ट होने पर महेश्वर महायोग से इन दोनों को क्षुभित करते हैं। तब परब्रह्म महेश्वर की आज्ञा से सृष्टि की उत्पत्ति और फिर लय होता है।

सबसे पहले पुरुष अधिष्ठित अव्यक्त से बुद्धि आदि से लेकर अनेक विकार उत्पन्न हुए और उन विकारों से अप्रतिहत शक्ति और अणिमा आदि सिद्धि से संपन्न ब्रह्मा फिर विष्णु और रुद्र उत्पन्न हुए। ये तीनों ही देवता उस पुरुष प्रकृति की आत्मा हैं, जो जगत का सृष्टा और ईश्वर तत्त्व में स्थित है। इसके बाद बुद्धि, ख्याति और मति पैदा हुई, फिर पांच कर्मेन्द्रियां, पांच ज्ञानेन्द्रियां और 11 वां मन। मन के अहंकार से भूतादि, तन्मात्रा और उससे शब्द, फिर आकाश फिर स्पर्श फिर वायु रूप, तेज और तेज से रस, रस से जल, जल से गंध, गंध से पृथ्वी उत्पन्न हुई और इस तरह पंच महाभूतों से पूर्ण यह चराचर उत्पन्न हुआ। इन सबसे मिलकर एक अंड उत्पन्न हुआ, उस अंड से ब्रह्मा उत्पन्न हुए। वही ब्रह्मा सृष्टि के क्रम में चारों मुख वाले, संहार में रुद्र और पालन में सहस्र सिर कहलाए हैं। इसके बाद में तीन विभक्तियों से त्रिगुण, चार से चतुर्व्यूह कहलाए। इस अंड को चारों तरफ से दस गुना जल, जल को दस गुना तेज, तेज को दस गुना वायु, वायु को दस गुना आकाश, आकाश को पंचभूत, पंचभूत को महतत्त्व और उन्हें प्रकृति ढके हुए है। संपूर्ण ब्रह्मांड प्रकृति के साथ आवरणों से आवृत्त है और यह आवृत्त सापेक्ष है। सृष्टि का सृजन, पालन और संहार करने वाले देव परस्पर एक-दूसरे को धारण करते रहते हैं।

ब्रह्माजी के एक दिन में चौदह मन्वंतर होते हैं। इस दृष्टि से उन सबका वर्णन नहीं किया जा सकता क्योंकि वे असंख्य हैं। वर्तमान वाराह कल्प के चौदह (सात स्वायंभुव और सात सावनिक) मन्वंतर हैं और इस समय सातवां मन्वंतर चल रहा है। पहले कल्प की समाप्ति पर अग्नि देव ने संसार को जलाया और फिर जल की वर्षा की और सागर बनाया। तब दसों दिशाओं को जल से भरा देखकर पितामह ब्रह्मा नारायण स्वरूप होकर जल के ऊपर सो गए। इसी से उनका नाम नारायण पड़ा। फिर प्रातःकाल मुनियों ने उनकी स्तुति कर उन्हें जगाया। नारायण ने जागकर जब अपने को अकेला देखा तो उन्होंने शिवजी का स्मरण किया और उन्हें यह भी पता चला कि पृथ्वी जल में डूब गई है, तब पृथ्वी के उद्धार के लिए उन्होंने वराह का रूप धारण किया और रसातल से पृथ्वी को निकाल लिया।

जब ब्रह्माजी ने सृष्टि की चिंता की तो सबसे पहले तमोमोह, महामोह, तामिस्र, अंध्र और अविद्या इन पांचों का प्रादुर्भाव हुआ और फिर बीज कुंभ के समान अंधकार से घिरा हुआ यह जगत दिखाई दिया। उसके बाद आच्छादित आत्मा वाले वृक्ष, पर्वत आदि की सृष्टि हुई। उसके बाद उन्होंने नई सृष्टि का विचार किया तो तिरछी चलने वाली सृष्टि हुई। उसके बाद उन्होंने सात्विक देव सृष्टि की। फिर पितामह ने मानव सृष्टि की रचना की। ब्रह्माजी की पांचवीं अनुग्रह सृष्टि चार तरह से स्थित है- महत सृष्टि, तन्मात्राओं की सृष्टि, वैकारिक सृष्टि और ज्ञान कर्मेन्द्रिय सृष्टि। इसके साथ तिर्यक् स्थावर, देव और मनुष्य सृष्टि मिलाकर आठ सृष्टियां बनती हैं।

इन सर्गों में ब्रह्माजी ने सबसे पहले सनत्कुमारजी को उत्पन्न किया। उसके बाद उन्होंने फिर बहुत तप किया। बहुत समय तक तप करते हुए और कोई फल न पाते हुए ब्रह्माजी की आंखों में आंसू आ गए। उन आंसुओं से प्रेतों की सृष्टि हुई। उसके बाद ब्रह्माजी को बहुत ग्लानि हुई और उन्होंने अपना शरीर त्याग दिया। तब प्रजापति प्रकट हुए और उनसे ग्यारह रुद्र भी प्रकट हुए और सृष्टि-रचना में प्रवृत्त हो गए। शिवजी ने ब्रह्माजी में प्राणों का संचार किया।

यह सारा रूप महेश्वर से उत्पन्न है। साक्षात् भगवान अनेक रूप धारण करते हैं। और ये तीनों एक-दूसरे से उत्पन्न होते हैं। एक होते हुए भी एक-दूसरे से बड़े होने की होड़ में रहते हैं। शिव से अत्यधिक शक्ति मांगने के कारण ब्रह्मा तप करते हैं। मेघवाहन कल्प में भगवान विष्णु ने देवताओं को 10,000 वर्ष तक सुख दिया जिसे देखकर महेश्वर ने उन्हें सर्वात्म भाव से अव्यक्त शक्ति प्रदान की। जब ब्रह्मा अपनी प्रजा में वृद्धि नहीं देखते, तो वे शिवजी की शरण में जाते हैं और फिर महेश्वर की इच्छा से काल स्वरूप भगवान रुद्र पुत्र रूप में प्रकट होकर ब्रह्मा को अनुगृहीत करते हैं।

ब्रह्माजी ने जब देखा कि मेरी सृष्टि नहीं बढ़ रही है तो उन्होंने मैथुनी सृष्टि करने का निश्चय किया। लेकिन शिव ने नारी जाति को उत्पन्न ही नहीं किया था। तब ब्रह्माजी ने तप किया और शंकर अर्द्धनारीश्वर रूप में प्रकट हुए। उन्होंने ब्रह्मा की मन की बात को जान लिया और एक परम शक्ति देवी को प्रकट किया। उस देवी के सामने ब्रह्माजी ने मैथुनी सृष्टि प्रारंभ करने के लिए नारी कुल की उत्पत्ति की मांग की। उस शक्ति से ब्रह्माजी ने अपने आधे शरीर से मनु नाम वाले पुत्र को उत्पन्न किया और शेष आधे से शतरूपा नाम की स्त्री को। मनु और शतरूप ने प्रियव्रत और उत्तानपाद नाम के दो पुत्रों तथा आकूति, देवहुति और प्रसूति नामक तीन कन्याओं को उत्पन्न किया। प्रसूति का विवाह दक्ष से और आकूति का रुचि प्रजापति से हुआ। आकूति के यज्ञ और दक्षिणा पुत्र और पुत्री के रूप में पैदा हुए और प्रसूति के चौबीस कन्याएं उत्पन्न हुईं। इनमें तेरह कन्याओं का धर्म के साथ विवाह करने के याद शेष ग्यारह कन्याओं का भृगु, रुद्र आदि ऋषियों से विवाह कर दिया।

दक्ष प्रजापति की पुत्री ही पिता के द्वारा अपने पति के अपमान को न सहन करने के कारण यज्ञ की अग्नि में भस्म हो गई थी। बाद में वही हिमालय के घर प्रकट हुई और कठोर तप करके शिव को पति रूप में प्राप्त किया।

भृगु ने ख्याति से विष्णु प्रिया लक्ष्मी नाम की एक पुत्री को और धाता, विधाता नाम के दो पुत्रों को जन्म दिया। बाद में धाता-विधाता की परंपरा से सहस्रों पुत्र उत्पन्न हुए जो भार्गव कहलाए। मरीचि ने संभूति से चार पुत्रियों और एक पुत्र को उत्पन्न किया। इसी वंश में कश्यप ऋषि उत्पन्न हुए। अंगिरा ने स्मृति से आग्नोध और सरभ दो पुत्र तथा चार पुत्रियां उत्पन्न कीं। पुलस्त्य ने प्रीति से दंताग्नि पुत्र उत्पन्न किया जो अगस्त्य के नाम से प्रसिद्ध हुआ।

कुछ समय बाद प्रजा बढ़ने लगी और शुंभ तथा निशुंभ नाम के दैत्य पैदा हुए। इन दैत्यों ने देवराज इन्द्र को जीतकर स्वर्ग पर अपना आधिपत्य जमा लिया। इससे ब्रह्माजी बहुत चिंतित हुए और वे शंकर की शरण में आए। भक्तों के अनुग्रह करने पर भोलेनाथ पार्वती के पास पहुंचे और नारी जाति की निंदा करने लगे। पार्वती बोली कि यदि आप नारी के निंदक हैं तो मेरे साथ क्यों रहते हैं। और पार्वती ने उनसे तप के लिए जाने की अनुमति मांगी। शिवजी ने उन्हें बहुत समझाया लेकिन उमा को यह भ्रम हो गया कि शिवजी ने उनके कालेपन के कारण नारी का अपमान किया है। उन्होंने बहुत देर तक तप किया और वहां एक सिंह जो पहले उमा के मांस को खाना चाहता था वह उनकी सेवा करने लगा। इधर दानवों से त्रस्त देवता फिर ब्रह्माजी के पास गए। ब्रह्माजी पार्वती के पास आए तब पार्वती जी ने उनसे कहा कि शिवजी ने सबसे पहले आपकी उत्पत्ति की। इसलिए आप मेरे सबसे बड़े पुत्र हुए। और प्रजा की वृद्धि के लिए भगवान शंकर आपके मुख से प्रकट हुए, इस नाते आप मेरे ससुर हुए। और आप मेरे पिता हिमाचल के पिता हैं, इसलिए आप मेरे पितामह हुए। मेरे तप का उद्देश्य गौर वर्ण प्राप्त करना है। ब्रह्माजी ने कहा कि यह रूप परिवर्तन आप अपनी स्वेच्छा से कर सकती हैं। इस समय तो आप शुंभ और निशुंभ को मारने की कृपा कीजिए। पार्वती ने गौरी का रूप धारण किया और वहां उत्पन्न कौशिकी नाम की कन्या अनेक अस्त्र-शस्त्रों को लेकर विंध्याचल की ओर चल दी और उसने शुंभ-निशुंभ का वध किया। इसके बाद गौरी शिवजी के पास लौटी। शिवजी ने उनका स्वागत किया, उमा ने कौशिकी और सिंह का शिवजी से परिचय कराया, तब शिवजी ने कौशिकी को आराध्य देवी के रूप में और सिंह को नंदी के रूप में प्रतिष्ठित किया।

शिवजी के वास्तविक स्वरूप को जानने के लिए ऋषियों ने पूछा कि हे भगवन् यह बताइए कि वेदों में शिव का स्वरूप सर्वथा निर्गुण कहा गया है और उन्हें सगुण भी कहा जाता है तो क्या ये सगुण और निर्गुण रूप जिनमें संसार अधिष्ठित है, दोनों एक हैं या अलग-अलग? एक विचारणीय बात यह है यदि यह परम तत्त्व सब पर प्रेम करने वाला है, तो सबको एक साथ मुक्त क्यों नहीं करता? प्रारब्ध और कर्म दोनों ही ईश्वर प्रदत्त होते हैं। इन दोनों में कौन प्रमुख है?

मुनियों की बात सुनकर वायुदेव बोले-शिवजी सर्वतंत्र हैं, लेकिन स्वतंत्र शब्द का अर्थ निरपेक्ष है। जो व्यक्ति अनुगृहीत को परतंत्र बनाएगा उससे हानि होगी, जहां तक सगुण और निर्गुण का प्रश्न है, सगुण के द्वारा ही निर्गुण की प्राप्ति संभव है, लकड़ी में जिस तरह से अग्नि विद्यमान रहती है, दिखाई नहीं देती उसी तरह परस्पर सगुण-निर्गुण रहते हैं। शिवजी अनुग्रह वाले है, निग्रह नहीं। जब कोई दोष करता है तो शिवजी उसे दंडित करते हैं। यदि शिव अपने ईश्वरत्व को दंड और कृपा से स्थापित न करें तो वे ईश्वर कैसे कहलाएंगे। यदि पापी को दंड न दिया जाए तो वह अधिक पाप करेगा और इस तरह व्यवस्था बिगड़ेगी। मूर्ति में शिव का ऐश्वर्य है, शिव का आदेश ही शिवत्व है और उनका हित अनुग्रह। जिस तरह आग सोने को पिघला देती है अंगार को नहीं पिघलाती उसी तरह शिवजी भले व्यक्तियों पर कृपा करते हैं और दुष्टों को दंड देते हैं।

ज्ञान और ऐश्वर्य की विषमता ऊंची और नीची स्थिति का कारण होती है। देवताओं की आठ योनियां अति उत्तम हैं। मनुष्य मध्य योनि में है और पशु की पांच योनियां होती हैं। ऊंची-से-ऊंची योनियों में जाना मनुष्य के अपने वश में है। पशु की आत्मा के भी सत्, रज और तम तीन भेद होते हैं। जो इन सब भेदों और उपभेदों के कर्ता शिवजी की आज्ञा का पालन नहीं करता वह दुःखी रहता है।

ज्ञान दो प्रकार का होता है परोक्ष और प्रत्यक्ष। जो व्यक्ति अस्थिर होता है उसे परोक्ष और जो स्थिर होता है उसे अपरोक्ष या प्रत्यक्ष कहा गया है। हेतु और उद्देश्य परोक्ष ज्ञान है। अपरोक्ष के लिए अनुष्ठान किया जाता है और तब वह प्राप्त होता है। उसके लिए प्रयत्न जरूरी है।

प्रत्यक्ष ज्ञान पाने के लिए और मोक्ष को प्राप्त करने के लिए शिव की आराधना ही प्रमुख है। यह पांच प्रकार की है : क्रिया, जप, तप, ध्यान और ज्ञान। वेदों के अनुसार उत्तम और अधर्म धर्म के दो रूप हैं। इतिहास पुराण सबमें शिव की आराधना को परम धर्म के रूप में माना गया है।

शिव का रुद्र नाम इसलिए पड़ा कि वे दुःख-सुख को दूर करने वाले हैं। उन्हें पितामह इसलिए कहा जाता है कि वे मूर्तिमान पिता हैं और उनकी सदा से विष्णु नाम की संज्ञा सर्वव्यापक होने के कारण है। वे सर्वज्ञ हैं और किसी अन्य आत्मा के अधीन नहीं, इसलिए परमात्मा हैं।

शिवजी का व्रत चैत्र पूर्णमासी को किया जाता है। त्रयोदशी के दिन नहा- धोकर आचार्य की पूजा करनी चाहिए और फिर उसकी आज्ञा लेकर वस्त्र धारण करके माला और चंदन आदि को धारण करके कुश के आसन पर बैठकर हाथ में कुश लेकर आजीवन, बारह साल, छः साल, एक साल, महीने, दिन जितने दिन तक इच्छा हो वह संकल्प करे। इसके बाद पंचाक्षरी मंत्र का पाठ करे और फिर गोबर का एक कुंड बनाकर उसे आग में रखे और जो हविष्य अन्न है, उसका भोजन करे। दूसरे दिन भी उसी तरह करना चाहिए। पूर्णिमा के दिन पहले दो दिनों की तरह पूजा

करके दो बार आचमन करके सिर से पैर तक त्रिपुंड लगाकर ओंकार का स्मरण करे। और फिर शिवजी की षोडशोपचार पूजा करे। पूजा के पहले आवरण में शिव, गणेश और ब्रह्मा, दूसरे-आवरण में विघ्नों के नाश करने वाले और तीसरे आवरण में शिव की अष्ट मूर्तियों और चौथे आवरण में गणेश, महादेव का तथा पांचवें आवरण में दिशाओं के स्वामियों का ध्यान करना चाहिए। रात्रि में जमीन पर सोना चाहिए और अपवित्र वस्तुओं से दूर रहना चाहिए।

पुराने समय में व्याघ्रपाद के पुत्र उपमन्यु अपने पहले जन्म से ही सिद्ध थे और किसी कारण से मुनि हो गए थे। एक बार उन्होंने अपनी माता से दूध मांगा तो मां ने बनावटी घोल घोलकर दूध के रूप में दे दिया। जब बालक ने घूंट भरा तब उसने मां से शिकायत की कि यह दूध नहीं है। तब मां ने बच्चे को समझाया कि दूध तो शिवजी की कृपा से मिलेगा, शिवजी को प्रसन्न करो। मां ने यह भी बताया कि पंचाक्षर मन्त्र का जाप करो। तब उन्होंने उसे भस्म दी और कहा कि इस भस्म से बड़ी-बड़ी विपत्तियां टल जाती हैं। बालक अपने मन में इस बात को धारण करते हुए भूखा ही सो गया। आधी रात में उसने देखा कि दरवाजे पर शिवजी दूध का पात्र लिए हुए खड़े हैं। उसे लगा कि शिवजी उसे बुला रहे हैं। शिवजी को बाहर समझकर वह बाहर आया पर उसे कुछ दिखाई नहीं दिया। वह फिर भी चलता रहा तो थोड़ी दूर जाकर शिव मंदिर दिखाई दिया और उसने सोचा कि शिवजी इसमें छिपे होंगे अतः वह अंदर चला गया। वहां जाकर शिवलिंग से लिपटकर वह बार-बार पंचाक्षर मंत्र का जाप करने लगा। थोड़ी देर के बाद एक पिशाच उस मंदिर में आया और वह बच्चे को उठाकर पास में पर्वत की गुफा में ले गया। उसने बच्चे को खाना चाहा लेकिन जैसे ही वह बच्चे को मुंह में डालने लगा वैसे ही एक अजगर ने उसे डंस लिया। बच्चे का गला सूख गया था फिर भी उसके मुख से शिवजी के मंत्र का जाप चलता रहा। उसका तप इतना प्रभावशाली था कि उससे व्याकुल होकर देवता लोग शिवजी के पास गए और शिवजी ने उन्हें आश्वासन देकर वापस लौटा दिया।

कुछ देर बाद इन्द्र का रूप धारण करके शिवजी उपमन्यु के पास गए और उससे वर मांगने के लिए कहा। तब उपमन्यु बोला कि मुझे शिवभक्ति का वर दीजिए। इस पर शिवजी बोले कि तुम शिव की भक्ति को छोड़कर किसी और देवता की भक्ति करो और अपने अभीष्ट फल को पाओ। शिवजी की निंदा सुनकर बालक उपमन्यु बहुत दुःखी हुआ और क्रुद्ध हो उठा। उसने अपनी भस्म को मंत्र पढ़कर इन्द्र के ऊपर फेंक दिया। उपमन्यु की इस भस्म को नंदी ने अपने ऊपर ग्रहण किया और शिवजी बालक की तपस्या से प्रसन्न हुए तथा उसे अपने दर्शन कराए। तब उपमन्यु से प्रसन्न होकर भक्ति का वरदान दिया। वह उपमन्यु वे हैं जिन्होंने श्रीकृष्ण को पाशुपत व्रत का ज्ञान दिया, जिससे उन्हें पुत्र की प्राप्ति हुई।

(उत्तरार्द्ध)

उपमन्यु और श्रीकृष्ण के संदर्भ को संक्षेप में जानकर मुनियों ने उसे विस्तार से जानने की प्रार्थना की। तब वायुदेव ने उन्हें बताया-एक बार श्रीकृष्ण पुत्र की प्राप्ति के लिए मुनियों के आश्रम में गए तो वहां उन्होंने उपमन्यु को देखा। उपमन्यु अपने सारे शरीर पर भस्म लगाए हुए थे। माथे पर त्रिपुंड, गले में रुद्राक्ष और सिर पर जटाजूट धारण किये हुए थे। जब श्रीकृष्णजी ने उनसे

प्रार्थना की तो उन्होंने श्रीकृष्ण के शरीर में भस्म का लेपन किया और बारह महीने व्रत कराकर पाशुपत ज्ञान का उपदेश दिया। उपमन्यु को श्रीकृष्ण ने गुरु मान लिया और उसी प्रकार तप किया जिस तरह उपमन्यु ने बताया था। श्रीकृष्ण के तप से प्रसन्न होकर पार्वती सहित शिवजी प्रकट हुए। श्रीकृष्ण ने दोनों की आराधना की और पुत्र- प्राप्ति का वरदान पाया। इस वरदान के फलस्वरूप श्रीकृष्ण ने अपनी पत्नी जांबवती से साम्य नाम के पुत्र को उत्पन्न किया।

श्रीकृष्ण और उपमन्यु के बीच शिव-भक्ति को लेकर बहुत विस्तारपूर्वक संवाद हुआ। इस संवाद में श्रीकृष्ण, ने उपमन्यु से तत्त्वज्ञान समझाने का निवेदन किया था। उपमन्यु ने श्रीकृष्ण के कहने पर पशु, पाश, बंधन, मोक्ष और पाशुपत आदि का तत्त्व समझाया-

यह सारा जगत शिव की मूर्ति से व्याप्त है और शिव स्वयं अपनी मूर्तियों में व्याप्त हैं। इसके अतिरिक्त यह विश्व ब्रह्मा, रुद्र, महेश और सदाशिव इन पांचों मूर्तियों में व्याप्त है। पांच मूर्तियां और हैं - ईशान, पुरुष, अघोर, वामदेव और सद्योजात। इनमें ईशान मूर्ति सर्वप्रधान है। और क्षेत्रज्य कहलाती है। यह मूर्ति वाणी, श्रोत्र, शब्द और आकाश की अधिष्ठात्री है। यही मूर्ति मूर्तिमान स्थानों की रूपरेखा में पुरुष कहलाती हैं और वह तत्त्व, हाथ-स्पर्श और वायु की मालिक है। और वह आंख, पैर, रूप तथा अग्नि की मालिक है। वामदेव मूर्ति ओंकार का आश्रय लेकर रहती है और वायु, रसना, रस तथा जल की अधिष्ठात्री है। सद्योजात मूर्ति मन का आश्रय लिये हुए है और वह नाक, गंध और पृथ्वी की अधिष्ठात्री है।

शिवजी की आठ मूर्तियां हैं और इनमें विश्व इस तरह से समाहित है जैसे किसी एक सूत्र में मणियां पिरोई हुई हों। इन मूर्तियों के नाम इस प्रकार हैं -महेश, महादेव, सर्व, भव, रुद्र, भीम, उग्र, पशुपति और ईशान। ये अपने- अपने रूप में चराचर विश्व, चंद्रमा, भूमि, जल, अग्नि, आकाश, वायु, क्षेत्रज्य और सूर्य को धारण करते हैं। इस विश्व में महादेवी साक्षात् सती हैं और महादेव शक्तिमान हैं। शक्तिमान से क्रिया शक्ति से प्रकट होकर नाद बिन्दु सदाशिव देव, महेश्वर, शुद्ध विद्या, शिव की वाणी शक्ति कहलाती है, और वही वर्ण और स्वरूप में मात्रिका है। फिर उस अनंत के समावेश से माया, काल, नियति, कला, राग और पुरुष उत्पन्न होते हैं। पुरुषों के साथ उनकी शक्तियां भी उत्पन्न होती हैं और इसलिए ये सारा स्थावर जंगम शक्तिमय है। और उसी के योग से शिव शक्ति महत्त्वपूर्ण है। शिव और शिवा के बिना यह जगत उत्पन्न नहीं हो सकता। और शिवा और शिव के स्त्री-पुरुष होने के कारण यह सारा संसार स्त्री-पुरुषमय है।

इस विश्व में सभी पुलिंग महेश्वर हैं और सभी स्त्रीलिंग महेश्वरी की विभूतियां हैं। शिव-महेश्वर और शिवा माया है। यह सत्य है कि संपूर्ण भाव से शिव की शरण में गया हुआ भक्त ही परम तत्त्व को जान पाता है और जो उसे नहीं जानता वह चक्र के समान अनेक योनियों में भ्रमण करता रहता है।

शिव सूर्य की कांति के समान अपनी इच्छा को समस्त संसार में प्रकाशित करते हैं। और उसी के समान स्वाभाविक एकरूपा शक्ति इच्छा, ज्ञान, क्रिया आदि के रूप में विद्यमान रहती है। प्रज्ञा, श्रुति और स्मृति स्वरूपा शिवा विद्या है और शंकर विद्यापति। शक्तिमान की शक्ति चराचर ब्रह्मांड को मुग्ध भी करती है और मुक्त भी।

शक्तिमान और शक्ति का संबंध अटूट है और मुक्ति लाभ करने के लिए ज्ञान और कर्म की अपेक्षा भक्ति अधिक उपयोगी और लाभदायक होती है। शिवजी की भक्ति से सर्वोत्तम प्रसाद मिलता है। उस प्रसाद से मुक्ति प्राप्त होती है और मुक्ति से आनंद। भक्ति में भी सेवा भाव से की गई भक्ति अधिक लाभकारी होती है। सेवा दो प्रकार की होती है-सांग और निरंग। जब मन में शिवजी के स्वरूप का चिंतन किया जाता है तो वह मानसिक सेवा होती है और जब पंचाक्षर मंत्र का उच्चारण करते हुए जाप किया जाता है, तो वह याचिकी भक्ति होती है। षोडशोपचार से की जाने वाली कर्मकांडी पूजा शारीरिक कहलाती है।

श्री कृष्णजी ने उपमन्यु से कहा कि अब आप मुझे वह ज्ञान सुनाने की कृपा करें जो भक्तों का उद्धार करने वाला है और शिवजी ने उसे वेद के सार रूप में दिया है। उपमन्यु बोले-इच्छा होने पर स्याणु, शिव स्वयं आविर्भूत हुए और फिर उन्होंने ब्रह्मा को उत्पन्न करके उसे सृष्टि की रचना का आदेश दिया। ब्रह्मा ने सृष्टि की रचना की। वर्णाश्रम आदि रचना की व्यवस्था की। उसके बाद उन्होंने यहां के कार्य के लिए सोम को बनाया। सोम से स्वर्ग को और स्वर्ग से विष्णु तथा इन्द्र आदि देवताओं की उत्पत्ति हुई। जब उनका ज्ञान ईश्वर के द्वारा हरण कर लिया गया तो वे देवता उनसे पूछने लगे कि आप कौन हैं तब रुद्र ने अपना परिचय इस प्रकार दिया।

मैं ही पुरातन पुरुष हूं, सबका नियंता हूं और मुझसे भिन्न कोई नहीं। न कोई मुझसे बड़ा है और न मेरे समान। यह कहकर रुद्र अंतर्ध्यान हो गए और इससे देवता घबरा गए। देवताओं ने उनकी स्तुति की तब प्रसन्न होकर शिवजी पार्वती सहित देवताओं के समाने प्रकट हुए। तब देवताओं ने उनसे पूछा कि हे भगवन्! आप यह बताएं कि आपकी पूजा की विधि क्या है और आप किस प्रकार प्रसन्न होते हैं और आपकी पूजा का अधिकार किस-किसको है। इस पर शिवजी ने पार्वती की ओर देखा और देवताओं को अपना सर्व तेजमय, सर्वगुण संपन्न आठ बांहों वाला तथा चार मुख वाला स्वरूप दिखाया। देवताओं ने उनके तेज को अनुभव किया तथा महादेव को सूर्य और महेश्वरी को चंद्रमा समझकर उन दोनों की आराधना की। इसके बाद सूर्य मंडल में स्थित शिव ने देवताओं को सारा ज्ञान समझाकर स्वयं को अंतर्निहित कर लिया। उस ज्ञान से तीन द्विजाति-ब्राह्मण, क्षत्रिय और वैश्य को पूजा का अधिकार जानकर देवता लोग स्वर्ग को चले गए। इससे यह सिद्ध होता है कि शूद्रों को शिव की पूजा का अधिकार नहीं। बहुत समय के बाद जब वह शस्त्र विलुप्त हो गया तो परमेश्वरी ने चंद्रभक्ति को कहकर उसे पुनः प्रकट कराया और इस को मैंने अगस्त्य और दधीचि से जाना। फिर हमसे वसिष्ठ आदि मुनियों ने यह ज्ञान प्राप्त किया। इसी परंपरा में योगाचार्य व्यासजी का अवतार हुआ।

इससे आगे एक अन्य संवाद सुनाते हुए उपमन्यु ने कहा कि एक बार महेश्वरी ने महेश्वरजी से पूछा कि बुद्धि वाले और कम शक्ति वाले जीवों पर किस प्रकार अनुरक्त हो जाते हैं? महेश्वरी का प्रश्न सुनकर महेश बोले कि हे देवी! मैं ज्ञान, कर्म, जप, समाधि, धन आदि के वश में नहीं होता। मैं तो केवल प्रेम और श्रद्धा के वश में होता हूं। जो व्यक्ति वर्णाश्रम धर्म को पालन करता

है उसकी मुझमें श्रद्धा सहज ही हो जाती है क्योंकि ब्रह्मा ने मेरी आज्ञा से ही वर्णाश्रम धर्म की स्थापना की। और इसलिए इसका पालन करना ही श्रद्धा है और उसका उल्लंघन कर देना ही अश्रद्धा है। जो व्यक्ति वर्णाश्रम धर्म का पालन करता है और मेरे बनाये हुए मार्ग से मल माया से मुक्त हो जाता है वह मेरे लोक में स्थान पा लेता है।

ज्ञान, क्रिया, चर्या और योग सनातन धर्म-ये चार प्रमुख पाद है। पशुपति का तत्त्वबोध ज्ञान छः मार्गों द्वारा शुद्धि, क्रिया, वर्णाश्रम धर्म के अनुकूल मेरी अर्चना, चर्या और मुझमें चित्त लगाकर अन्य वृत्तियों का निरोध करना ही योग कहलाता है। चित्तवृत्ति का निरोध बहुत उत्तम है लेकिन सामान्य प्राणी ऐसा नहीं कर पाता। योग का आधार वैराग्य है। वैराग्य से ज्ञान और ज्ञान से ही योग होता है। योग को मुक्ति के साधन के रूप में जानना चाहिए।

इससे आगे उन्होंने बताया कि मन, वाणी तथा शरीर के भेद से मेरा भजन तीन प्रकार का है। मुझमें मन लगाना, मानसिक भजन कहलाता है, इस भजन को ही तप, कर्म जप, ध्यान और ज्ञान से पंचविद कहा गया है। वाणी द्वारा मेरे नामों का उच्चारण किया जाता है और वह भजन वाणी के रूप का है। त्रिपुंड और चिह्न धारण करना शारीरिक भजन में आता है। केवल मेरी पूजा करना कर्म के अंतर्गत आता है और मेरे लिए शरीर को कष्ट देना तप के अंतर्गत आता है।

ओंकार अथवा पंचाक्षर मंत्र का जाप करना जप के अंतर्गत आता है और मेरा ध्यान शास्त्रों के अर्थ का बोध तथा मेरा रूप-चिंतन ही ज्ञान कहलाता है। हे महेश्वरी! आंतरिक शुद्धि ही सबसे बड़ी शुद्धि है और यह शुद्धि अथवा शुचिता मेरे भजन से ही प्राप्त होती है।

इसके बाद शिवजी ने पार्वती को वर्ण- धर्म बताया। उन्होंने कहा कि क्षमा, शांति, संतोष, सत्य, चोरी न करना, ब्रह्मचर्य, ज्ञान, वैराग्य भस्म का सेवन करना, तथा निस्संगता -ये दस ब्राह्मणों के लक्षण हैं। इन दस के अतिरिक्त दिन में भिक्षा के लिए जाना और दिन में ही भोजन करना योगियों के लक्षण हैं। सब वर्णों की रक्षा और युद्ध में दुष्टों का दमन करना तथा शत्रु का नाश करना, ब्राह्मण की रक्षा करना क्षत्रिय का धर्म है। इसके अतिरिक्त गो-रक्षा और व्यापार तथा कृषि को संभालना वैश्य का धर्म है और शूद्रों का धर्म है- इन तीनों की सेवा करना। गृहस्थ का धर्म अपनी धर्मपत्नी में ही रमण करना है। ब्रह्मचारी और यति का धर्म ब्रह्मचर्य पालन करना है। स्त्री धर्म पति की सेवा है, पति की अनुमति मिलने पर ही स्त्री को चाहिए कि वह पूजन करे। पति की सेवा को त्यागकर मेरा व्रत करने वाली स्त्री भी नरकगामिनी होती है। विधवा स्त्री का धर्म है कि वह व्रत, दान, तप, पवित्रता बनाए रखते हुए भूमि पर सोए, ब्रह्मचर्य का पालन करे, शरीर पर भस्म का लेप करे, अधिकतम मौन रहे और अष्टमी, चतुर्दशी, पूर्णमासी और विशेष रूप से एकादशी को व्रत और उपवास करे।

उपमन्यु जी श्रीकृष्ण से बोले कि हे श्रीकृष्ण! **ऊं नमः शिवायः** मंत्र ही वेदों का सार है और मुक्ति को देने वाला है। ऊं शब्द में देवाधिदेव, सर्वज्ञ महादेव विद्यमान हैं। नमः शिवाय मंत्र में ईशान आदि सूक्ष्म ब्रह्मांड रहते हैं। वाच्यवाचक भेद से इस मंत्र में शिवजी हमेशा रहते हैं। इस मंत्र का जाप करने वाला निष्कलुष होकर संसार को पार कर जाता है।

जाप की पांच विधियां हैं-वाचिक, उपांसुक, मानस, सगर्भ व ध्यान। वाचिक जप का एक गुना और उपांसु जप का सौ गुना तथा मानस जप का हजार गुना फल होता है। सगर्भ मंत्र के आदि और अंत में ऊं का उच्चारण करना लाख गुना फल देने वाला होता है और ध्यान सहित जप से सगर्भ वाले जप के अनुपात में हजार गुना फल होता है।

किसी को वश में करने के लिए पूर्व की तरफ मुख करके जाप करना चाहिए। घात करने के लिए दक्षिण की तरफ मुख करके और धन की प्राप्ति के लिए पश्चिम की तरफ मुख करके तथा शांति पाने के लिए उत्तर की ओर सुख करके जाप करना चाहिए। जपकर्ता का सदाचारी होना आवश्यक है क्योंकि आचारहीन पुरुष लोक में निंदा का कारण होता है।

गुरु का कर्तव्य है कि वह शिष्य की परीक्षा लेकर उसकी शक्ति के अनुसार ही दीक्षा दे और उसका शोधन करे। गुरु गौरव से युक्त होने के कारण ही गुरु है। गुरु में ही शिव का निवास रहता है और शिव ही परम गुरु है। दोनों में भेद नहीं है और उनमें भेद करने वाला अनर्थ का भागी होता है।

तत्त्ववेत्ता शिव भक्त गुणवान स्वयं ही अपने शिष्य को मुक्ति प्रदान कर सकता है। यदि एक वर्ष तक गुरु से शिष्य को कुछ विशेष न मिले तो वह दूसरा गुरु कर सकता है लेकिन दूसरा गुरु करने पर भी उसे पहले गुरु की अवज्ञा नहीं करनी चाहिए। जो शिष्य किसी मोह के वश या भ्रमवश भी गुरु के विरुद्ध बोलता है, वह रौरव नरक का भागी होता है। स्त्रियों के लिए विधान यह है कि सधवा पति की आज्ञा से, विधवा पुत्र की आज्ञा से और कन्या पिता की आज्ञा से पूजा करे।

शिव शास्त्र के अनुसार नित्य नैमित्तिक कर्म करने का विधान इस प्रकार है- प्रातःकाल उठकर और शिवजी का ध्यान करे तथा सूर्योदय से पहले ही घर से बाहर जाकर दंत- धावन आदि करके शुद्ध वस्त्रों को धारण करे। इसके बाद शुद्ध और निर्मल स्थान पर बैठकर शिवजी की षोडशोपचार पूजा करे।

पूजा स्थान की पवित्रता बनाए रखने के लिए पवित्र जल से स्थान को धोना चाहिए और फिर पात्रों को शुद्ध करके निर्मल जल भरकर उसमें अक्षत, पुष्प और चंदन आदि डाले। इसके बाद विनायक और नंदीश्वर का पूजन करके शिवलिंग की आराधना करे। फिर पंचगव्य से लिंग को स्नान कराकर चंदन आदि से लेप करके सुंदर वस्त्र, जनेऊ, मुकुट और आभूषण आदि भेंट करे। इसके बाद नीराजन पात्र को उठाकर तीन बार शिवलिंग के ऊपर घुमाएं और अंततः शिवजी को प्रणाम करके अपनी त्रुटियों के लिए क्षमा-याचना करे।

शिव की पूजा से ब्रह्म का हत्यारा, शराबी, चोर, जैसे महापापी भी पापमुक्त हो जाते हैं। वस्तुतः पापियों के उद्धार के लिए एकमात्र मार्ग शिव की पूजा है। शिवपूजा से कठिन मार्ग सरल हो जाते हैं।

उपमन्यु ने कहा कि अब मैं सबसे पहले लोक की सिद्धियों के क्रमों का निरूपण इसमें करता हूं। सबसे पहले हमें यंत्र और मंत्र के अर्थ का ज्ञान करने वाले मंत्र को सिद्ध करना चाहिए और कर्म में बाधा न पड़े। इसका उपाय करना चाहिए। भक्त को चाहिए कि वह पृथ्वी को गोबर से लीपकर उसमें आठ दलों वाला कमल बना सोने और रत्नों की मूर्ति बनाकर स्थापित करे फिर शंकर और पार्वती का आह्वान करके विल्व पत्रों से पूजा करें।

भक्त को चाहिए कि वह महादेव और पार्वती को श्वेत चंदन के जल से स्नान कराकर सफेद फूलों से उनकी पूजा करे फिर अपनी सामर्थ्य के अनुसार रत्नों से जटित शिवलिंग की स्थापना करे। फिर आरती उतारकर उसकी परिक्रमा करे। इस तरह पांच प्रकार की गंध से पूजा करने वाला मनुष्य शिव के लोक को पाता है।

एक समय विष्णुजी और ब्रह्मा में इस बात पर विवाद हो गया था कि उन दोनों में बड़ा कौन है। तब अनायास ही सहस्रों अग्नि ज्वालाओं से प्रकाशित एक दिव्य लिंग प्रकट हुआ जिसे देखकर वे आश्चर्यपूर्वक ऊपर-नीचे घूमने लगे पर उन्हें 1000 वर्ष तक उसका पता नहीं चला। फिर उन्होंने उसी को आत्मा समझकर प्रणाम किया और अपना विवाद समाप्त किया।

ब्रह्मा और विष्णु दोनों ही उसे देखकर मोहित हो गए थे और उन्होंने उस लिंग की स्तुति की महादेवजी प्रसन्न हुए और प्रकट होकर उन्होंने बताया कि तुम दोनों मेरी माया से मोहित हुए हो और अपने-आपको भगवान समझ रहे हो। तुम्हारा अभिमान नष्ट करने के लिए ही मैं लिंग रूप में प्रकट हुआ हूं।

महादेव लिंग रूप की प्रतिष्ठा शुक्ल पक्ष में किसी भी दिन अपने अनुकूल लिंग निर्माण करके करनी चाहिए। गणेशजी का पूजन, स्नान और पांच स्थानों की मिट्टी तथा पंचगव्य द्वारा लिंग को स्नान कराना चाहिए, फिर वेदों के साथ पूजन करके उसे जलाशय में ले जाकर अधिवासन करना चाहिए।

हे श्रीकृष्ण! योग के मार्ग में भी अनेक बाधाएं आती हैं। सामान्य रूप से आलस्य, रोग, संशय, अहंकार, चित्त का भटकना आदि विघ्न आते रहते हैं। साधक को इन्हें शांत करना चाहिए।

योगीजन हमेशा भगवान शंकर का ध्यान करते हैं और उसी से उन्हें अंतःकरण की शुद्धि प्राप्त होती है और सिद्धि मिलती है। मन का एकाग्र होना आवश्यक है और प्राणायाम से मन शांत होता है। शिवजी प्रसन्न होते हैं, जिससे ज्ञानी और ध्यानी पुरुष संसार से पार हो जाता है।

उपमन्यु की कथा को सुनाने के बाद सूतजी मुनियों से बोले कि हे मुनियों! उपमन्यु ने श्रीकृष्ण को ज्ञान योग समझाया और उस ज्ञान योग को वासुदेव ने मुनियों को सुनाया। ज्ञान योग सुनकर मुनि लोग वासुदेव के प्रति नतमस्तक हुए और उसके बाद एक दिन प्रातःकाल सब

नैमिषारण्य निवासी मुनियों ने सरस्वती में स्नान किया और फिर अपने-अपने धाम को चले गए। वहां जाकर उन्होंने गंगा का दर्शन किया और विश्वनाथजी के दर्शन से आनंद की प्राप्ति की। उस समय उन्होंने वहां एक तेज प्रकाश देखा जिसमें असंख्य पाशुवृत को धारण करने वाले मुनि थे। वे जल्दी ही जल में विलीन हो गए। यह देखकर सभी ब्रह्माजी के पास पहुंचे और ब्रह्माजी ने उन्हें सनत्कुमारजी के पास सुमेरु पर्वत पर ज्ञान-अर्जन करने के लिए भेज दिया।

सूतजी बोले कि हे मुनि! सुमेरु पर्वत पर सभी पहुंच गए और वे सनत्कुमारजी के पास गए। वहां एक सुंदर तालाब के सनत्कुमारजी समाधि में लीन थे। मुनि लोग वहीं बैठ गए और जब उनकी आंख खुली तो उन्होंने मुनियों के आने का कारण पूछा। मुनियों ने सारा वृत्तांत सुनाया, तब वहीं भगवान शकर के गण और नंदीश्वर भी आ गए। वहां उन्होंने मुनियों को देखा और ज्ञान का उपदेश दिया और वहां बताया गया कि यह परम ज्ञान वेद सनत्कुमारजी ने व्यासजी को सुनाया और व्यासजी ने मुझे यह ज्ञान दिया और अब यह ज्ञान मैंने आप लोगों को सुना दिया है।

शिवपुराण की कथा अनन्य फलदायिनी है। जो इसे सुनता है और शिवलिंग की स्थापना करके पूजा करता है, उसे भोग और मोक्ष प्राप्ति होती है।

■■■